기氣란 무엇인가

〈개정증보판〉

기氣란 무엇인가 〈개정증보판〉
— 정신, 신神 그리고 물질

2017년 9월 27일 초판 1쇄 펴냄
2024년 9월 27일 개정증보판 1쇄 펴냄

지은이   이종란
펴낸이   김영호
펴낸곳   도서출판 동연
등록   제1-1383호(1992. 6. 12.)
주소   (03962) 서울시 마포구 월드컵로 163-3
전화/팩스   (02)335-2630 / (02)335-2640
이메일   yh4321@gmail.com
인스타그램 https://www.instagram.com/dongyeon_press

© 이종란, 2024

ISBN 978-89-6447-662-8 03150

개정증보판

정신, 신神 그리고 물질

기氣란 무엇인가

이종란 지음

동연

개정증보판 서문

　기란 무엇일까? 그것을 한마디로 쉽게 말할 수 있을까? 또 그것이 우리의 삶과 무슨 관계가 있을까? 그리고 기를 현대 물리학에서 다루지 않은 까닭이 무엇일까?

　나는 이 책에서 기를 해당 시기 오랫동안 과학의 대상과 문화의 저변을 이루었던 서양의 4원소가 거쳐온 운명처럼 보고 설명할 것이다. 그래서 이 책은 기에 대한 종합 담론이자 기철학 입문의 성격을 띤다. 쉽게 말해 기철학 개론서라고 불러도 좋다. 예술이든, 의학이든, 종교든 또 무엇이든 기에 대한 철학적 이해의 기초가 없으면 미신이나 잡술이 되고 만다. 따라서 우리 전통문화의 배경을 이룬 사상의 한 축을 이해하려면 기를 모르고서는 불가능하다.

　이 책은 "기氣란 무엇인가"라는 제목으로 2017년에 출판사 기획의 '동아시아철학입문총서' 가운데 하나로 출판되었고, 이듬해에 세종도서 학술 부분에 선정된 바 있다. 그 온라인 시스템에서는 "일상에 퍼져 있는 기(氣)의 실체를 전문적으로 분석한 연구서다. 물질세계의 기반뿐만 아니라 보이지 않는 정신 작용에도 관련된 기를 분석하고, 동아시아 전통 중 철학 및 의학, 군사, 교육 등 다방면에 의미를 둔 기의 작용과 실체를 다뤘다. 다양하고 복잡한 기를 단순화시켜 최대한 쉽게 설명하고, 나아가 동아시아 철학 전반을 이해할 수 있다"라고 소개하고 있다.

하지만 그 총서는 2권에서 더 진행하지 못했고, 출판사 사정으로 이 책도 초판을 끝으로 절판되었다. 그러다가 출판사를 옮겨 다시 빛을 보게 되었다. 증보판에서 달라진 점은 크게 두 부분으로, 이는 그간 나의 학문 연구의 결과를 반영한 것이다. 하나는 내용 보완으로 기와 종교 분야를 비롯한 몇 가지 내용이 추가된 것이고, 다른 하나는 논리의 보완으로 초판에서 일부 보인 엉성한 논리를 바로 잡고 잡다하게 보이는 설명에서 기에 대한 일관성을 강화한 점이다.

기는 동아시아 문명의 핵심 요소 가운데 하나로서 많은 부분이 근대 과학으로 대체되었으나 아직도 유효한 분야가 남아 있다. 그래서 기를 알아야 할 이유는 넘쳐난다. 한류가 세계적으로 유행하는 까닭을 알거나 또 각자의 삶과 태도를 결정짓는 자기 존재의 정체성을 확립하지 못해 우왕좌왕하는 사람들에게는 좋은 안내가 될 것이다.

끝으로 기에 대한 남다른 관심으로 이 책의 출판을 흔쾌히 수락하신 도서출판 동연 김영호 대표님께 감사의 말씀을 드린다.

2024. 3.

이종란 씀

초판 서문

기(氣)란 무엇일까?

정작 이런 질문을 받으면 기가 무엇인지 쉽게 대답할 수 있는 사람은 많지 않을 것이다. 동아시아 역사에서 기만큼 역사가 오래되거나 기보다 다양한 의미로 쓰이는 말도 흔치 않을 뿐만 아니라 지금도 기와 어울려 이루어진 낱말이 무척 많다. 그럼에도 불구하고 이런 질문에 쉽게 답할 수 없는 까닭은 무엇일까?

필자가 이 책을 쓰게 된 가장 큰 이유 가운데 하나도 이런 질문에 쉽고 간단히 답할 수 없었기 때문이다. 사실이지 동아시아 전통에서 일상생활만이 아니라 철학, 예술, 의학, 과학, 기술, 군사, 민속, 교육, 건축, 풍수지리, 종교, 심지어 잡술(雜術) 등 거의 모든 분야에서 기를 다루었다. 그것은 기가 보이는 물질세계의 기반으로서만이 아니라 보이지 않는 정신 작용에도 관련되어 있기 때문이다. 게다가 기의 개념은 전통의 그것만 고스란히 간직하고 있지 않다. 역사의 진행에 따라 변화를 겪었기 때문이다. 근대 이후에도 그런 모습을 보이고 있지만, 특히 16세기 말부터 예수회 선교사들이 전파한 서양의 종교와 과학의 영향으로 기 개념은 큰 변화를 겪었다.

이러니 기를 밝히는 작업은 철학 한 분야만을 전공한 학자에게 매우 벅찬 주제다. 그렇지만 이 책의 기획 의도대로 어쩔 수 없이 여러 영역의 기를 말했으니, 마치 벌거벗은 채 큰길 가운데 서 있는 기분이다. 많은 충고와 채찍이 있을 터 이 또한 필자가 껴안고 갈 수밖에 없는 일이다.

다행히 이 책은 보통 사람들도 이해하기 쉽게 소개한 것이어서 다양하고 복잡한 기를 단순화시켜 재미있게 설명하려고 힘썼다. 비록 그러하나 모자이크 방식으로 나열하는 설명이 아니라 조선 후기 최한기(崔漢綺)를 정점으로 서양 문명의 영향에 따른 기철학의 변모라는 한국 철학의 역사적 흐름을 갖추기 위해 노력했음을 고백하지 않을 수 없다. 특히 기철학 전개의 역사적 맥락을 갖추기 위해 중간 부분에 약간의 어려움도 불사하고 기술했다. 다만 비전공자 독자들이 좀 어렵게 느낀다면 그 부분은 뛰어넘고 읽어도 크게 문제 될 것은 없겠다.

그리고 기의 활용과 현대적 삶과 관련지어 밝히는 일은 몇 가지 사례에 제한시켰다. 책의 성격상 철학이 아닌 분야, 예컨대 한의학, 예술, 종교, 민속 등의 영역은 대체로 해당 영역의 특징을 중심으로 간략하게 기술하였기 때문이다. 따라서 이런 분야 안에서 논의하는 기의 내용도 그 자체의 논리에 따라 풍부하므로, 기가 꼭 그렇게 단순하다고 여기지 말았으면 좋겠다. 특히 현대적 삶과 기에서는 필자의 견해 위주로 소개하였다. 특별한 대안을 발견하지 못했기도 하지만, 이 책을 쓰게 된 두 번째 이유, 곧 앞으로 기를 비판적으로 계승해 한국 철학의 한 분야로서 더욱 연구·발전시켜 나가야 할 일이기 때문에 새로운 시도로 써 본 것이다.

아무쪼록 이 책은 기에 대한 관심의 출발이라 보아주었으면 한다. 이 책을 능가하는 새로운 책이 나와서 기를 이해하는 깊이와 폭이 깊고 넓어지기를 희망한다. 그리고 이 책의 편집 성격상 인용한 내용의 출처를 일일이 밝히지 못하고 뒤의 참고문헌으로 대신하였다. 관계자들의 양해를 구한다.

    끝으로 이 책이 나오기까지 '동아시아철학입문총서'의 기획을 주관하신 성균관대학교 유학대학 최영진 교수님의 자상한 조언에 감사드리고, 책을 만드는 데 힘써주신 새문사 이규 사장님과 여러 관계자의 노고에도 감사드린다.

2016. 3.

이종란 씀

차 례

제1장

동아시아 전통 속의 기氣

1. 우리의 삶과 기氣

기는 가까이 있다

기(氣)란 무엇일까?

홍콩 무술 영화에 나오는 장풍 같은 것일까? 아니면 영화 〈엑스맨〉에 나오는 충격파 같은 것일까? 그것도 아니라면 무술 격파 시연에서 정신을 집중하여 모으는 힘이 기일까?

사실 이처럼 기가 보통 사람과 멀리 있는 신비한 무엇이라고 생각할 필요가 전혀 없다. 흔히 살을 빼기 위해서나 건강을 위해 무리하게 운동하다가 몸이 으슬으슬하고 팔다리가 뻐근한 경우를 누구나 한 번쯤 경험한다. 바로 몸살이 일어나려는 몸살 기운이다. 또 소화불량으로 인한 체기(滯氣)도 여기에 해당하는데, 이것들은 우리가 이러한 기를 분명히 느끼면서 생활하고 있다는 증거다.

그것만이 아니다. 뜨거운 여름철 한낮에 아스팔트로 포장된 길 위를 걷노라면 뜨거운 열기에 숨이 턱턱 막히기도 하고, 반면 추운 겨울날 얼음판 위에서 텐트를 치고 야영한다면 차가운 냉기를 뼛속 깊이 느낄 것이다. 이런 열기와 냉기 따위는 누구나 느끼면서 사니, 기가 우리에게 얼마나 가까이 있는가?

게다가 안개가 자욱이 끼고 비가 부슬부슬 오는 날 밤, 인적이 드물

고 불빛도 없는 시골의 공동묘지나 폐가가 있는 곳을 지나치기라도
하면 소름이 오싹오싹 돋는 음산한 기운을 느끼기도 하고, 좀 더 예민
한 사람이라면 흉악한 사람을 볼 때 살기를 느끼기도 한다. 심지어 개
도 낯선 사람을 보면 사람에 따라 꼬리를 살래살래 흔들거나 막무가내
로 짖기도 하는데, 아마 개조차도 그를 통해 모종의 우호적이거나 적
대적인 기를 느끼기 때문일 것이다.

어쨌든 앞에서 말한 이런 종류의 기는 우리가 확실히 몸으로 느끼
며 살고 있으니 절대로 없다고 말할 수 없다. 그런 기를 현대말로 어떻
게 부르든 상관없지만, 예전부터 우리 조상들은 실제로 몸으로 느끼
며, 아무런 불편 없이 기라고 일컬어 왔다. 기의 개념과 내용은 복잡하
지만 일단 우리가 현실적으로 몸으로 느낄 수 있다는 점에서 우리 가
까이 있다고 말할 수 있다.

우리말 속의 기

알고 보면 우리가 평소 '기'라는 말을 얼마나 자주 쓰는지 모른다.
가령 기온(氣溫), 인기(人氣), 열기(熱氣), 기력(氣力), 기운(氣韻), 사기
(士氣), 감기(感氣), 연기(煙氣), 기분(氣分), 분위기(雰圍氣), 바람기,
오기(傲氣) 등의 낱말처럼 기가 포함된 말이 참 많다. 자세히 알지 못
해도 우리가 일상생활에서 이런 말을 친근하게 사용하고 있음을 조금
이라도 관심을 가진다면 금방 찾아낼 수 있다.

그렇다면 우리말에 '기' 자가 들어간 낱말이 얼마나 될까? 간편 국
어사전에서만이라도 재미 삼아 기라는 글자가 들어 있는 낱말을 찾아
보면 그 수가 가히 압도적임을 곧장 알 수 있다. 전문적이고 학술적인

낱말까지 포함한다면 단연코 낱말 가운데 가장 많이 들어있는 글자가 아닐지 모르겠다.

그렇다고 해서 우리가 기를 잘 알고 있을까? 그것을 정의해 보라고 하면 누구나 주저하며 섣불리 말하지 못할 것이다. 마치 무너져 수백 년이 지난 건물의 깨진 기왓장 파편을 가지고 그 건물 전체의 모습을 상상하는 것과 같은 일이라고나 할까? 현재 우리가 사용하고 있는 낱말에서 기의 온전한 의미를 제대로 파악하기는 결코 쉬운 일이 아니다.

혹시 명민한 독자들 가운데는 기(氣)가 들어 있는 낱말을 분야별로 분류해서 나눠보면 정의가 가능하다고 말할지 모르겠다. 가령 기체(氣體), 기상(氣象), 기후(氣候), 기온(氣溫), 기압(氣壓) 등의 낱말은 공기와 관계되고, 기분(氣分), 노기(怒氣), 기색(氣色), 광기(狂氣), 사기(士氣), 객기(客氣) 등은 인간의 심리 또 곡기(穀氣), 토기(土氣), 습기(濕氣), 화기(火氣) 등은 물질이 표현하는 성질 그리고 생기(生氣), 체기(滯氣), 혈기(血氣), 원기(元氣) 등은 생명 현상, 기운(氣韻),[1] 기상(氣像), 기량(氣量), 기세(氣勢) 등은 예술품이나 인물의 품격과 관계된다고 말할 것이다. 이렇듯 분야별로 더 나누어 볼 수 있고, 거기서 사용하는 낱말이 매우 많은데, 이것들을 종합해 정의할 수 있을 것이라 확신할 수 있겠다.

그래서 그런 정의라면 자연 현상만이 아니라 정신 현상까지 포괄하며 모든 사물이 다양하게 표현하는 현상을 통틀어 기라고 말할 수도 있다. 마치 우리가 무너진 건물의 깨진 기왓장이나 주춧돌이 놓인 위치를 보고 건물의 크기나 규모를 짐작하듯이 기의 모습을 어렴풋이 알

---

1 기운(氣韻): 전통의 회화 작풍(作風)에서 최고의 이상적 경지를 일컫는 말로서 기운생동(氣韻生動)이라는 말에서 유래되었다. 기운이 차서 넘칠 때 가장 잘된 작품으로 평가되었다.

수 있을 것만 같다. 하지만 그렇게 한다고 해서 기의 모습에 가까이 접근할 수는 있어도, 불행히도 그 자체를 정확히 표현할 수 없다. 건물 전체의 설계도가 없으면 그 건물의 세부 모습을 온전히 알 수 없는 사정과 같다고나 할까? 더구나 이 기가 들어 있는 낱말 가운데 가령 공기(空氣)나 기압(氣壓)이나 기온(氣溫)과 같이 옛사람들이 사용하지 않았던 영어 'air'와 'atmospheric pressure'와 'temperature'를 한자어로 번역하면서 만든 낱말도 섞여 있어서, 현재 우리가 사용하고 있는 어휘들을 가지고 전통적 기의 의미를 정확하게 이해하는 데는 한계가 분명해 보인다.

사정이 이러함에도 우리는 평소 이런 시도를 한 적도 없고, 기를 굳이 알려고 하지도 않는다. 마치 서구인들이 기를 몰라도 불편을 느끼지 않듯이, 그렇게 살고 있다. 우리의 생활이나 학술 및 문화가 이미 서구화되었기 때문에 더 이상 그것을 알 필요를 느끼지 않기 때문인지도 모른다. 아니, 그보다 이미 쓰다 버린 골동품과 같은 것이기 때문에 더욱 알 필요를 느끼지 못할 수도 있다. 정말 몰라도 되는 걸까?

예술 작품과 기

〈달마도〉라는 그림을 본 적이 있는가? 그것은 중국 남북조시대에 인도에서 들어와 중국불교 선종(禪宗)의 시조가 되었다는 달마(達磨, Bodhidharma, ?~528)를 형상화한 그림이다. 언제부터인지 이 달마도를 가정집이나 사무실 심지어 음식점의 벽에 걸어두는 일을 자주 발견한다. 게다가 돌이나 나무에 그림을 새겨 집안에 두기도 하고, 부채에 그려 넣어 지니고 다니기도 한다. 그것만이 아니다. 큰 사찰 주변의 기념품 가게에는 달마도가 어김없이 진열되어 있고, 인터넷상에는 유명 스님이 직접 그린 달마도라고 하여 고액에 판매하기까지 한다.

김명국(金明國, 1600~1662)의 달마도
(국립중앙박물관 소장)

이런 달마도의 공통적인 특징은 대부분 대머리에다 부리부리한 눈매에 흰자위가 유난히 많고, 짙은 구레나룻과 콧수염 그리고 긴 눈썹이 인상적이다. 사람들 가운데는 이 그림을 직접 그렸든 복사한 것이든 상관없이 부적처럼 지니고 다니면 좋다고 여기는 듯하다. 특히 이 그림을 걸어둔 공간에서 생활하는 사람에게는 재앙과 잡귀를 물리치고 만사형통하는 생기(生氣)가 발산한다고 믿는 모양이다.

생기란 생명력이 넘쳐나는 신선한 기운이다. 아픈 사람의 병이 다 나아갈 때 생기가 돈다고 하고, 가뭄으로 메말라 가던 산과 들에 단비가 내리면 초목에 생기가 돋아난다고 하지 않던가? 지금도 우리는 알게 모르게 그런 것을 느끼고 산다.

어쨌든 달마도에서 정말로 신통한 생기가 발산하여 잡귀를 쫓아내고 재앙을 물리치는지 알 수 없지만, 그것이 있는 공간에 사는 사람에게 심리적 안정이든 위안이든 모종의 영향을 미치는 것 같다. 단순한 미신으로 치부하기에는 무시할 수 없는 뭔가 있어 보인다.

이것은 곧 이렇게 설명할 수 있다. 가령 베토벤의 교향곡 5번 〈운명〉을 들을 때 비장한 기운을 느끼고, 뭉크의 그림 〈절규〉를 보노라면 공포와 우울한 기운을 느끼는 것이 일반적이다. 믿거나 말거나 한 이야기 가운데는 옛날 유명한 화공이 그린 병풍 속의 인물이 그림과 현실 사이로 들락날락했다는 이야기도 있다. 그만큼 그림이 실제 사물과 똑같은 생기를 지녀 그림 속에 빠져든 것 같은 착각을 일으켰다는 뜻일 테다.

필자는 오래전 중국 뤄양에 있는 용문 석굴의 봉선사 본존불인 비로자나불의 시선이 내리꽂는 지점에서 그것을 직접 올려다본 적이 있는데, 그때의 가슴 뭉클한 감동을 잊을 수 없다. 남자 같기도, 여자 같기도 한 수려한 용모와 인자한 미소는 그 지점에 서 봐야만 느낄 수 있다. 다른 각도에서 찍은 사진에서는 좀처럼 느낄 수 없는 감동이었다. 속설에는 당의 측천무후(則天武后)를 모델로 했다고 하는데, 당시 올려다보는 사람들이 그런 기운을 느끼도록 예술가의 의도가 고려되었는지 모르겠다.

아무튼 동서를 막론하고 예술은 인간의 감성을 자극하여 감동을 준다. 감성을 자극하거나 감동을 주는 까닭은 그 작품에서 소리나 빛 또는 형상(形象)을 통하여 모종의 기를 사람들이 느끼기 때문이다.

그런데 요즘은 일부 전통 예술 분야를 제외하고는 예술에서 기를 말하지 않는다. 서양 예술의 영향 때문이다. 사실 동아시아 전통 예술은 기를 모르고서는 제대로 설명할 수도, 알 수도 없다. 특히 서예와 회화, 음악이나 건축 등은 기를 말하지 않으면 전혀 이해할 수 없다. 기에 대한 이론이 전통 미학의 원천이기 때문이다. 흔히 예술은 아름다움이라는 미(美)를 추구한다고 믿는데, 기로 표현되는 예술은 단순한 아름다움만을 말하지 않는다. 무엇을 표현하고자 했을까? 기를 모르고서 전통 예술을 이해할 수 있을까?

건강과 기

우리는 흔히 "기가 막히다"라는 말을 자주 하기도 하고, 듣기도 한다. 상황이 너무 어처구니가 없거나 황당한 일을 당할 때 쓰는 말이다. 한의학에서는 기가 막히면 사람이 병들거나 죽는다고 하고, 우리 몸은 기가 막힘없이 잘 통해야 건강하다고 말한다. 병의 치료란 막히거나 한쪽으로 치우친 기를 바로잡기 위해 약을 쓰거나 침이나 뜸을 사용하는 일이라고 한다.

어떻든 이런 식으로 치료해서 효과가 있으므로 기가 없다고 말하기도 어렵다. 필자도 그런 경험을 한 적이 있다. 언젠가 중년의 나이에 접어들자 갑자기 몸이 가려워서 잠도 못 자고 팔다리를 긁어 댄 적이 있다. 하루도 아니고 매일 밤 이런 일이 반복되었다. 쉽게 말해 중년이 되자 면역력이 떨어져 아토피 증세가 생겼다고나 할까? 동네 피부과에서 진료받고 약을 먹어도 호전되지 않았다. 그래서 다른 의원 또 대학병원에 가 보았지만, 피부의 염증을 완화하는 처방 외에는 근본적인 치료를 하지 못했다.

하루는 친구들과의 모임에서 가려움증을 이야기했더니 한 친구가 자기도 그랬다면서 다니던 한의원을 소개해 주었다. 거기서 진찰을 받았더니 체질에 맞지 않는 음식과 생활 때문에 오는 증세라고 했다. 그래서 한 달 정도 이틀이나 사흘에 한 번씩 침을 맞고 또 자기 체질에 맞는 음식을 골라 먹으라고 했는데, 그렇게 했더니 어림짐작으로 95% 이상 병세가 호전되었다. 지금도 가끔 내 체질에 맞지 않다는 음식, 그 가운데서도 특히 술을 마시면 증세가 심해지지만, 평소에 조심하여 한의원에 가지 않고도 스스로 조절할 수 있게 되었다.

자, 여기서 치료의 방법 가운데 침을 사용했는데, 기를 모르면 침을 놓을 수도 없고 질병 자체를 이해할 수도 없다. 한의학에서는 대개 경락(經絡)을 따라 침을 놓게 되는데, 바로 이 경락이 기가 흐르는 통로이기 때문이다. 경락은 혈관과도 다르고, 신경과도 다르며, 호르몬선이나 림프관과도 다르다고 한다. 서양의학을 공부한 의사들이 그것을 찾으려고 했으나 결국 찾지 못했다는 것이 이 경락이다. 그것만이 아니다. 약을 짓거나 뜸을 뜨거나 체질에 따른 음식을 고를 때도 몸 상태에 따른 기의 모자람과 치우침을 알아야 할 수 있는 일이다.

이렇게 지금도 기는 한의학의 연구와 치료 대상으로서 우리 몸 안에서 도는 기운이기도 하고, 치료제로 쓰이는 약초가 갖는 약성이기도 하다. 그래서 한의학에서 명의는 환자의 기를 잘 살피며 기로써 환자와 교감하며 시술한다고 한다. 이렇다면 우리는 기가 없다고 부정할 수 있을까? 한의사들은 어떻게 환자의 기를 느낄까?

사실 보통 사람들 가운데서도 몸에 좋은 기가 있다고 믿는 사람들이 의외로 많다. 암에 걸린 사람이 피톤치드가 방출되는 편백나무숲에서 오랫동안 요양했더니 병이 호전되었다는 사람이 있는가 하면, 바닷가나 숲속에서 꾸준한 맨발 걷기로 병이 나았다고 말하고, 건강을 위해 좋은 기가 방출된다는 식물을 집에서 기르기도 하고, 직접 그런 산에서 살기도 한다. 게다가 몸에 좋은 기가 방출된다는 건강 관련 물건들이 수도 없이 생산되고 팔려나가고 있다. 이것을 다 믿을 수는 없지만, 전혀 효과가 없다고 단정 지을 수는 없겠다. 이런 의학이나 건강과 관련된 기는 또 무엇일까?

풍수지리와 기

풍수지리는 옛날 묏자리, 집터, 궁궐터와 도읍지 그리고 사찰 터 등을 산세(山勢), 지세(地勢), 수세(水勢) 등의 땅의 형세와 관련하여 길흉을 판단하는 것으로, 우리 역사에서는 그 뿌리가 꽤 깊다. 곧 그것은 땅에 따른 길흉을 기와 지맥과 물 등을 바탕으로 하여 판단하였던 일이다. 요즘은 공장이나 사업장의 터를 잡을 때도 참고하는 사람들이 더러 있다고 한다.

한때 서양 문화와 과학을 맹목적으로 추종할 적에는 합리성이란 명목 아래 풍수지리를 무가치한 미신으로 치부했다. 심지어 기독교를 믿는 사람들 가운데는 풍수지리를 따르는 일이 신의 뜻에 어긋나는 죄악이라 여기기도 했다. 모든 화복은 하느님의 뜻에 있다고 여기기 때문이었으리라.

풍수지리에는 분명 허황한 점도 있으나 유익한 내용도 있어서 모두 미신으로 치부하는 일은 올바른 태도가 아니다. 가령 집터나 도읍지를 정할 때는 자연과 인간의 영향 관계를 고려해야 하고 또 인간의 정치·경제생활에서 지리적 여건을 매우 중시해야 하는 점을 지니고 있기 때문이다. 조선 후기 이중환(李重煥, 1690~1752)이 지은 『택리지』(擇里志)는 사람이 살 만한 곳을 찾아보는 인문 지리서인데, 풍수지리와도 관계가 있으며 지리적 여건과 인간의 총체적인 삶을 논하고 있어 합리적인 관점이 많이 녹아 있다.

문제는 풍수지리가 자연과 인간 사이의 인과관계를 합리적이고 논리적인 설명보다는 터를 잡은 결과로 드러난 길흉을 말했다고 해서 곧장 미신으로 여겨서는 안 된다는 점이다. 아무래도 이런 풍수지리설은 일의 결과나 효과로 얻어진 것이어서 그 원인을 밝히는 합리적 이론을 등한시한 점은 있다. 그래서 훗날 그 인과관계를 설명하기 위해 음양오행설2이나 참위설3을 가지고 견강부회하게 말한 점이 없지 않다.

이 풍수지리설 가운데서 묏자리에 관해서는 아직도 반신반의하는 사람들이 많다. 조선 후기 홍대용(洪大容, 1731~1783)이 쓴 『의산문답』(醫山問答) 속에는 묏자리가 과연 후손들에게 영향을 미치는가에 대한 질문이 등장하는데, 홍대용의 대답은 한마디로 무가치하다고 보았다. 그러나 그러한 미신도 많은 사람이 따르다 보면 일정한 영향을 미친다고 언급하였다.

풍수지리에서 땅과 인간을 매개하는 대상은 물, 바람, 불 그리고 기다. 엄밀히 말하면 물이나 바람이나 불도 기의 특수한 형태라고 말할 수 있다. 풍수지리에서는 특히 눈에 보이지 않는 신비한 힘으로서 기를 중시한다. 그러니 아무 땅에서나 살 수 없다. 풍수지리에 대한 지식이 별로 없는 사람도 간혹 어떤 산이나 들에 가면 편안하고 아늑한 생기를 느끼다가도 또 다른 산이나 들에 가면 불안하고 섬뜩한 살기를 느끼기도 한다. 이렇다 보면 자연에서 풍겨 나오는 어떤 기가 있는 것만은 확실하다.

그렇다면 이때의 기는 무엇일까? 현대적인 설명이 가능할까? 가능하다면 어떻게 설명할 수 있을까?

---

2 음양오행(陰陽五行): 음양은 각기 음과 양의 두 성질을 지닌 기이고, 오행은 수(水), 화(火), 목(木), 금(金), 토(土)의 다섯 성질의 기운이다. 모두 하나의 기다. 오행은 상생(相生)과 상극(相剋)의 설로 전개되어 다양한 이론을 낳았다.

3 참위(讖緯): 미래의 일을 예언하는 설로, 풍수지리를 통해서도 현재와 미래의 일을 조정할 수 있다고 믿었다.

기의 이용

남한테 "기가 세다"는 말을 들어본 적이 있는가? 대개 성격상 강한 기질을 지닌 사람을 두고 이렇게 말한다. 이것 말고도 무술에서 내공이 많이 쌓였을 때도 기가 센 상태를 금방 눈치채는 사람이 있다. 가령 고수들이 서로 싸울 때는 나름의 방식이 있다. 싸우기 전에 먼저 상대방이 자기의 상대가 되는지 미리 기를 살피고, 싸울지 말지를 결정한다. 서로 노려보며 상대의 기가 꺾이게 만들면 사실상 이긴 것이나 다름없다. 이렇게 기 싸움을 하다가 기가 꺾인 상대가 굴복하거나 도망가면 이긴다. 고수들이 싸우는 경우는 한쪽이 아둔해서 상대의 기를 파악하지 못했거나 서로의 실력이 엇비슷할 때다. 이것은 짝짓기 상대인 암컷을 사이에 두고 싸우는 수컷 동물들도 마찬가지다. 수컷의 실제 싸움은 기 싸움에서도 승부가 나지 않았을 때 일어난다.

자, 그렇다면 '기 싸움'에서는 무엇을 가지고 이길까? 상대방을 압도하는 표정이나 발사하는 눈빛일까? 곧 상대의 몸에서 풍겨 나오는 기를 상쇄시키고 압도하는 나의 기를 발사하는 능력일까? 아니면 단순한 덩치일까?

그것을 딱 꼬집어 말할 수는 없지만, 단순히 표정 관리 이상의 눈빛과 신체에서 뿜어 나오는 기운이 있는 것만은 확실해 보인다. 이른바 '개폼'이나 큰 덩치나 속임수만으로는 기 싸움에서 상대 고수를 이길수 없는 까닭은 그것이 금방 상대에게 읽히기 때문이다. 카드 게임 같은 도박에서도 대개 기가 센 사람이 이긴다.

기의 응용에는 기 싸움만 있는 것은 아니다. 필자가 어렸을 때 시골 장터에서 본 장면이지만 차력사가 깨진 유리 조각 위에 맨살로 드러눕고 그의 배 위에 무거운 바윗돌을 올려놓은 뒤 보조하는 사람이 망치로 위에서 내리쳤는데도 등이 멀쩡했던 일 그리고 맨주먹으로 나무토막에 대못을 박는 일도 지금 생각해 보면 일종의 기운을 쓰는 일이다. 곧 신체를 다치지 않게 기를 한군데 모아서 쓰는 기술이다.

그것만이 아니다. 일반적으로 관상이란 사람의 얼굴 모양을 보고 운명을 점치는 일인데, 단순한 얼굴 모양만 보지 않고 기를 본다. 아마도 심상(心相)이라는 말이 그것일 것이다. 또 옛날에는 관상과 비슷하게 사람의 얼굴이나 몸짓에 나타난 기를 보고 그 사람의 됨됨이나 성격을 살피는 일이 있었다. 특히 아랫사람이 윗사람의 마음을 읽을 때 또는 사신이 되어 상대 나라의 협상 대표자의 마음을 읽을 때도 얼굴이나 몸에서 풍겨 나오는 기를 살피기도 했다. 만약 오늘날 이러한 기를 살피는 기술을 알 수 있다면 외교나 협상·담판과 사업 거래처와의 관계 등에서 유리한 입장에 설 것은 분명해 보인다. 더구나 연애를 시작하는 청년이라면 상대가 자기를 좋아하는지 싫어하는지 주저하며 망설이는지 금방 판단할 수도 있겠다.

이 외에도 기를 응용하여 무병장수의 건강을 위한 수련이나 호흡법, 명상을 통한 정신 수양, 심리 치료, 질병 예방, 지력과 특수능력 계발, 신체 단련 등에 응용되기도 한다.

사정이 이러하니 기가 무엇인지 더욱 궁금하겠지만, 우리는 실생활에서 이렇게 알게 모르게 기라는 이름으로 다양한 활동을 해 왔고, 실제로 여러 효과를 보고 응용하고 있다는 점을 확인할 수 있다. 더구나 현대는 '기공'(氣功)이라는 이름으로 다양하게 응용하고 있다. 기공은 기를 통해 수련하거나 응용하는 제반 활동을 말하는데, 그 역사적 뿌리가 깊다.

기와 철학 그리고 종교

아무리 기를 이렇게 저렇게 말해도 철학적인 의미를 모르면 기를 안다고 해도 오래전에 무너진 건물을 설계도 없이 상상하는 모습과 같다. 흔히 기에 대한 이론적이고도 철학적 담론을 기철학이라 부르는데, 기에 대한 철학의 역사도 매우 깊다. 제2장에서 본격적으로 살펴보겠지만, 여기서는 인간의 삶에서 기철학의 효과만 말해 보려고 한다.

전통적으로 기철학자들은 기를 우주와 만물의 근원적 존재로 본다. 만물을 기로부터 비롯하였고, 그 끝도 기로 돌아간다고 한다. 곧 기가 엉기면 만물이 되고, 만물이 붕괴하여 흩어지면 기로 돌아간다고 믿는다. 인간도 자연과 부모의 기를 받아 태어나 살다가 죽으면 몸에서 기가 떠나고 육체 또한 흩어져 기로 돌아간다. 이때 인간의 영혼이랄까 정신 현상도 기의 일로 본다. 사람이 죽으면 원래 왔던 곳으로 되돌아가니 마음먹기에 따라서는 슬퍼할 일도 아니다.

바로 여기서 기철학적 태도가 발휘된다. 모든 일을 스스로 그러한 자연적인 것에 내맡겨 버리고 지나친 욕심이나 편견을 버린다. 건강한 삶이란 이렇게 기가 순환하는 방식에 순응하면서 자연의 질서에 따라 사는 일이다. 인간의 몸도 자연이니 자연처럼 기가 잘 순환하면 건강하고 장수하지만, 자연스러움을 따르지 않고 음식 섭취와 운동에서 과도하거나 모자라면 몸 안의 기의 순환이 어그러지거나 치우쳐 건강하지 못하게 된다. 이런 태도는 또 한의학과 연결되어 있다.

그런데 모든 사람이 다 좋은 기(기질로서 유전자의 영향을 받는 성격)만 갖고 태어나지는 않는다. 어둡거나 혼탁한 기를 타고 나기도 한다. 그래서 이런 기의 영향으로 아둔하거나 성급하거나 고집스럽거나 게으른 성격이 드러나며, 이것을 올바른 기질로 바꾸어야 하는 수양 이론이 등장한다. 일반적으로 전통의 수양 이론이란 자기 몸과 마음을 닦아 기질을 변화시켜 좋은 성품으로 바꾸는 담론이다. 그 방법은 대체로 독서와 강학을 통한 깨달음과 정좌(靜坐)를 통한 덕성 함양(涵養) 또 일상생활에서 선행의 실천 및 행동의 반성과 좋은 기를 배양하는 것 등이 있다. 쉽게 말해 덕을 쌓는 일이다.

더 나아가 기를 종교에서 다루는 일도 많았다. 도교에서는 좋은 기를 모으면 불로장생을 할 수 있다고 하여 호흡법으로 발전시키기도 하고, 불교에서는 수련의 방법으로 기를 응용하기도 했다. 지금도 일부 종교에서는 호흡법을 통하여 기를 모으는 수양의 방법으로 사용하고 있다. 게다가 기를 신령스러운 기운으로 여기기도 했다. 바로 조선 말 동학을 창시한 최제우(崔濟愚, 1824~1864)가 그 신령스러운 기를 지기(至氣)라 불렀다. 동학은 훗날 천도교로 개칭되어 지금까지 이어지고 있다.

그것만이 아니다. 오늘날 일부 개신교 신학자 가운데는 기독교에서 말하는 성령(Holy Spirit)조차도 하느님의 생기(生氣)로 번역해야 그 원래의 뜻에 가깝다고 한다. 성령으로 번역된 프뉴마(pheuma)라는 말 자체가 '하느님의 숨결'인데, 원래 고대 그리스 전통에서 기독교가 생기기 이전부터 동아시아의 기와 유사한 어떤 기운을 뜻한다고 한다. 그러니 예수가 동정녀 마리아에게 성령으로 잉태되었다는 일도 하느님 기운의 도움 없이 어떻게 가능했겠는가? 게다가 창세기 1장 2절에 "하나님의 영은 수면 위에 운행하시니라"라는 말에도 보이는데, '수면'과 '운행'이라는 말에서 어떤 존재가 공간과 시간 속에서 활동하는 것임을 분명히 말해준다. 그러니 하느님의 능력이라는 것이 물리적인 기운을 통하지 않고 어떤 일을 한다면, 그 말 자체가 논리적인 자가당착이다. 설령 말씀으로만 세상을 창조했다고 해도 그 말씀의 능력으로 물리적 힘이나 에너지를 동원할 수밖에 없고, 하느님이 최초의 인간을 진흙으로 만들 때도 코에 생기(生氣, 공동번역 성서에는 '입김')를 불어 넣어 생명을 부여했다고 하지 않았는가?

이렇듯 기는 일상생활만이 아니라 철학과 종교 등 인간의 거의 모든 영역과 관련되어 있고, 알게 모르게 이용하거나 의지해 살고 있다. 그럼에도 불구하고 우리는 기에 대해서 잘 모른다. 모른다고 해도 불편함이 없다면, 이 경우 무엇이 문제가 될까?

기와 번역어

오늘날 기를 이해하는 일을 더 어렵게 만드는 원인 가운데 하나는 지금 우리가 사용하고 있는 현대 한국어다. 그 속의 낱말은 대부분 우리 고유의 그것이 아니다. 다만 말의 순서와 글자만 우리 것이라고 할까? 젊은 사람들은 이 말을 좀처럼 이해하기 어려울 듯하다. 현재 우리가 사용하고 있는 한글의 대부분 어휘는 과거 조상들이 썼던 개념을 온전히 갖고 있지 않다. 개화기와 일제강점기를 거치는 동안 서양 언어를 번역하면서 그 개념에 맞췄기 때문이다.

사실 그 이면에는 기독교 성서의 한글 번역과 20세기 초 애국 계몽기 때에 일본

량치차오(梁啓超, 1873~1929)

에 망명했던 량치차오 같은 중국 지식인들의 영향 그리고 일제강점기 때 일본인들의 번역을 통해 물밀듯이 밀려온 신학문 그리고 광복 후 해외에 유학했던 사람들이 번역한 말들의 영향이 지대하다. 현대 한국어에 포함된 낱말의 개념은 이런 영향으로 탄생했다고 해도 지나친 말은 아니다. 근대 서양 학문을 주체적으로 수용할 겨를도 없이 우리가 식민 상태에 빠졌기 때문이다. 게다가 학문의 종속 상태는 광복 후에도 끝나지 않았고, 일부는 지금도 계속되고 있다.

예를 들어보자. 공기(空氣)는 air를 번역한 말이고, 자연(自然)은 원래 '스스로 그러하다'라는 뜻이지만 현재 nature를 번역한 말로 쓰고 있으며, 성경(聖經)은 유교의 경전을 가리키던 말이지만 지금은 거의 기독교 Bible을 그렇게 부른다. 목사(牧師) 또한 전통적으로 백성들을 먹이는 지방 수령과 스승을 부르던 말을 합성한 것이지만 개신교의 성직자를 그렇게 번역했다. 그러니 기와 관련된 어휘만 하더라도 기압(氣壓), 기체(氣體), 기온(氣溫), 기파(氣波), 기공(氣孔), 기관지(氣管支), 난기류(亂氣流), 전기(電氣) 등 번역어가 이만저만이 아니다. 물론 대부분 이런 단어는 학술이나 기술적 용어에 해당하는 것이 많다.

다행히 특별한 기를 표현하기 때문에 이런 번역 과정에서 그 의미가 왜곡되지 않고 지금까지 살아 있는 어휘가 꽤 있다. 가령 객기(客氣), 경기(驚氣), 곡기(穀氣), 냉기(冷氣), 노기(怒氣), 독기(毒氣), 살기(殺氣), 생기(生氣), 서기(瑞氣) 등이 있다. 이 또한 기(氣) 자가 포함된 낱말이니까 그렇다. 이렇게 고유한 어휘와 번역된 어휘가 섞여 있으니 매우 혼란스럽다.

아무튼 이런 번역어가 좋지 않다거나 쓰지 말자는 뜻은 아니다. 언어는 사회·역사적으로 변천하기 때문에 안 쓸 수야 없겠지만, 문제는 이러한 현대 한국어에서 기의 원래 의미를 찾기가 쉽지 않다는 것이다. 그래서 기가 무엇인지 밝히는 것을 더 어렵게 만드니, 어쩔 수 없이 역사적 고찰을 해야 하는 이유가 여기서 등장한다.

자, 그렇다면 역으로 서양 사람들은 기를 어떻게 옮겼을까? 그들이 옮긴 기의 의미를 파악한다면 기를 이해하는 데 도움이 되지 않을까?

영어의 경우를 살펴보면 기를 숨(breath), 공기(air), 흐름(stream), 증기(vapour), 온도(temperature), 에너지(energy), 물질-에너지(matter-energy), 에테르(ether), 물질의(material), 힘(force), 생명의 유체(vital fluid) 등으로 표현한다. 독일어도 생명력(Lebenkraft), 숨(Odem), 물질(Materie), 에너지(Energie) 등으로 쓰인다고 한다.

이것을 종합해 보면 기가 무엇인지 통일된 말이 없다. 마치 우리 말에 있는 여러 종류의 기를 나열한 것 같다. 다시 말하면 기의 다양한 한 측면의 특징을 말한 것이지 기 전체를 아우르는 말이 아니다. 그래서 어쩔 수 없이 다시 기라고 말할 수밖에 없어서 요즘은 중국식 발음인 'Chi'라고 하거나 우리식 또는 일본식의 'Ki'라고 부른다고 한다.

이것은 중요한 사실을 말해준다. 앞으로 이 책의 저술 목적이 기가 무엇인지 밝히는 일이겠지만, 어쩌면 기를 한마디로 말하라고 하면 그냥 "기는 기다"라고 말할 수밖에 없다는 점을 암시하고 있다. 마치 "인간이 무엇인가?"라는 질문에 대한 답을 한마디로 말하라는 것과 같은 일이다. 인간을 어찌 한마디로 말할 수 있겠는가? 기 또한 더 포괄적으로 인간과 자연을 넘나드는 것이니 그럴 수밖에 없다. 그러니 기가 무엇인지 밝히는 일은 인간이 무엇인지 밝히는 일만큼이나 긴 설명이 필요하다.

기에 대한 이런저런 질문들

기는 물질일까? 아니면 정신일까? 여기서 기는 동아시아에만 있는 말이고, 물질과 정신은 서구적 관념에서 나온 말이다. 물질이란 보통 일정한 공간을 점유하고 질량을 갖는 대상을 가리키는 말로, 근대 자연 과학의 세계관을 이루는 개념 가운데 하나이다. 그렇다면 기도 공간을 점유하고 질량을 가질까? 가령 노기(怒氣)나 사기(土氣)의 경우도 공간을 차지하고 질량을 가질까? 또 서양에서 말하는 정신은, 학자나 학파에 따라 구체적으로 살피지 않으면 애매한 용어이긴 한데, 전통적으로 육체와 분리되는 신적인 존재로서 영원불멸하는 영혼 아니면 마음의 고차적 기능 또는 사물의 본질인 관념으로서의 이데아4나 형상(形相)5 따위를 말한다. 기도 그와 같을까?

아니면 물질이면서 동시에 정신 현상일 수 있을까? 가령 마음을 가리킬 때 심기(心氣)라고 했으니 정신 현상일 수 있고, 연기(煙氣)를 가리킬 때는 물질일 수 있다. 그러니까 물질과 정신 현상을 아우르는 개념인가?

또 물질이 표현하는 에너지 같은 것인가? 가령 열기라고 할 때는 태양열이 발산하는 열기나 또 그것에 의하여 데워진 고온의 공기나 뜨거운 물체가 뿜어내는 열기와 그리고 우리 몸에서 발산하는 에너지와 같은 것일까?

또 기에 정신적인 측면이 있다고 할 때 그 정신은 물질로 이루어진

---

4 이데아(idea): 플라톤 철학의 중심 개념으로 보이는 현실을 초월해 있는 사물의 본래 모습이지만, 감각으로 파악할 수 없는 존재다.

5 형상(form): 아리스토텔레스가 사물은 형상과 질료로 이루어져 있고, 사물의 본질인 형상은 사물 그 속에 있다고 본다. 곧 구체적 사물 속에 있는 이데아가 형상이다.

사물에 의존하고 있는 그런 것일까? 가령 인간의 마음은 물질로 이루어진 몸이 없다면 마음이 없게 되니까 결국 정신을 이루는 기도 몸에 의존하는 것인가? 아니면 중세 기독교의 경우처럼 한 인간 속에 영원불멸하는 영혼(정신)과 죽으면 사라지는 물질적인 육체가 공존하는 것일까? 그것도 아니면 모든 만물에 정신성을 가진 기가 깃들어 있는 것일까?

또 자연과학이 발달하지 않았을 때 잘 모르는 물질의 성분을 뭉뚱그려서 말한 것이 기가 아닐까? 가령 술 속에 들어있는 알코올 성분을 모를 때 사람을 취하게 만드는 기운이 있다고 믿었거나 인삼을 먹었을 때 열이 나므로 인삼의 성분에 대해 더운 기를 가지고 있다고 말한 것 따위가 그것이 아닐까? 그러니까 잘 모르는 성분에 대해서 모두 찬 기운, 더운 기운, 쓴 기운, 마비시키는 기운, 눈을 멀게 하는 기운 등으로 말하지 않았을까?

그런데 문제는 또 있다. 모든 기를 물질의 성질로 분석할 수 있을까? 인간의 감정도 얼굴의 기색(氣色)으로 표현되는데, 이 경우 인간의 감정을 나타내는 물질적 성분이 있는가? 설령 감정에 따라 뇌에서 생성되는 물질이 있다고 해도, 그것은 감정의 결과가 아닐까? 어떤 불쌍한 아이를 보고 측은한 마음이 들어 그 감정이 얼굴에 나타날 경우, 그 아이를 보자마자 측은한 마음이 먼저 든 것일까 아니면 뇌에서 특수한 물질이 분비되어 측은한 마음이 들었을까? 만약 모든 감정에 앞서 뇌에서 특수한 물질이 먼저 분비되는 것이라면 인간은 하나의 기계가 되지 않을까? 그리고 똑같은 사태를 두고 인간 모두가 불쌍한 마음을 느끼는 것도 아니다. 비록 물질의 성분을 과학적으로 확인하지 못해서 기라는 말을 붙였다고 인정해도, 모든 기를 어떤 물질의 성분으로 환원할 수 있을까?

그렇다면 궁극적으로 이런 질문이 가능하다. 모든 기의 존재를 과학적으로 증명할 수 있을까? 어떤 기는 그럴지 모르겠다. 가령 열기나 습기 또는 곡식이나 흙의 찰기 등이 그것이다. 인간의 심리를 나타내는 방랑기나 바람기, 의기(義氣) 등도 해당 인간의 성격이나 행동을 통해 그 의미를 밝힐 수 있겠다. 문제는 일기(一氣)나 원기(元氣)6와 같은 만물의 본질로서의 기다. 이러한 기의 존재를 어떻게 증명할 것인가?

이렇듯 동아시아 전통에서 기가 가리키는 말이 무척 많아서 이런 질문은 끝이 없을 듯하다. 특히 기는 어떤 느낌이나 흐름 또는 어떤 성질이나 성격을 표현하는 경우가 많아서 철이나 소금과 같은 구체적인 사물을 정의하는 일보다 어렵다.

게다가 기는 말보다는 체험이나 느낌으로 알아야 하는 대상일 수도 있다. 자신들의 주관적인 느낌이나 체험을 기의 전부라고 여기는 사람들도 있기 때문이다. 이들은 철학적인 개념으로 기를 정의하는 일을 아마도 기의 빈껍데기로 여길 테지만, 그나마 철학적인 작업이야말로 기를 쉽게 종합적으로 이해할 수 있는 유일한 길이다. 필자 또한 기에 대한 심오한 체험보다 철학적인 작업만 해 왔는데, 철학적 정의나 개념 곧 언어를 떠나서 기를 이해하는 일이 무척 애매하고 힘들다는 사실을 깨달았기 때문이지만, 솔직히 말해서 기에 대한 주관적이거나 종교적인 신비 체험을 학문의 영역으로 다루기에는 불편한 점이 있기 때문이다. 기란 정말 무엇일까?

---

6 일기는 하나의 기라는 뜻으로 기철학에서 만물의 근원인 기의 존재를 논리적으로 말할 때 사용하는 용어다. 원기는 기의 원래 형태로 만물을 구성하는 근원을 말하거나 생명의 근원이기도 하다.

왜 기를 알아야 할까?

기를 알아야 하는 이유가 무엇일까? 우리 조상들의 경우를 보자면, 기를 모르면 살 수가 없었다. 일상의 모든 일이 기와 관계되기 때문이다. 밥을 먹고, 잠을 자고, 일을 하거나 질병과 관련된 신체 활동에서부터 비와 눈이 오고, 더위와 추위가 번갈아 바뀌는 자연의 일까지도 기의 일이다. 어디 그뿐인가? 사람을 상대하고, 명령을 내리고, 그것을 따르는 사회적인 활동도 다 기가 있어야 할 수 있는 일이다. 기가 세상의 모든 일을 움직이는 힘만이 아니라 전통의 문명을 형성하는 핵심 개념 가운데 하나였기 때문이다. 사람은 고대로 갈수록 자기 문명을 벗어나 살기 어려웠다.

하지만 오늘날 우리는 기를 모른다고 해서 일상생활에서 크게 문제될 일은 없다. 마치 서양인들이 기를 몰라도 생활에 불편한 점이 없듯이. 우리에게 그것이 가능한 까닭은 서양 과학의 물질 개념을 사용해서 활동하는 문명으로 바뀌었기 때문이다.

그렇다면 모든 게 다 그만인가? 이렇게 질문을 바꿔보자. 병원이나 의원이 많은데 왜 한의원에 다닐까? 사실 우리나라나 중국의 경우를 보면 한의학이나 중의학이 존재할 이유가 분명히 있다. 그것은 서양 의학만으로는 질병의 치료와 건강 증진을 해결할 수 없는 한계가 있기 때문이다. 사실 서양인들 자신들도 서양의학의 한계 때문에 대체의학을 찾고 있다. 그래서 동아시아의 의술에 의존하기도 하고, 세계 각 지역에 사는 원주민들의 치료 방식에도 관심을 기울이고 있다. 우리에겐 결코 한의학이 없어도 될 정도로 무가치하지 않다.

예술 분야는 또 어떤가? 화가나 음악가들이 모두 서양 미술과 음악에만 종사하는가? 전통 예술 분야에 종사하는 사람들이 의외로 많지 않은가? 전통 예술이 지금도 여전히 존재하는 또는 존재해야 하는 이유는 분명히 있다. 그리고 앞에서도 잠시 소개했지만, 기를 모르면 전통 예술을 제대로 할 수 있을까?

또 건강을 위한 호흡법과 기체조, 명상을 통한 정신 수양, 심리 치료, 질병 예방, 지력과 특수능력 계발, 풍수지리 그리고 혹시 생길지 모르는 기 싸움에서 이기기 위해서라도 알아둬서 나쁠 것은 없겠다. 더 나아가 새로운 분야를 개척해 직업으로 삼을 수도 있다. 앞에서도 말했듯이 상대방의 기를 읽어내 외교의 담판이나 사업 거래처 사람들과의 협상, 범죄의 예방과 수사, 직원 채용을 위해서 필요할지도 모르겠다.

지금까지 기에 대해서 알아야 하는 이유를 의학과 예술과 실용적인 목적에만 두고 말하였다. 젊은 사람들이나 보통 사람들에게는 이런 실용적인 목적이 먼저 마음에 와닿겠다. 그러나 필자가 더 말하고 싶은 까닭은 그런 실용적인 목적을 넘어선 또 다른 가치가 있기 때문이다.

뒤에 설명하겠지만 기는 동아시아 전통문화의 핵심 가운데 하나로서 현실의 모든 일을 설명하는 도구였다. 그 역사가 인류의 문명만큼이나 오래되었고, 지금의 어떤 종교보다 오래되었으며 또 누구에게나 친근하면서도 고도의 철학적인 깊이를 가지고 있고, 물질과 정신 문화를 아우르고 있다. 그러니 실용적인 분야를 넘어서 순수예술이나 철학과 종교 등의 분야에서 고귀한 정신세계를 넘나드는 그 무엇이 있지 않을까? 만약 우리가 실용적인 부분에만 관심을 둔다면 더 중요한 가치가 있는 다른 부분을 놓칠지도 모르며, 그 또한 이익만 챙기려는 천박한 상술에 지나지 않는다.

우리는 한때 일제 식민사관의 영향과 서구 사조만을 맹종하는 편향적 태도로 옛것이라면 무조건 케케묵고 미신이며 비합리적이기에 청산해야 할 유산이라고 믿어 왔다. 사실 어느 나라나 어느 문명권이든 청산해야 할 구습이나 폐단이 있기 마련이며, 반면에 이어가야 할 소중한 유산도 있는 법이다. 일례로 지금 우리 사회에 팽배한, 이른바 입신양명하는 출세를 최고의 삶의 가치로 여기는 사람들의 행태를 보고 그 원인이 유교에 있다고 쉽게 말하는 인사들이 있다. 그러나 사실 개인의 사욕을 위한 출세주의가 유교에서 가장 천하게 여기는 것 가운데 하나다. 공자도 일찍이 "나라가 정의로우면 가난하고 비천한 지위에 있는 것이 부끄러운 일이지만, 나라가 정의롭지 못하면 부자가 되고 신분이 높아지는 것이 부끄러운 일이다"(『논어』, 「태백」)라고 말하지 않았던가? 출세주의는 유교의 가르침 때문이 아니라 유교의 본질을 망각한 사람들의 탐욕에서 비롯하는 문제다. 난세에는 출세하는 일조차도 부끄러운 일인데, 하물며 부끄러움을 모르는 일이야말로 더욱 부끄럽지 않은가? 비록 과거 유교식 사회제도에 폐단이 있었다는 점을 부정할 수는 없지만, 굳이 유교만이 아니더라도 타 종교나 문화권 그리고 현대 민주주의 제도조차도 긍정과 부정적인 측면의 양면성이 존재하여 모든 게 민주주의 탓이 아니듯 극단적으로 생각할 필요는 없겠다. 서양에 혹 존재하는 악습도 기독교 탓만은 아닐 것이다.

한편 우리 현대사는 수십 년 동안 그런 서구적 근대화를 이루기 위하여 "하면 된다"라는 구호를 앞세워 앞만 보고 달려왔다. 그래서 외형적으로는 세계가 놀랄만한 물질적 풍요를 이루었으나 이에 반비례하여 보통 사람의 정신은 더욱 황폐하였다. 서구의 합리적 정신도 전통의 지혜도 살리지 못하는 것이 지금의 현실이다. 그러니 자본의 논리,

곧 애초부터 전혀 공정하지도 않은 시장과 경쟁의 논리에 더욱 예속된 팍팍한 삶, 그에 따른 미래에 대한 불안감의 증폭, 사회 안전망 붕괴와 높은 자살률, 하루가 멀다시피 일어나는 '세월호 참사'와 같은 대형 안전사고, 비정상이 정상으로 보이는 온갖 부조리, 어떻게 하든지 돈만 벌고 인기만 끌면 된다는 천박한 물신주의, '갑을' 관계로 대표되는 기득권자들의 횡포, 빈부격차, 세계 최고의 저출산율 등의 모든 난항은 어쩌면 이런 정신 문화의 빈곤에서 나타나는 당연한 결과인지 모른다.

언제부터인지 사람들은 그런 결과를 두고 정치인들을 욕하고 나무란다. 정치인들을 탓하기에 앞서 정치인의 정책이나 입법 행위 자체가 이해관계가 다른 집단을 모두 만족시킬 수 없다는 점도 이해해야 하겠지만, 무엇보다 자신들의 입장을 제대로 대변하지 못하는 정치인들을 선출한 자기들의 무지와 정치적 무관심을 먼저 반성해야 하지 않을까? 그런 무지와 무관심 뒤에는 그런 정치인들을 선택하게 만든 편협한 정서와 편견이 있다. 유권자들의 이런 편견과 가치관이 변하지 않는 이상 정치인들에게 좋은 정치를 기대하기는 당분간 어렵겠다.

사실 정신 문화의 뿌리인 전통은 역사와 현실 속에 남겨진 자산이자 자신의 근거다. 그것은 마치 타향에 사는 노인들이 그리워하는 고향처럼 비록 멀리 있어도 무시할 수 없는 그 무엇이다. 이런 점에서 현대인의 다수는 실향민이다. 제 것을 잃은 사람들은 남의 전통을 아무리 좋아해도 그것의 손님이나 추종자가 될지언정 주인이 되지 못하는 노릇과 같기 때문이다. 남의 전통을 추종하는 손님의 입장이 되면 자기는 부정되고 남이 주인이 된다. 그것은 주체성의 상실로 인한 문화적 고아, 더 심하게 말하면 정신적 노예 상태니, '얼빠진 사람'이라는 표현이 바로 여기에 해당할지 모르겠다. 문화의 정체성이 없는 떠돌이 처지라고나 할까? 필자는 현재 다수 한국인이 이렇다고 본다. 그러니 그 기준은 나에게 있으므로 남의 기준에 우쭐댈 필요는 없다. 다만 물건이든 예술이든 상업적으로 팔아먹는 상품이라면 그럴 수 있다.

이제는 그런 전통을 공동체 속에서도 찾을 수 없다. 아니, 도시화된 삶 속에서 공동체 자체가 붕괴한 지 이미 오래되었다. 지역 문화 축제도 실은 전통과 얼마나 가까운지도 알기 어렵지만, 주최하는 사람들과 소수의 초청받은 사람과 연예인과 지역 상인을 제외하고는 정작 주민들은 구경꾼으로 전락한다. 불행히도 우리의 전통은 그것을 해석하거나 재현하는 사람들의 글과 작품 속에서 또 박물관에서나 찾을 수 있어, 보통 사람들은 어차피 구경꾼의 신세를 면할 길이 없다. 그러니 어쩌겠는가? 공기처럼 공짜로 누리던 전통을 어처구니없게도 돈과 시간을 투자해 힘들게 배울 수밖에는 별도리가 없지 않은가?

기를 알아야 하는 이유 가운데 하나가 이렇게 실용적인 목적을 넘어서서 전통문화 속에 있다. 그 속에 삶의 철학적 태도, 예술의 경지, 삶의 지혜를 담보하고 있기 때문이다. 그렇다면 이런 문제를 해결하기 위해 기를 통해 어떤 철학이나 지혜를 확보할 것인가? 이 문제는 사실 이 책 전반에 녹아 있고, 이 책의 저술 목적 가운데 하나이기도 하다. 단순히 기가 무엇인지 알아서 어디에 쓰겠는가? 그것은 인간과 자연을 바라보는 세계관일 수도 있고, 우리의 삶의 태도를 이끄는 가치관일 수도 있으며, 합리적이고 순리적으로 해결하는 삶의 지혜일 수도 있다. 뒤에서 다루겠지만 그것을 두고 기일원론이든, 유기체적 세계관이든, 만물일체(萬物一體)의 영성이라 부르든 상관없이 우리의 삶과 문화를 고양한다면 그로서 족하다. 그 또한 콩 심은 데 콩 나고 팥 심은 데 팥 나는 법이니, 어찌 하루아침에 손쉽게 이뤄지겠는가?

지혜와 덕을 쌓고 건전한 상식을 지닌 사람이 사회에 넘쳐나 문화를 변화시키길 기다리는 수밖에.

2. 기氣의 원초적 의미

갑골문과 금문숙文 속의 기

갑골문(甲骨文)이란 고대 중국의 은 (殷)나라 때 점을 치기 위하여 거북의 껍질이나 동물의 뼈에 새긴 문자를 말한다. 동아시아에 현존하는 가장 오래된 문헌이다. 하지만 거기에 지금 우리가 알고 있는 '氣'(또는 气)라는 글자가 바로 등장하지는 않는다.

뜻은 달라도 비슷한 글자에는 숫자 삼 (三)과 비슷한 '三'이 있었는데, 중국학자의 연구에서 그것이 기(气) 자의 원초적인 형태라고 주장한다. 하지만 모양만 비

갑골문(여기에도 三이라는 글자가 또렷이 보인다.)

슷했지 뜻은 전혀 달랐다. 곧 三은 '바라다', '다다르다', '끝나다'의 뜻이었다. 그런 까닭인지 지금도 气 자에는 '기운'이라는 뜻 외에 '바라다' 또는 '빌다'의 뜻이 있다.

어쨌든 갑골문 속의 三은 비록 형태가 气와 유사해도 기와 다른 별개의 글자가 분명하다고 한다. 오히려 기와 관계된 개념은 갑골문의

풍(風)과 토(土)를 뜻하는 글자와 연관 지어 찾아야 한다고 한다.

갑골문보다 후대에 등장한 금문(金文)에도 三와 비슷한 글자가 보인다. 곧 '늗'와 '늑'이 그것이다. 금문이란 옛날의 청동으로 된 그릇에 새긴 글자를 뜻하는데, 여기에 쓰인 이 글자가 숫자 3을 가리키는지 '긕'의 옛 글자로 볼 것인지에 대해서도 의견이 분분하다. 다만 한군데 기와 비슷한 기(氣) 자가 보이는데, '行氣'(기 자는 气 안에 火가 들어간 모양)로 표기되어 있고, 이것을 행기(行氣)로 보며, 그 뜻은 몸속에 기를 배양하는 양기(養氣), 몸속의 기를 다스리는 치기(治氣), 기를 부리는 사기(使氣) 등의 뜻으로 쓰였다고 전한다. 바로 이 금문의 글자가 후대에 전개되는 기의 개념을 해명하는 하나의 실마리가 될 것이라고 보기도 한다.

『설문해자說文解字』 속의 기

한자의 어원을 밝힌 책으로는 후한 때 허신(許慎, 30~124)이라는 사람이 쓴 『설문해자』가 있다. 일만여 글자에 해당하는 한자에 일일이 본래의 뜻과 글자 모양 그리고 발음을 종합적으로 해설한 책이다. 중국 최초의 자전(字典)인 셈이다.

이 책을 보면 오늘날 기와 뜻이 겹치는 글자가 등장한다. 바로 '기'(气)라는 글자가 그것이다. 이 글자의 모양은 '气'이고, "기(气)는 운기(雲气)이다"라고 되어 있으니 구름의 모습을 본뜬 상형문자였다. 그리고 무릇 기(气)에 속한 글자는 모두 여기서 비롯된 것임을 덧붙인다.

이 글자는 아마도 땅에서 수증기가 모락모락 피어올라 구름이 되는 모습을 본뜬 것으로 추측한다. 곧 산이나 냇가에서 솟아 나온 것은 기

이고, 그것이 뭉쳐 구
름이 된다.

필자는 수증기가 모
락모락 피어올라 구름
이 되는 모습을 상상해
보았지만 떠오르지 않
아서 여행을 다니며 찾
기로 하였고, 우연한 기
회에 비가 온 후 차창 너

더운 날 산 정상을 중심으로 수증기가 구름으로 변하면서 뭉게뭉게 피어오른다.

머로 그 모습을 휴대 전화기로 촬영할 수 있었다. 사진 속의 모습이 그
것이다. 그러니까 이 기는 자연 속의 기와 관계된 의미임을 알 수 있다.

『설문해자』에는 비로소 지금 사용하는 기(氣) 자에 대한 설명이 있
다. 구름의 기를 뜻하는 气에 쌀을 뜻하는 '米'가 더해져 '氣'로 표기되
어 있다. 그런데 엉뚱하게도 그 뜻은 "손님에게 대접하는 추미(芻米)이
다"라고 되어 있다. 이 추미를 '음식물'로 풀이하고 있는 사람이 있으
나, 글자 뜻 그대로 추(芻)는 소나 말에게 먹이는 꼴(건초)이요, 미(米)
는 사람이 먹는 쌀이니, 곧 손님이 타고 온 말에게 주는 꼴과 손님에게
주는 음식의 뜻이 아닐까? 그러니까 사람이나 동물이나 먹어서 기운
을 내는 것이란 뜻이니, 오늘날 기(氣)와 전혀 무관하다고 할 수는 없
겠다.

여기서 허신은 기(气)는 소리를, 미(米)는 뜻을 나타낸다고 했으니
기(气)는 발음상 넣었을 가능성이 있다. 이것은 한자 육서(六書)[1] 가운

---

1 한자의 여섯 가지 구성 원리로 허신이 확립하였다. 먼저 산(山)·목(木)처럼 물체의 모양을 본뜬
 상형(象形), 상(上)·하(下)처럼 뜻을 가리키는 지사(指事), 신(信)이나 명(明)처럼 둘 이상의

데 형성(形聲) 문자에 해당하는 글자이다. 그렇다면 글자의 뜻은 쌀을 나타내는 미(米)에 있지 않았나 싶다. 그래서 해설자들이 '음식물'이라 풀이한 듯하다.

그러니까 기(氣)는 원래 음식물과 관계된 글자였으나 뒤에 기(气)를 가차(假借)하는 글자로 변하였고, 오래 쓰다 보니 기(氣) 자를 가지고 기(气) 자를 대신하게 되었다고 한다. 한편 원래의 기(氣) 자는 다시 음식을 대접하는 뜻인 희(餼)로 바뀌었다고 한다.

이 외에도 발음이 비슷하여 기(氣)와 유사한 뜻을 갖는 한자로는 기(旣) 또는 기(炁)가 있다. 이것들은 기(氣) 또는 기(气)와 함께 모두 발음이 비슷해서 글자가 혼용될 가능성이 있었고 또 유사한 뜻에 여러 글자가 있으면 혼란스러우므로 점차 기(氣)로 통일하고, 그 기(氣) 자가 수많은 뜻을 가지게 된 것으로 생각한다.

정리하면 오늘날 기(氣)를 뜻하는 글자는 적어도 은나라 때는 없었던 것으로 보인다. 제각기 구체적인 사물을 가리키는 것으로만 존재했을 가능성이 크다. 그러다가 후대로 오면서 기(氣)로 통일되고 수많은 뜻이 여기에 포함되었을 것으로 생각한다. 왜냐하면 기와 유사한 다른 글자는 오늘날 그 의미가 크게 달라지지 않았고 포함하는 내용 또한 많지 않기 때문이다.

뜻이 조합된 회의(會意), 송(松)·구(嶇)처럼 각기 소리와 뜻을 대표하는 글자가 들어간 형성(形聲), 악(樂)처럼 동일한 글자가 연관된 다른 뜻으로 변한 전주(轉注), 끝으로 혁(革)·붕(朋)처럼 다른 한자를 빌려서 뜻을 나타내는 가차(假借)가 그것이다. 한자를 뜻글자라고만 말하는 것은 완전히 오해에서 비롯한 일이다.

기와 유사한 것들

기의 원초적 의미는 정말로 무엇일까?

아마도 인간의 호흡과 관련된 무엇일 테다. 인간 자신의 생명 유지와 제일 가까운 문제이기 때문이다. 매일매일 매 순간 멈출 수 없이 계속 들이마시고 내뱉어야 하니, 그것을 뭐라고 이름 지었든 간에 지금 우리가 사용하고 있는 기(氣)의 원초적 의미가 아닐까? 『설문해자』의 운기(雲氣)도 실은 추운 날 하얀 입김이 공중으로 흩어지는 형상과 연관이 있을 것이다.

그러니 사실 앞의 갑골문이나 금문에서 기(氣) 자의 원초적 의미를 찾는 일은 무의미하다. 갑골문이란 인간의 중대사를 놓고 하늘의 뜻을 묻는 점치는 행위, 그것도 대부분 국가의 중요한 의사 결정을 위해 하늘의 뜻을 묻는 행위이니, 인간의 호흡과 무슨 상관이었겠는가? 금문 또한 당시로서는 귀중한 청동기에 새기는 글귀였으니, 매우 중요한 말이나 후손들에게 남기는 교훈 정도가 아닐까? 여기에 일상적인 언어가 들어갈 여지가 없었을 것이다. 일상적이고 가장 흔한 일은 기록되지 않는 법이다. 마치 오늘날 자주 일어나는 흔한 일은 영화나 드라마의 소재가 안 되는 것과 같은 이치다. 이것이 고대 문헌에서 기(氣) 자의 어원을 찾기가 힘든 까닭이다.

그런데 이런 호흡과 관련된 기의 의미는 한자 문화권에서만 있는 것은 아니다. 인도의 『베다』(Veda) 성전(聖典)을 중심으로 하는 고대 철학(베단타 학파)에서는 프라나(prāna)에 관한 말이 나온다. 이것은 호흡이나 숨을 뜻하고, 그 기능을 다섯 가지로 분류하였는데, 요가학파에서는 숨을 내뱉기, 정지, 들이마시기라는 3종의 기능으로 된 호흡법을 주장하였다. 숨을 들이쉬면서 우주의 프라나를 섭취하고, 숨을 참고 있는 동안에 그것을 자기화하는 특수한 호흡법이다. 이는 우주와 합일을 지향하는 요가 명상의 기본이 되었고, 이 요가의 호흡법은 그 후 불교에도 도입되었는데, 모두 기와 관계된 것들이다. 바로 이것은 우주의 기를 단전호흡을 통하여 몸에 채운다는 동아시아 도교의 수련법과 일맥상통한다.

또 고대 그리스에는 일반적으로 영혼을 가리키는 프시케(psyche)라는 말이 있다. 원래 이 말은 숨이나 공기에서 파생된 생명에 가까운 말이다. 곧 영혼은 생명을 지탱하는 혼이었다. 그래서 아리스토텔레스(Aristoteles, 기원전 384~322)는 이 혼을 식물의 혼과 동물의 혼과 인간의 영혼으로 구분하여 기능상의 차이를 말하기도 했지만, 본질적으로 생명과 가까운 개념이었다.

앞에서도 잠시 언급했듯이 동아시아의 기에 더 가까운 말에는 헬레니즘 시기의 스토아학파에서 말하는 세계의 영혼인 프뉴마(pneuma)가 있다. 훗날 이것이 기독교가 출현하면서 성령을 가리키는 말로 사용되었다. 현대 신학자들 가운데는 프뉴마는 인격적인 요소가 거부되고 성령이라는 말보다 생기(生氣)가 더 좋은 표현이며, 영(靈)이라는 번역보다 기(氣), 숨이라는 번역이 성서의 원래의 뜻에 가깝다고 주장하는 사람들도 있다. 심지어 프뉴마는 인간을 모든 기존적인 것에서 자유롭게 하는 하느님의 숨결이라고 말하기도 한다.

재미있는 현상은 구약성서의 배경이 되는 히브리 문화권에서도 영혼과 유사한 말에는 '네페쉬'(nephesh) 또는 '루아흐'(ruah)가 있는데, 모두 원래 '호흡하다', '숨을 내쉬다', '바람', '힘'의 의미를 지니며 생명을 가리키기도 한다고 한다. 그런 점에서 모두 기와 유사한 성격이다.

특히 구약 창세기를 보면 하느님이 사람을 처음 창조할 때 진흙으로 사람을 만들고 생기를 그의 코에 불어 넣었다는 데서도 그 점을 엿볼 수 있다.

이것들처럼 동아시아의 기도 처음에는 호흡이나 숨 또는 생명 활동과 관계되어 점차 복잡하게 변하였을 것이다. 곧 기의 개념이 확대·발전하는 데는 네 가지 방면으로 드러난다는 현대 중국학자 장립문(張立文)의 설이 있다. 첫째는 모이고 흩어지면서 만물을 형성하는 기로 확대되었다는 것, 둘째 사람이 들이마시고 내쉬는 숨결을 나타내는 쪽으로 확대되었다는 것이고, 셋째 사람의 혈기를 나타내는 쪽으로 확대되었고, 넷째 사람의 도덕 정신과 자연 기상을 나타냈다는 쪽으로 확대했다는 설이 그것이다. 필자도 이 설을 인정하지만, 다만 기 개념의 발생 순서에 있어서는 아마도 사람이 들이마시고 내쉬는 숨결이 더 원초적이지 않았을까 생각한다.

고대 문헌 속의 기

동아시아 고대 문헌 속의 기는 여러 종류의 기가 보인다. 철학적 범주로 사용된 예는 후대에 등장하지만, 나름대로 철학적 또는 종교적으로, 때로는 기술적으로 전개될 가능성을 가지고 있었다. 고대의 중요한 문헌 가운데서 등장하는 기의 종류를 대충 살펴보자.

먼저 『논어』를 보면 공자(孔子, 기원전 551~479)가 기를 말한 곳은 여섯 군데 보이는데, 네 가지로 정리된다. 우선 '숨을 죽이다'라는 뜻의 병기(屛氣)가 등장하는데, 이것은 숨 곧 호흡을 뜻한다. 다음으로 사기(辭氣)가 나오는데, 이것은 '말투'를 뜻하며 또 '밥 기운'이란 뜻의 사기

(食氣)도 등장한다. 끝으로 요즘에도 쓰이는 말인 혈기(血氣)가 있는데, 이것은 인간의 '생리적인 기능'을 뜻한다. 어쨌든 공자가 말한 기는 생활을 중심으로 표현하며 존재의 근원과 운동과 관계된 철학적 개념과는 거리가 있다.

다음으로 『맹자』를 보면 기 개념이 좀 더 확대된 모습을 발견할 수 있다. 맹자(孟子, 기원전 372?~289?)가 말한 기에는 호연지기(浩然之氣)와 야기(夜氣) 및 평단지기(平旦之氣)가 있다. 초·중·고 학생들이 수련회에 갔을 때 "호연지기를 기른다"라는 말을 많이 들어보았을 터인데, 바로 이 『맹자』에서 등장하는 말이다. 비록 맹자 자신도 호연지기를 설명하기 어렵다고 했으나 그의 설명을 보면 '도덕적 용기'라고 말할 수 있을 것 같다.

그 밖의 야기와 평단지기는 한밤중이나 새벽녘의 '순수하게 맑고 시원한 정신 상태'를 가리킨다. 모두 도덕 수양과 관계가 되며, 훗날 성리학에서 심성을 수양하는 문제의 출발이 되기도 한다. 또 그는 심(心, 마음)과 지(志, 의지)와 기(氣)가 서로 보완하고 완성한다고 주장하고 심과 기를 분리하는 것을 반대했다. 이 점은 훗날 주희(朱熹, 1130~1200) 성리학에서 아예 심 그 자체를 기로 보게 된다. 비록 심에는 본성으로서 이(理)라는 것이 포함되어 있기는 해도 그렇다. 그래서 조선조 율곡 이이(栗谷 李珥, 1536~1584)는 이기지묘(理氣之妙)라고 하여 심에는 이와 기가 묘하게 합쳐 존재한다고 보았으나, 아무튼 그도 발동하는 것은 기(氣)라고 한 것으로 보면 이런 맥락을 따랐음을 알 수 있다. 그러니까 맹자의 기는 인간의 마음 자세와 관계되는 것이었다.

노자(老子, 기원전 6세기?~4세기?)는 공자보다 조금 앞선 시기에 살았다고 전해지며, 도가 학파의 시조로 『도덕경』(道德經)에는 기가 세 번 등장한다. 첫째는 충기(沖氣)이다. 충기는 우주 또는 천지의 발생과 관련해서 나오는데, 그 원문은 다음과 같다.

도는 하나를 낳고, 하나는 둘을 낳고, 둘을 셋을 낳고, 셋은 만물을 낳았다. 만물은 음(陰)을 짊어지고 양(陽)을 껴안고 있으며, 충기로서 조화를 이루었다(42장).

그러니 학자들에 따라 충기와 함께 도, 일, 이, 삼이 제각기 무엇인지 해석이 분분하여 매우 난해하다. 원문에 음과 양이 나오므로 보통 충기를 '끊임없이 운동하는 음양의 기'로 보기도 한다. 어쨌든 자연의 기다.

또 하나의 기는 55장에 나오는 기인데, '기력' 또는 '몸의 기운'으로 쓰였고, 10장에서도 기를 모아서 부드럽게 하여 어린아이와 같이 될 수 없느냐고 했으므로 '생명의 기운'이다. 따라서 이 두 곳의 기운은 모두 인체와 관계된 기임을 알 수 있다. 훗날 도교라는 종교의 수련이론으로 나아갈 수 있는 씨앗을 가지고 있다.

장자(莊子, 기원전 369?~289?)는 맹자와 거의 동시대에 살았다고 전해지는데, 그가 썼다고 알려진 『장자』의 모든 내용은 그의 저술이 아니다. 그의 저작이라고 알려진 것은 「내편」뿐이고, 「외편」과 「잡편」은 후대 사람들의 저작으로 보고 있다. 따라서 이러한 사실은 기에 대한 견해도 다양할 수밖에 없음을 암시한다.

『장자』의 기를 분류하면 크게 두 가지 범주로 나누어진다. 하나는 자연의 기이고, 하나는 인간의 기다. 먼저 자연의 기로 표현된 것에는 천기(天氣), 지기(地氣), 운기(雲氣), 일기(一氣), 육기(六氣)[2] 그리고

---

2 육기는 상당히 이른 시기에 『좌전』(左傳)에 등장하는데, 곧 음(陰), 양(陽), 풍(風), 우(雨), 회

음양의 기 등이 있다. 특히 여기서 천기와 지기를 합쳐 천지의 일기로 표현되는데, 이것을 둘로 나누면 음양의 기다. 천지, 곧 자연이 하나의 기라는 표현은 후대에 우주와 만물이 하나의 기에서 발생했다는 철학적 관점으로 나아갈 수 있는 귀중한 자료가 된다.

또 인간과 관련된 기에는 인기(人氣), 신기(神氣), 혈기(血氣), 사기(邪氣) 등이 보인다. 여기서 주목할 만한 것에는 신기(神氣)라는 인간의 기다. 이 인기와 관련해서 "기란 비어있으면서 대상을 기다리는 것이다"(「인간세」)라고 하여 신기가 인간의 마음을 가리키는 말로 쓰였다. 후대의 문헌에서 등장하는 신기는 대부분 인간의 마음을 가리키며, 특히 전통 의학에서 사용하는 것도 이와 관련된다.

또 『장자』에는 인간의 생사와 관련해서 아주 중요한 점을 언급하고 있다.

> 인간이 태어남은 기의 모임이다. 기가 모이면 삶이 되고 기가 흩어지면 죽음이 된다. …그래서 말하기를 천하에 두루 통하는 것은 하나의 기일 뿐이다(「지북유」).

이렇게 인간을 포함한 만물은 하나의 기가 모이고 흩어져서 생성·소멸함을 말하고 있다. 이 말은 장자보다 훨씬 후대에 살았던 사람들의 이론일 수 있지만, 어쨌든 이것이 철학적으로 기가 만물의 근원이

(晦), 명(明)으로 네 계절의 변화와 밤낮과 자연의 기상현상과 관계가 있다. 또 한의학에서 말하는 풍(風), 한(寒), 서(暑), 습(濕), 조(燥), 화(火 또는 熱) 또는 기(氣), 혈(血), 진(津), 액(液), 정(精), 맥(脈)의 여섯 가지 기운과 또는 인간의 호(好), 오(惡), 희(喜), 노(怒), 애(哀), 락(樂)이라는 여섯 가지의 감정을 말하기도 하지만, 『장자』에서는 육기가 조화를 이루지 못하면 네 계절이 순조롭지 못하다고 보아 『좌전』의 설에 가깝다고 본다.

라는 출발이 되는 지점이다. 또한 후대에 기가 운동하는 성질 가운데 하나로 설명되는 취산(聚散)도 바로 여기서 연원(淵源)하고 있다.

장자보다 약간 후대에 살았던 순자(荀子, 기원전 289?~238)의 글에서도 기의 견해를 살펴볼 수 있다. 그도 공자의 학문을 이은 유가 학파에 속한 사람이므로 『순자』 속에는 『논어』에 등장하는 혈기(血氣)라는 말을 가장 많이 발견할 수 있고, 사기(辭氣)나 기색(氣色) 그리고 기를 다스린다는 치기(治氣) 이론 등도 발견되는데, 예법을 지키고 스승의 가르침을 통하는 길이야말로 기를 다스리고 마음을 기르는 가장 빠른 길임을 말하고 있다. 물론 이것들은 모두 인간과 관계되는 기다.

그런데 주목할 곳은 인간만이 아니라 자연물 속에 공통으로 존재하는 기를 거론하는 말이다. 곧 무생물에는 기는 있지만 생명이 없고, 식물에는 기와 생명은 있으나 앎은 없고, 동물은 기와 생명과 앎이 있으나 의(義)가 없고, 인간에게는 기와 생명과 앎과 의가 있으므로 천하에서 가장 고귀하다고 하였다. 이 말은 무생물과 동물과 식물 그리고 인간의 차이를 구별하는 이론인데, 마치 고대 그리스의 아리스토텔레스가 식물혼, 동물혼 그리고 인간의 영혼을 구별하는 것과 비슷한 맥락이다. 다만 그 차이점은 후자가 무생물의 영혼을 인정하지 않았다는 점이다.

그러니까 순자의 기는 생물과 무생물을 통틀어 모두 기가 들어 있다는 점인데, 이렇듯 생물만이 아니라 무생물에도 기가 들어 있다는 생각은 동아시아 전통 사상의 특징 가운데 하나가 되었다. 그래서 전통 의학에서도 생물만이 아니라 무생물의 약성(藥性)도 음양이나 오행의 기로도 설명했다.

더 나아가 순자는 다음과 같이 말한다.

하늘과 땅이 교합(交合)하여 만물이 생겨나고, 음양의 기가 교접(交接)하여 변화가 일어난다(「천론」).

음양의 두 기운이 자연의 모든 변화를 이끌고 있다. 더구나 자연의 괴이한 현상마저도 이러한 음양의 이론으로 이해하여 자연을 인간의 일과 구분하여 객관적으로 파악하려는 단초를 열어주고 있다.

그런데 후대에 철학적인 영향을 끼친 중요한 문헌에는 『주역』을 빠뜨릴 수 없다. 『주역』은 기본적으로 자연물을 관찰하여 논리를 세웠기 때문에 기가 녹아들 여지가 풍부하다. 우선 효(爻)가 '--'와 '一'으로 이루어져 있어 훗날 음양과 결합할 가능성을 가지고 있었고, 8괘 또한 기가 유행하는 8가지 자연물을 상징하고, 64괘도 이러한 자연적 현실을 인간사에 적용하여 더 구체화한 것이다.

『주역』에서 거론하는 기에는 기(氣), 동기(同氣), 양기(陽氣), 이기(二氣), 정기(精氣)다. 물론 괘사(卦辭: 괘를 풀이한 말)와 효사(爻辭: 효를 풀이한 말)에는 음양이라는 말이 없고, 전(傳: 공자가 풀이했다는 말)에 보

8괘의 이름과 상징

8괘	이름	상징
☰	건(乾)	하늘
☱	태(兌)	연못
☲	이(離)	불
☳	진(震)	우레
☴	손(巽)	바람
☵	감(坎)	물
☶	간(艮)	산
☷	곤(坤)	땅

인다. 동기는 말 그대로 같은 기라는 뜻인데 "같은 기는 서로 찾는다" 라고 하여 물은 물끼리, 불은 불끼리 서로 어울리는 자연 현상을 이렇 게 표현하였다. 이기는 음양의 두 기를 가리키는데, "두 기가 서로 감 응하여 함께 한다"라고 하여 만물의 변화가 두 기가 서로 감응하여 이 루어지는 것으로 표현하였다. 그리고 "정기는 물건이 된다"라고 하여 정기는 천지 만물과 사람을 이루는 근원적 바탕임을 제시했다.

이처럼 『주역』에서는 후대의 철학에서 보이는 만물의 생성과 변화 를 설명하는 기의 기초 개념을 간략하게 나타내 보인다. 특히 자연에 서 일어나는 음양 두 기의 변화를 모델로 인사의 변화를 잘 설명하고 있다. 압축해서 말하면 모든 변화의 모델이 기였다.

끝으로 고대의 기를 이해하는 데 빠뜨릴 수 없는 문헌에는 『관자』 (管子)가 있다. 이 책은 춘추시대 제(齊)나라의 정치가인 관중(管仲, 기 원전 ?~645)이 지은 것으로 되어 있으나, 그 내용으로 보아 후대의 사람 들이 썼고, 전국시대를 거쳐서 한나라 때 성립된 것으로 알려져 있다.

이 책에 등장하는 기의 종류는 수없이 많다. 자연 현상에 관계된 것, 인간의 일에 해당하는 것 그리고 인간과 자연에 공통으로 관계되 는 기를 망라하고 있다. 꽤 많은데 등장하는 순서대로 열거하면 대략 다음과 같다. 곧 천지지기(天地之氣), 화기(和氣), 사기(邪氣), 지기(地 氣), 천기(天氣), 의기(義氣), 조기(燥氣), 습기(濕氣), 탄기(坦氣), 양기 (陽氣), 음기(陰氣), 일기(一氣), 혈기(血氣), 육기(六氣), 원기(怨氣), 구 기(懼氣), 풍기(風氣), 의기(意氣), 정기(精氣), 선기(善氣), 악기(惡氣), 운기(雲氣), 울기(鬱氣), 민기(民氣), 영기(靈氣), 역기(逆氣) 등이 그것 이다.

특이하게 의학 분야의 기도 인체 장기와 함께 소개하고 있는데, 기가 몸속에 가득 차 있는 것으로 이해했다. 거기서도 이전의 기의 관점을 이어받아 기가 있으면 살고, 기가 없으면 죽는데, 살아 있음은 기가 있기 때문이라고 말한다. 이것은 후대로 오면서 기에 대한 이해와 적용이 풍부하여 다양한 형태로 그 뜻이 분화되었음을 뜻한다.

특히 『관자』는 정(精)과 기(氣)와 신(神)의 이론을 내세웠는데, 정은 곧 기로서 음양과 오행의 기가 되기도 하고, 만물과 사람을 형성하는 재료이기도 하다. 인간의 경우 하늘이 정(精)을 내주고 땅이 형(形)을 내주어 이 둘이 합하여 인간이 되었다고 말하였다. 여기서 정이란 기의 정이라 밝힌다. 이것은 마치 인간이 아버지의 정(精: 정자)과 어머니의 혈(血: 난자)을 받아 생겨나는 것과 같은 구도를 지니고 있다. 이것은 인간이 정신적인 것과 육체적인 것을 자연에서 부여받았음을 보여주고 있는데, 여기서 말하는 정신적인 것이란 훗날 기의 신(神)으로서 인간의 마음을 가리킨다. 그런 전통에서 지금도 정신을 한자로 '精神'이라고 표기하고 있다.

종합하면 춘추전국시대를 거쳐서 한나라 초에 이르기까지 이미 여러 생활과 문헌에 나타나는 기의 모습은 단편적이며 본격적으로 기철학의 이론으로 전개된 것은 아니다. 그러나 여기서 철학적인 만물 발생과 자연의 변화, 인간과 만물의 생사, 의학적인 관점에까지 적용되는 기의 개념이 서서히 확장되거나 분화되고 있음을 보여주고 있다.

기 개념의 역사적 전개와 기철학

이 책 저술의 주목적이 기를 소개하는 일이기는 해도 기철학 입문의 성격을 띠어서 아무래도 그것을 언급하지 않으면 기 이론의 흐름을 이해하기 어려울 것 같아 간단히 설명하겠다. 앞에서 춘추시대와 한 나라 초기까지의 여러 문헌에 나타난 기를 대략 살펴보았기에 여기서 는 한나라부터 설명하려고 한다.

우선 그 시대는 기를 우주가 생성되는 질료로 인식하거나 기와 '원' (元: 으뜸, 시초, 근본, 크다는 뜻을 지닌 말)의 개념을 연관시켜 이해하기 시 작하고, 원기(元氣)의 통합 개념을 제시한다. 전한의 동중서(董仲舒, 기 원전 178~104)가 처음 제시하고 훗날 왕충(王充, 27~97)이 정리한 하늘, 곧 자연에는 인위적(또는 인격적)인 것이 없고 스스로 그러한 것은 원기 가 그렇기 때문이라는 원기자연론(元氣自然論)이 그것이다.

위진남북조시대는 현학(玄學)3과 도교의 성행이 기 개념의 이해를 심화시켰고 또 심식(心識)4으로서 불교의 기 사상의 수용 모습을 엿볼 수 있다. 이때는 기를 유(有)와 무(無)로 해석하는가 하면, 도교의 도인 법(導引法)5에서 신기(神氣)로 파악하기도 하였다. 특히 각 학파는 현 상의 배후에 그것을 그렇게 존재하게 하는 근거를 탐색하였는데, 그 가운데 원기의 스스로 그러함이 만물의 본체라는 원기자연본체론(元 氣自然本體論)을 내세워 왕충의 이론에서 한층 더 나아갔다.

수당(隋唐) 때에는 불교가 융성하였다. 그래서 불교의 수행 이론에 기 이론이 도입되어 숨을 조절하고 잡념을 없애야 신기(神氣: 마음)가 맑아져 좌선(坐禪) 공부에 도움이 된다고 여겼다. 또 도교에서는 도인 술과 함께 태식(胎息)을 통하여 내단(內丹)6의 수련으로 전개되었다.

---

3 노장사상을 바탕으로 유가의 경서들을 해석하며 형이상학적인 철학 논변을 전개한 학문.
4 불교의 유식종에서 인식·식별하는 마음의 작용.
5 도교에서 신선이 되기 위하여 시행하는 장생의 양생법. 도인술이라고도 함.
6 태식은 태아와 같은 상태의 숨을 뜻하는 것으로 단전호흡을 말함. 내단은 태식을 통해 하단전에 단(丹)을 쌓는 것.

그런데 여기서 원기자연본체론에 기의 운동성을 추가시켜 원기가 스스로 움직여 만물이 변한다는 원기자동론(元氣自動論)으로 전개되었다.

송(宋) 대의 기 개념은 종래의 기에 대한 이론이 집대성되어 획기적으로 발전한다. 대표적인 학자는 북송의 장재(張載, 1020~1077)다. 그는 허공, 곧 태허(太虛)가 기의 본체라고 제시하여 형체가 없는 본체계와 형체가 있는 구체적 사물을 구분하고, 형체가 없는 것에서 형체가 있는 물건으로 바뀌는 것을 기화(氣化)라 불렀다. 물론 형체가 있는 물건은 소멸하여 태허로 되돌아간다.

그러나 훗날 주희가 성리학을 완성하면서 장재의 이런 기 개념을 부분적으로 받아들여 기는 이(理)와 상대적 존재로 보게 된다. 그는 세계가 이와 기로 이루어졌다는 일종의 이원론을 견지하여 기는 눈에 보이는 현상을 구성하는 질료 또는 운동하는 존재이고, 기가 운동하는 원인만이 아니라 사물의 원리나 인간 윤리의 근거조차도 이 형이상학적인 이(理)에 있다고 여겼다. 따라서 기는 유한하고 형이하(形而下)의 존재로서 맑거나 탁하거나 어둡거나 밝은 상태로 존재하며, 인간에 있어서는 바로 이것들이 그 인간의 기질적 성품에 영향을 미친다. 따라서 주희 성리학에서는 기 개념은 사물을 구성하는 질료와 현실의 차별성, 곧 사물의 차이를 설명하는 근거가 되었고, 인간에 있어서 현실의 불선(不善)이 유래하는 근거로서 부정적 의미로 사용하였다. 그래서 하늘이 부여한 선한 성품을 잘 발휘하기 위해서는 기의 영향을 받은 자신의 탁하거나 어두운 기질을 맑고 밝은 것으로 바꾸어야 한다고 여겼다. 이것이 바로 기질 변화의 수양론(修養論)과 연결된다.

그런데 명(明) 대의 왕수인(王守仁, 1472~1529)은 주희 성리학을 벗어나 양지(良知) 개념을 내세운다. 양지란 맹자가 한 말인데, 그는 이것을 더 확충시켜 도덕적 선을 판단할 수 있는 인간의 능력일 뿐만 아니라 양지가 흘러 유행(流行)하는 상태가 기이며, 인간의 본성과 기를 나눌 수도 없고, 양지가 만물을 만든다고 여겼다. 이 때문에 훗날 왕수인은 자연의 기를 완전히 주체화·정신화시켰다는 비판을 받기도 한다. 아무튼 기(氣)를 주희 성리학과 다른 각도에서 인간의 본성과 도덕적 주체인 양지로 고양시켰다.

또 명 대의 왕정상(王廷相, 1474~1544)은 북송 장재의 태허(太虛)가 기라는 관점을 이어서 천지 만물의 생성과 변화의 근원이 기라 여기고, 기를 벗어나 도(道)나 이(理)가 없다고 여겼다. 특히 왕수인처럼 인간의 본성이란 기에서 생긴다고 보았고, 그것은 기 속에서 사물을 낳는 조리(條理)라고 보았다. 특히 그는 정신 현상인 신(神)을 기의 작용으로 보았는데, 마치 기라는 땔감에 정신이라는 불이 붙어 있는 것으로 설명하였다. 훗날 조선의 최한기(崔漢綺, 1803~1877)가 신기(神氣)를 말할 때 그 신(神)을 기의 덕(德)이나 공용(功用)으로 보았으며, 기와 분리된 서양의 신(God)과 같은 그런 것이 전혀 아니었다.

그런데 명말청초(明末淸初)에 이르면 기의 개념은 더욱 확장·심화된다. 16세기 후반부터 예수회 선교사들이 전한 서학 과학의 영향으로 기 개념이 변화하였기 때문이다. 이 시기의 대표적인 학자로는 황종희(黃宗羲), 유종주(劉宗周), 왕부지(王夫之)와 방이지(方以智), 안원(顏元), 이공(李塨), 대진(大陣) 등이 있는데, 이들의 이론에 관해서는 뒤의 해당하는 곳에서 설명하겠다. 특이한 점은 안원이 훗날 조선의 최한기나 임성주(任聖周, 1711~1788)처럼 기에 정신성 또는 생명성을 부여하여 우주의 참다운 기는 우주의 생기(生氣)라고 말하였고, 왕부지 또한 종래의 성선설을 받아들여 인간의 본성이 선한 것은 기가 선하기 때문이라고 주장한다.

우리 역사에서 기에 대한 철학적인 언급은 조선시대에 정도전(鄭道傳, 1342~1398)이 불교와 도교를 비판하고 유학을 옹호한 글인「심기리편」(心氣理篇)에 보인다. 여기서 심(心)은 불교, 기(氣)는 도가, 이(理)는 유학을 상징한다.

그 후 조선조 사단칠정논쟁(四端七情論爭)7이나 이황(李滉, 1501~1570)의 이발(理發)8이나 이이(李珥)가 기발(氣發)9을 말한 것도 모두 성리학의 테두리 안에서 기를 이해한 것이고, 조선 말 도학자들이 이(理)를 높이고 기(氣)를 배척한 것은 주희 성리학의 연장선에서 이와 기에 각각 높이고 배척해야 할 내용을 부여하여 논의한 것들이다. 큰 틀에서 볼 때 주희 성리학에서 보는 기의 관점을 크게 벗어나지는 않았다. 모두 이(理)를 중심으로 기를 이해하였다. 그 때문에 주희 성리학과 그것을 계승한 학문을 다른 말로 이학(理學)이라 일컫기도 한다.

그러나 이것과 별도로 북송의 장재(張載)의 학설을 계승하여 전개한 사람은 조선 전기 서경덕(徐敬德, 1489~1546)이며, 그는 장재의 태허(太虛) 개념을 수용하여 태허가 곧 기(氣)임을 밝혀 태허와 구체적 만물을 각각 선천(先天)과 후천(後天)으로 나누어 설명하였다. 여기서 기의 모이고 흩어지는 개념을 등장시켜 구체적 사물은 일시적 존재여서 소멸하여 흩어지면 태허, 곧 선천으로 되돌아간다고 이해하였다. 이는 기가 소멸하지 않는 기 불멸론의 입장이며, 기는 내재적 운동력(기자이[機自爾]: 기틀이 스스로 그러한 것)을 갖고 있다고 하였다.

---

7 사단과 칠정의 해석을 놓고 이황과 기대승(奇大升)이 7년 동안 편지를 주고받으며 벌인 논쟁.
8 인간의 마음에서 사단과 같은 도덕적 정감은 이가 발동한 것. 그러나 그도 칠정은 기가 발동하는 것이라 여겼다.
9 모든 인간의 정감은 기가 발동한 것이라고 보는 설.

　이어 조선 후기 임성주(任聖周)는 주희가 말한 이와 기는 결코 두 가지 사물이라는 견해를 버리고, 이와 기가 하나라는 이기일물설(理氣一物說)을 받아들인다. 나아가 성리학의 본체와 현상을 아울러 설명하는 "이는 하나이지만 각각의 사물에 나누어져 달라진다"라는 이일분수(理一分殊)의 논리를 기일분수(氣一分殊)가 되어야 한다고 하여 기일원론을 주장하였다. 그는 기에 생의(生意), 곧 생성의 의지랄까 아니면 생명의 의지 같은 것이 있다고 하여 훗날 최한기가 기를 생기(生氣)나 활물(活物)로 보는 것과 유사한 관점을 지니고 있다. 그는 모든 사물에 이러한 생의를 덕으로 하는 담일청허(湛一淸虛)한 맑은 기가 있어 사람의 본성이 선한 까닭도 바로 이러한 기 때문이라고 한다. 앞에서 왕부지도 이런 견해를 펼쳤는데, 그래서 주희 성리학의 태극(太極), 곧 이의 보편성을 바로 이 담일청허한 기로 대체하였고, 사물의 차이는 주희 성리학처럼 바로 기질의 차이에서 오늘 것으로 이해하였다.

　하지만 기라는 자연물에서 사실과 가치를 완전히 분리하였다고 말할 수 없다. 여전히 성리학의 이의 내용이 기 속에 구현되고 있기 때문이다. 그것은 그가 기를 주장해도 성리학자로서 그 형이상학적 가치를 버릴 수 없었기 때문이다. 이것은 마치 중국에서 왕수인이 기(氣)와 이(理)와 성(性)과 양지(良知)를 같은 층위에 놓고 보더라도 기에서 자연적 사실과 인간적 가치를 분리하지 않는 것과 같은 맥락이다.

　중국에서와 마찬가지로 이제 기 개념에는 서학의 영향으로 조선에서도 확장과 변화가 생긴다. 다산 정약용(丁若鏞, 1762~1836)에게서도 이런 모습이 보이지만, 대표적인 경우가 홍대용(洪大容)과 최한기다. 이 점에 대해서는 뒤에 과학과 연관시켜 논의한다. 여기서 지적할 것은 정약용이나 최한기의 경우 서양의 과학만이 아니라 종교, 곧 기독교의 영향도 받아 그것에 대응해 기 개념이 변화되고 있다는 점이다. 서학의 자연과학만이 아니라 종교적 문제인 서학의 하느님이나 영혼 관념에 대응하는 기의 개념이 필요했기 때문이다. 이렇게 철학이란 시대의 문제를 해결하고자 하는 고민에서 산출된 사유 체계이기 때문에 기철학 또한 어떤 도전이나 영향을 받아서 변모하였다.

이상 간략하게 기에 대한 여러 학설을 소개하였는데, 이해하기에 매우 혼란스러울 것이다. 도대체 기철학이 무엇인지 의문만 커졌을 것이다. 전통적인 기 이론을 한 마디로 딱 잘라 말할 수는 없지만, 그래도 이해의 편의를 위해 북송 때 장재(張載)의 기철학을 중심으로 공통점을 묶어서 간략히 요약해 보자.

우선 전통 학문의 밑바탕을 이루는 우주는 천원지방(天圓地方)설로, 곧 하늘은 둥글고 땅은 네모지다는 설이다. 여기에는 지붕처럼 둥근 하늘이 네모진 땅을 덮고 있다는 개천설(蓋天說)과 껍질이 노른자를 둘러싸는 달걀처럼 둥근 하늘이 네모진 땅을 둘러싸고 있다는 혼천설(渾天說) 등이 있는데, 후대에는 개천설을 버리고 혼천설을 따랐다. 그래서 땅이 우주의 중심이고 태양과 달과 별은 하늘에 매달려 있다고 여겼다. 물론 땅이 도는 것이 아니라 하늘이 돈다고 생각했다. 이런 우주관에 대한 설명은 옛날 어린아이들이 처음 글을 배울 때 읽었던 『계몽편』이나 『천자문』 같은 책도 잘 반영하고 있다.

여기서 기철학은 대체로 만물이 원천적인 본원(本源)의 기에서 생겨났다고 본다. 그 크고 맑고 하나인 기를 태허(太虛)나 선천(先天)이나 일기(一氣) 또는 원기(元氣) 등으로 불렀는데, 이때의 기는 맑고 텅 비어 있고 고요한 것으로 인간의 감각을 초월해 있다고 여겼다. 이 기가 모여서 만물이 되는데, 비로소 탁하거나 무겁거나 가벼운 기가 되어 만물을 구성하면서 본래의 맑고 순수한 기와 탁하고 잡박한 기의 차이가 생기게 된다.

대체로 맑고 가벼운 기는 하늘을 이루고, 탁하고 무거운 기는 땅이 되었다고 하며, 사물은 하늘과 땅의 기가 섞인 것으로 본다. 하지만 이러한 사물을 이룬 기도 그 사물이 소멸하면 원래의 맑고 고요한 기로 되돌아간다고 여겨, 결국 기는 생겨나거나 없어지지도 않아 영원불멸한 존재로 보았다. 그러니까 태허라는 본체계와 만물을 이루는 현상계로 나누어 보고, 기가 이 두 세계로 드나들면서 만물이 생성되고 소멸한다고 여겼다.

그런데 이렇게 만물이 생성되고 만물이 변화하는 까닭은 어떤 신과 같은 초월적 절대자나 외부에 원인이 있는 것이 아니라 기 자체가 활동하는 사물로서 그 운동성을 스스로 갖고 있다고 믿었다. 다만 주희 성리학만은 그 까닭이 태극(太極) 또는 이(理)에 있다고 보았을 뿐이다.

그 운동 방식의 표현은 다양하다. 모이고 흩어지는 '취산'(聚散), 올라가고 내려오는 '승강'(昇降), 움직이고 고요한 '동정'(動靜), 뜨고 가라앉는 '부침'(浮沈) 등으로 표현하고, 현상의 변화는 모두 음양(陰陽)의 기가 대립하고 조화하는 것으로서 설명하였다.

하늘과 땅의 생성에서 양기(陽氣)는 능동적으로 움직여 펼치는 기로서 그 운동이 극에 도달하면 양기의 정수(精髓)가 쌓여 태양이 되었고, 음기(陰氣)는 수동적으로 움츠려 모이는 응취(凝聚)하는 성질을 지녔으므로 그것이 극에 도달하면 그 정수가 쌓여 달이 되었다. 그러고도 남은 찌꺼기는 별이 되었으며, 땅에서는 불이나 물 등이 각각 양기와 음기로서 존재한다.

이렇게 보면 대개 기철학이 자연철학의 영역에 해당하지만, 인간의 윤리나 가치를 논할 때는 맑고 깨끗한 본체의 기에서 그 근거를 확보하기도 하고, 기존의 다른 이론에 의존하거나 또 다른 설명 방식을 취한다. 온전히 기철학의 체계 내에서 우주 자연과 인간 사회의 질서와 윤리와 도덕을 설명하는 일은 조선 후기에 와서야 가능했다. 물론 그때의 기철학은 앞에서 말한 전통의 기 이론을 비판적으로 계승하기도 하고, 음양이나 오행 그리고 선천과 후천을 구별하는 것은 폐기하면서 전개되었는데, 기철학 체계 내에 서양 과학과 철학을 수용하면서 그 모습이 변하였기 때문이다.

이상의 내용을 요약하여 기철학의 공통된 개념과 논리를 간단히 정리하면 대체로 다음과 같이 될 것이다.

첫째, 우주와 자연에는 기로 충만해 있다.

둘째, 그 기는 영구히 존재하며 소멸하거나 생성되지 않는다.

셋째, 만물은 이러한 기의 일부가 모인 것이며, 만물이 소멸하여 흩어지면 본래의 기로 되돌아간다.

넷째, 만물의 생성과 변화는 기 스스로 운동하는 능력 때문이며, 그 운동에는 특별한 목적이 없다.

다섯째, 기는 활물(活物) 또는 생기(生氣)로서 운동성 또는 생명성을 지니고 있다.

여섯째, 본체로서 하나의 기가 현실에서는 음양(陰陽) 또는 오행(五行)의 성격을 띠기도 하고, 탁하고 무겁고 잡박(雜駁)하고 거친 것 등으로 분화한다.

일곱째, 인간의 마음도 기로 이루어져 있고, 개인차에 따라 맑고 어둡고 탁하고 무겁고 가벼운 기로 이루어져 있으며, 인간은

공부나 수양을 통해 맑고 깨끗한 본체의 기를 확보함으로
써 인간의 윤리성을 회복하려고 한다.

여덟째, 시대적 상황과 외래 문물의 교섭에 따라 기철학의 주요 개
념과 논리가 변모해 왔다.

3. 다양한 이름의 기氣

기 개념의 추상화와 분화

고대의 문헌 속에서 살펴봤듯이 후대로 내려올수록 다양한 기의 이름이 생겼음을 알 수 있다. 그것은 당연한 결과다. 일반적으로 인류 문명의 진보와 함께 다양한 문화가 탄생하고 전개됨에 따라 언어의 개념이 추상화되고 또 개념의 분화가 반드시 뒤따르기 때문이다. 그것은 같은 글자라도 거기서 유사하거나 다른 뜻을 지닌 말이 파생한다는 뜻이다. 쉬운 낱말일수록 그런 현상이 두드러진다. 가령 사람이 다니는 길을 나타내는 도(道)의 경우 처음에는 그야말로 사람이 다니는 공간이라는 의미의 길이라는 보통명사였으나 훗날 사물의 본질이나 인간 윤리 행위의 근거로서 추상화되었는데, 천도(天道), 인도(人道), 왕도(王道), 패도(覇道), 군도(君道), 부도(父道), 부도(婦道) 등으로 다양하게 분화하였다. 오늘날 '도'라는 글자가 포함된 낱말이 얼마나 많은지 살펴보라.

기라는 말도 이렇게 여러 가지 뜻으로 파생되어 가고 있음을 춘추시대를 거쳐 한 대 초기까지의 고대 문헌에서 확인할 수 있다. 처음에는 사기(食氣)나 혈기(血氣)처럼 구체적인 물건이나 상태를 가리키는 말에서 일기(一氣)나 정기(精氣)처럼 점차 추상적인 의미로 발전하기도 하고, 의기(義氣), 조기(燥氣), 습기(濕氣), 탄기(坦氣), 원기(元氣)처럼 복잡하게 분화하였다. 그것은 곧 인간의 호흡, 생리, 심리에서부터 자연물의 운동, 변화를 비롯하여 그 근원에까지 다양하게 분화하였음을 뜻한다.

여기서는 지금까지 다양하게 분화된 기의 의미를 구체적으로 살펴보고자 한다. 그러나 분화된 기의 종류가 너무 많아서 다 다룰 수는 없고 또 학술적으로 의미가 없는 것들도 많다. 그래서 철학사에서 중요하게 다루던 용어를 중심으로 설명하려고 한다. 물론 의학이나 예술 및 종교나 기술에서 다루는 용어는 해당하는 곳에서 설명하겠다. 더구나 용어는 같아도 분야나 학자에 따라 의미가 다를 수도 있어서 이런 방식으로 설명하는 것이 나을 것 같다.

원기元氣 · 정기精氣 · 일기一氣 · 태허太虛

원기는 기의 원래 형태로 만물의 근원이다. 원기는 더 이상 나뉘지 않으며 섞여 혼연히 하나를 이루는데, 그것이 생명체가 생겨날 때 들어와 생명의 근원이 되기도 한다. 전통 의학에서는 지금도 생명의 기운 곧 몸의 활동력이나 타고난 기운으로 여긴다. 또 일기처럼 여러 종류의 기로 나누어지기 전의 기를 가리키기도 한다.

원기와 유사한 말에는 정기가 있다. 정기도 인간의 몸속만이 아니라 우주 속에서도 만물 생명의 원천이 되는 기운이다. 정(精)이라는 한 글자로도 표현한다. 특히 한의학에서는 생명 활동을 유지하는 데 필요한 정미(精微)한 물질과 그 기능 또는 남녀의 생식과 관련된 물질을 통틀어 일컫는다.

일기도 하나의 기라는 뜻인데, 철학사에서 주로 만물의 근원인 최초의 존재를 논리적으로 말할 때 사용한다. 이때는 아직 기와 질(質)로 분화되기 이전이어서 사물의 형태가 나타나지 않는 상태다. 하지만 만물이 생성된 후에도 여전히 존재하며, 사물 존재의 근원을 통틀어 부르는 뜻이기도 하다. 『장자』에서 "만물은 하나이다"라거나 "천하에 두루 통하는 것은 하나의 기일 뿐이다"라고 하는 데서 엿볼 수 있다.

이 일기 개념은 훗날 세계가 오로지 기로부터 생성되었다는 기일원론의 사상적 연원이 되고 있다. 명나라 때 철학자 나흠순(羅欽順, 1465~1547)은 "천지와 고금을 통틀어 하나의 기가 아님이 없다"라고 하였고, 후대의 대다수 기철학자도 모두 이 일기가 우주의 근원이라고 여긴다.

태허는 처음 『장자』에 보이는데, 이때는 커다란 허공을 뜻하는 말이었으나 후대 북송 때 철학자 장재(張載)가 철학 범주로 발전시켰다. 그는 태허가 기의 자연 상태 또는 그 기를 포함한 공간이라고 보았다. 곧 "태허는 형체가 없고 기의 본체다"라고 한 것이 그것이다. 태허가 곧 기라고 한 것은 철학적으로 기가 우주 만물의 근원이라는 뜻인데, 그는 기가 모이면 만물이 되고, 흩어지면 형체가 없는 태허가 된다고 하였다. 조선 전기 서경덕(徐敬德)도 기의 맑고 형체가 없는 상태를 태허 또는 선천(先天)이라 말하였고, 기가 모여 만물을 이룬 것을 후천(後天)이라고 하였는데, 서경덕의 경우는 시간적인 순서에 따라 선천과 후천으로 나뉘는 것이 아니라 본체와 현상의 관점에서 말했다. 후기 홍대용(洪大容)에 이르러 태허는 서양 과학의 영향으로 우주라는 뜻으로 쓰이기도 하였다.

음양陰陽

음과 양은 원래 산의 북쪽과 남쪽, 곧 양지와 음지를 가리킨 말이었으나 후대 음기와 양기의 두 기운을 일컫는 말이 되었고, 더 나아가 자연 현상에서, 더 나아가 동아시아 문화에 있어서 사물과 그 운동을 두 종류로 이해하는 하나의 인식과 사유의 틀이기도 하였다.

음양이라는 글자가 출현하는 오래된 문헌에는 『좌전』(左傳)과 『국어』(國語)와 『시경』(詩經)이 있다. 『좌전』에서는 음이 과도하면 추운 질병을 일으키고, 양이 지나치면 더운 질병을 일으킨다고 하는데, 여기서 음양은 추위와 더위의 근원이 되는 기를 가리킨다.

또 『장자』에도 음양이 등장하는데, 만물 생성의 작용과 남녀의 생식능력과 관련됨을 보여준다. 그리고 『주역』의 풀이에서 두드러지게 보이는데, 음양은 만물을 두 종류로 분류하는 범주가 되기도 한다. 곧 양의 성질을 지닌 것은 하늘, 임금, 남편, 군자 등으로 적극적이고 주도적인 것을 상징하며, 음의 성질을 띠는 것은 땅, 신하, 아내, 소인 등의 소극적이고 보조적인 것을 상징한다. 물론 양이 음보다 귀하다는 생각을 갖고는 있지만, 양기는 음기 없이 만물을 생성하지 못하므로 음양 두 기의 조화를 가장 소중하게 생각하였다.

그런데 주역의 원리에서는 음양이 고정해 있지 않고 변화한다. 특히 "한 번 음이 되고 한 번 양이 되는 것을 일컬어 도라고 한다"(「계사상」)가 그걸 대표하는 말인데, 아마도 변화하는 자연의 모습을 주역에 반영하였기 때문에 그러한 설명이 가능하였던 것 같다. 곧 하루 중 밤낮이나 네 계절 가운데 추위와 더위가 한 번씩 번갈아 가며 오고 가는 것을 그렇게 추론하여 표현하였다.

사실 음양을 만물을 구성하는 두 가지 요소로 승화시킨 데에는 고대 음양가(陰陽家)의 노력이 있었다. 대표적인 사람이 전국시대의 추연(鄒衍)이다. 『주역』에도 이러한 음양 사상을 받아들여 우주론적인 철학서로 상승시켰고, 후대 송나라 때 철학자들이 성리학의 철학적 토대를 만드는 데 『중용』과 함께 이 『주역』을 활용했다.

이렇게 기가 음과 양으로 나누어져 있지만, 사실은 하나의 기다. 그 기를 구체적 시간과 공간으로 나누어서 살필 때 그 특징에 따라 음양으로 구분해서 말하는 것에 불과하다. 일반적으로 양기는 따뜻하고 펼쳐지거나 흩어지며 생물을 살리는 기로 인식하며, 음기는 차갑고 오므라들고 모여 생물을 죽이는 기로 인식하였다. 이것은 물론 날씨와 사계절의 변화와 관계가 있다. 남자는 대체로 양기, 여자는 음기가 많다고 여겼다. 심지어 같은 사람이라도 음양의 기가 섞여 있다.

이렇게 봤을 때 음양의 기가 하나인지 둘인지 헷갈릴 것이다. 이에 대해 주희의 성리학을 충분히 이해한 조선 후기 학자 양응수(楊應秀, 1700~1767)의 『백수문집』 속 「기설」(氣說)을 보면 크게 유행(流行), 대대(待對), 동정(動靜) 등으로 정리했다. 곧 유행이란 자연 상태에서 기가 흘러 운동하는 것으로, 그 관점에서 보면 하나의 기다. 대대란 서로 짝이 되는 것으로, 가령 낮과 밤, 남자와 여자 따위가 그것이고, 동정이란 기가 운동하거나 정지하는 것인데, 이것들은 사물의 성질과 특징을 인식하거나 사유하는 틀이다. 정리하면 하나의 기지만, 보는 방식에 따라 두 가지 형태가 있다는 뜻이다.

그리하여 음양의 기는 우주의 생성은 물론이요, 사물의 대립과 조화의 상징, 날씨와 사시의 변화, 인체의 의학적 해명, 제도나 예법, 예술 이론, 잡술(雜術) 및 민간의 풍습에도 녹아 들어가 동아시아 문화를 이루는 핵심 요소 가운데 하나가 되었다. 그것을 배제하면 전통문화를 설명할 수 없다.

조선 후기 홍대용은 다시 원래의 의미로 돌아가 양의 종류는 만 가지나 되더라도 모두 불(태양)에 근원을 두고, 음의 종류도 아무리 많아도 모두 땅(흙과 물)에 근원을 두었는데, 그 근원을 탐구해 보면 실제로 햇빛의 많고 적음에 속한 문제이지 하늘과 땅 사이에 별도로 음양이 있는 것이 아니라고 하여 자연과학적 입장에서 보고자 하는 태도를 보인다. 최한기 또한 더 이상 기를 음양으로 설명하지 않고, 기의 성질을 차고 덥고 건조하고 습한 네 종류로 분류하다가, 더 나아가 자연변화의 요인을 습열기(濕熱氣)인 온도와 습도의 두 요소로 풀어낸다. 정약용 또한 음양이 실체가 아님을 지적하였다. 두 사람은 과학의 입장에서 기를 파악하는 방식을 취함으로써 음양 사유의 틀을 버렸다고 하겠다.

오행五行

오행은 애초에 일상생활에 보이는 목(木), 화(火), 토(土), 금(金), 수(水)의 다섯 가지 물질로 만물을 구성하는 다섯 가지 재료로 여겼으나, 점차 추상화시켜 사물을 분류하고 유기적으로 관계시켜 이해하는 도구가 되었다. 게다가 기와 결합하여 만물의 다섯 가지 기능이나 속성 및 변화를 설명하던 도구가 되었다. 이 오행은 음양을 다섯 가지로 분화시켜 관계 짓는데, 오행이란 실제로 하나의 음양으로 여겼다. 목과 화는 양에 속하고, 금과 수는 음에 속하며, 토는 모두에게 속한다고 보았기 때문이다. 그런데 목, 화, 토, 금, 수 그 자체는 물질로서 오행의 질이다. 오행의 기란 그런 물질의 성질이나 특징을 지닌 다섯 가지 기를 말한다.

이 오행이 처음 문헌에 보이는 것은 『서경』의 「홍범」(洪範)부터다. 이때는 그것이 물질의 분류 개념 그리고 희미하게나마 기능과 속성을 개념을 가지고 있었다. 그러나 후대로 오면서 이 오행설을 기계적으로 적용하고 신비화하여 사물의 관계를 도식적으로 이해하는 도구가 되었다. 각각의 사물은 오행 가운데 하나의 기 또는 그 사물 내에서 우세한 한두 가지 기운을 포함한다고 보았다. 제시된 표를 보면 그것을 쉽게 이해할 수 있다. 이리하여 오행은 자연 이해와 의학은 물론 예술 및 택일(擇日), 택지(擇地) 등의 일상생활이나 행사 등에 적용되었다.

오행과 사물

오행	목(木)	화(火)	토(土)	금(金)	수(水)
계절	봄	여름	늦여름	가을	겨울
오색	청색	적색	황색	백색	흑색
오방	동	남	중앙	서	북
오관	눈	혀	입	코	귀
오음	각(角)	치(徵)	궁(宮)	상(商)	우(羽)
오미	신맛	쓴맛	단맛	매운맛	짠맛
오장	간장	심장	비장	폐장	신장
오취	누린내	탄내	향내	비린내	썩은내
오덕	인(仁)	예(禮)	신(信)	의(義)	지(智)

여기서 더 나아가 오행의 상생(相生)설과 상극(相剋)설이 등장한다. 상생설이란 오행이 순환할 때 조상과 자손처럼 서로 낳는 관계로 진행하는 관계이다. 가령 나무(목)는 타면서 불(화)을 낳고, 불은 물건을 태워 재, 곧 흙(토)을 낳고, 흙(토) 속에서 쇠(금)가 나오고, 차가운 쇠(금)

의 끝에 물방울인 물(수)이 생기고, 물(수)은 또 나무(목)를 적셔 키우듯이 앞엣것이 뒤엣것을 낳거나 키워주는 관계의 순환이 상생설이다.

상극설은 물(수)이 불(화)을 끄고, 불(화)은 쇠(금)를 녹이며, 쇠(금)로 나무(목)를 자르며, 나무(목)를 쌓아 흘러내리는 흙(토)을 막고, 흙(토)으로 둑을 쌓아 물(수)을 막는 것처럼, 패배한 자를 이긴 자가 계승하며 순환한다고 본다. 이것은 중국의 왕조 교체 등의 이론에도 활용되었는데, 전통적으로 서로 상극 관계는 좋지 않다고 보았다. 특히 의학에서 약제의 처방과 배합, 혼례에서 남녀의 궁합, 개인끼리 성격으로 인한 충돌 방지 등에 활용하였다.

그래서 훗날 이러한 상생설과 상극설을 인사에 활용한 온갖 잡술로 전개되고 또 길흉 및 화복설과 결합하여 원래의 뜻을 퇴색시켜 버리고 주술적 미신이 되어 자연과학의 발전을 저해하는 요인이 되기도 하였다. 조선의 홍대용과 최한기의 철학에서는 음양을 비롯하여 이러한 오행설을 비판·극복하였다.

그러나 여전히 한의학에서는 음양과 함께 오행의 개념을 유효하게 사용하고 있다. 그것은 사물을 관계 짓고 사물을 전체로 보는 장점이 있기 때문이다. 게다가 동아시아 문화의 핵심 요소의 하나로서 그것을 제외하면 문화 자체가 성립할 수 없는데, 특히 전통 예술이나 풍수지리와 풍습 등에 녹아 있다.

천기天氣와 지기地氣

천기는 말 그대로 하늘의 기이고, 지기는 땅의 기다. 이것은 원래 하늘은 둥글고 땅은 네모지다는 천원지방(天圓地方)의 세계관을 반영하고 있다. 이 두 기를 아울러 말할 때는 천지지기(天地之氣)라고 한다. 일반적으로 천기는 양기, 지기는 음기로 여겨서 음양의 기가 서로 만나 조화를 이루어야 만물이 생겨난다고 믿었다. 천기와 지기를 아울러 말하는 것은 보통 지상 만물의 생성과 변화 그리고 그것이 인간과 만물에 대한 영향을 설명할 때다.

그런데 기철학자들의 말에 따르면 우주가 형성되기 이전에는 천기만 있었다고 한다. 천기가 모여 땅과 여러 물건을 이루는데, 맑은 것은 여전히 하늘의 기가 되고 찌꺼기가 모여 땅이 되었다고 말한다. 그래서 기는 모두 하늘에 있고, 형체가 있는 만물은 땅에서 말미암았다고 한다. 그러니 지기는 이렇게 땅이 이루어졌을 때 땅으로부터 발생하는 기다. 보통 아지랑이나 안개나 수증기나 구름 등을 지기로부터 발생하는 것으로 표현하는 경우가 많다.

기화氣化

기화는 음양의 두 기가 교감(交感)하고 변화하여 만물을 생성하는 과정을 일컫는 말이다. 기화라는 말이 보이는 옛 문헌은 『대대예기』(大戴禮記)에 "싸라기눈과 우박은 하나의 기가 화(化)한 것이다"라는 말에 보이지만, 북송 장재의 글에도 보인다. 『정몽』(正蒙)에서 "태허로 말미암아 하늘의 이름이 있게 되고, 기화로 말미암아 도의 이름이 있게 되었다"라고 한 말이 그것이다. 그는 도를 기화의 과정으로 이해하였으므로 기화로 말미암아 만물이 있게 되는 것이라는 점을 알 수 있다. 곧 형체가 없는 태허의 기가 형체가 있는 사물로 바뀌는 것이 기화였다.

또 성리학자인 북송 때의 정이천(程伊川, 1050~1103)이나 남송의 주희도 기화를 말하였다. 곧 인간과 만물이 처음 생길 때는 기화에 따라 생겼다고 본다. 그 뒤 생물이 짝짓기를 통해 자손을 이어가는 일을 형화(形化)라 부른다. 그러나 주희의 경우 비록 기화를 통해 만물이 생성됨을 인정하더라도 기화가 가능한 것은 기 자체의 내재적 운동 과정이 아니라 기가 그렇게 운동하도록 만든 이(理)에 있다. 그러니까 만물의 변화와 생성 원리는 기가 아니라 이에 있었다.

조선 후기 홍대용도 이 기화와 형화의 개념을 이어갔고, 최한기도 기화를 기 자체의 운동 과정으로서 만물을 생성하고 변화시키는 기의 운동과 변화의 개념으로 사용하였다.

기와 질質

기가 모여 만물을 형성한다는 말은 사실상 논리의 비약이다. 거기에는 중간에 빠진 과정이 있다. 바로 기가 모여 질(質)을 이루는 과정이다. 질이란 형체를 가진 구체적 사물을 구성하는 물질적 바탕으로, 오늘날 우리가 알고 있는 부피나 길이 또는 질량을 가지고 공간을 점유하고 있는 물질 개념으로 이해해도 되겠다. 그래서 질은 구체적인 형태를 지니고 있어서 형질(形質)이라는 말과 함께 사용하기도 하고, 때로는 제한적으로 기질(氣質)이라는 말을 쓰기도 한다. 사물을 구성하는 질료라는 의미가 적당하다. 또 이러한 기와 질을 합쳐 기질(氣質)이라 일컫기도 하는데, 몸체를 구성하는 특징, 특히 인간에 있어서는 오늘날 말하는 성격의 의미도 포함한다.

그래서 기체(氣體, gas)를 제외하고 기를 곧장 이러한 물질이라고 해석하는 데는 항상 주의가 필요하다. 인간의 정신 현상도 기라고 말하므로 기를 물질이라고 주장하려면 자연과학에서 말하는 이러한 물질 개념을 더 추상화시켜 철학적인 개념으로 규정하여야 한다.

그런데 여기서 하나의 의문이 생긴다. 기가 모여 어떤 사물의 형질을 이루었을 때 기의 역할이 끝났느냐 하는 점이다. 전혀 그렇지 않다. 일반적으로 어떤 형체를 갖춘 사물이 생기면 기도 자연히 사물 속에 부여된다고 한다. 『순자』를 보면 무생물과 동식물 그리고 인간에게 모두 기가 들어 있다고 보았다. 특히 생물의 기는 생기(生氣)로서 생명을 유지하며 또 고등동물과 인간의 경우 의식이나 마음도 기로 본다. 다만 그때의 기의 특징은 그 사물을 이루는 형질을 따르기 때문에 사물마다 다르게 본다. 그러니까 형체 또는 형질을 이루고 있는 사물은 여전히 제각기 자신의 기를 가지고 있다. 요즘 말로 몸체가 갖는 생체 에너지나 면역력이나 정신력 또는 모종의 힘 따위일 것이다.

또 하나의 질문은 생물의 다양한 질적 차이는 어디에서 기인하는가 하는 점이다. 이것은 학자마다 견해가 다양한데, 이를테면 질은 이루게 되는 맑거나 탁하거나 무겁거나 가벼운 기의 질적인 차이 또는 기가 변하는 계기와 음양 두 기의 결합 방식의 차이로 설명하기도 한다. 이것은 어떤 물질을 이루는 원소들과 그 결합에 따른 물질 운동의 차이를 아직 몰랐을 때의 표현 방식이다. 하지만 사고의 방향은 옳다.

기의 운동을 표현한 말

기의 운동을 설명하는 말에는 다양한 용어가 있다. 물론 여기에서는 음양을 대비시켜 표현하기도 하고, 기 자체만을 두고 표현하기도 했다.

특히 음양을 대비시켜 표현할 때는 자연의 변화를 두고 설명하는 방식을 사용했다. 가령 낮과 밤이 번갈아 바뀌거나 계절의 변화에 따라 추위와 더위가 한 번 오고 가는 것을 표현한 말 따위다. 곧 한 번 음이 되고 한 번 양이 된다는 일음일양(一陰一陽)이나 한 번 가고 한 번 온다는 일왕일래(一往一來) 또는 한 번 움직이고 한 번 고요하다는 일동일정(一動一靜), 음이나 양의 한쪽 기가 사라지면 저쪽의 기가 자라난다는 음양소장(陰陽消長) 그리고 움츠러들고 펴지며 가고 온다는 굴신왕래(屈伸往來) 등이 그것인데, 자연계에서 음양의 두 기가 서로 번갈아 순환하는 과정을 이렇게 묘사했다.

그런데 현상계의 만물이 운동·변화하는 모습과 함께 만물이 생성되는 과정을 표현하기도 하였는데, 가장 많이 쓰이는 말이 기가 모여서 사물이 되고 흩어져 본래의 기로 돌아간다는 취산(聚散)이다. 이 외에 또 한 번 열리고 한 번 닫힌다는 일벽일합(一闢一闔), 만물을 생성하기를 그치지 않는다는 생생불이(生生不已), 서로 비벼대고 서로 쓸어낸다는 상마상탕(相摩相蕩), 서로 부딪치고 서로 쓸어낸다는 상격상탕(相激相蕩), 오르내리고 날아오른다는 승강비양(升降飛揚) 그리고 한 번은 올라가고 한 번은 내려온다는 일승일강(一昇一降) 등이 그것이다. 이 외에 기의 운동을 표현한 말은 많이 있다.

그런데 기의 운동을 자기의 독창적 개념으로 정의하여 자세히 말한 사람 가운데에는 조선 말 최한기가 있다. 그는 기의 운동에 따른 본성을 "생기(生氣)가 움직이고 돌며 변화한다"라는 활동운화(活動運化)라 표현하였으며, 이 활, 동, 운, 화라는 네 가지 본성에 제각기 설명을 덧붙였다. 그리고 이러한 기가 운동하는 영역을 나누되 인간과 자연을 통합하여 체계적으로 설명한 사람도 최한기였다. 그는 자연 속에서 기가 운동하는 영역을 대기운화(大氣運化 또는 天地運化)라 하고, 인간 사회 내에서 기가 운동하는 영역을 통민운화(統民運化), 한 개인의 몸을 통하여 운동하는 것을 일신운화(一身運化), 인간이 자연에 관여하는 범위 내의 기의 운동을 천인운화(天人運化)라 불렀다. 우주에서 별이 운동하고 변화하는 현상을 성기운화(星氣運化)라 불렀다.

정리하면 자연계에 있어서 기의 운동은 크게 두 가지 방면에서 설명되는데, 하나는 우주와 인간의 생성에 관한 것이고, 다른 하나는 자연계의 운동과 변화 과정을 설명하는 일이다. 그리고 자연계만이 아니라 인간 개인과 사회에 모두 적용되는 기의 운동 개념은 최한기의 활동운화다.

기의 상태를 표현한 말

앞에서 말한 기의 운동을 제외하고 일반적으로 기를 표현한 말은 기의 양, 질, 크기, 범위, 성질, 힘, 상태 등에 관한 내용이다. 그런 말들은 자연 상태의 기에 관한 것도 있고, 인간에만 해당하는 것도 있고, 양자의 공통적인 것도 있다.

흔히 많이 쓰이는 말에는 청탁후박(淸濁厚薄), 곧 맑고 탁하고 두텁고 얇다는 성질이다. 청탁은 기의 질적인 측면을 일컫는 말인데, 맑은 물과 흙탕물을 비교하면 쉽게 이해할 수 있다. 후박은 두텁거나 얇은 기의 양적인 측면이며 또 기의 세기를 나타내는 강약(强弱)이라는 표현을 쓰기도 한다. 그 밖에 기의 질적인 면을 나타내는 말에는 정조(精粗), 곧 순수하게 깨끗하거나 거친 것을 나타낸 말 등이 있다. 청탁후

박과 강약과 정조 모두 자연물과 인간에게 적용된다.

다음으로 담일충허(澹一沖虛)라는 말이 있는데, 이 말은 맑은 하나의 기가 허공을 채우고 있다는 상태를 나타낸 뜻으로, 만물이 생긴 이전이나 이후에도 우주 자연에 가득 차 있는 기를 이렇게 표현했다. 또 기의 상태에는 불생불멸(不生不滅)이 있다. 곧 기가 생겨남과 없어짐도 없고 단지 모이고 흩어지는 운동만 있다고 보는 관점이다. 그러나 어떤 학자들 가령 주희 같은 철학자는 기가 불생불멸한다는 생각에 찬성하지 않았다.

그런데 기의 성질을 나타낸 말에는 서양 과학의 영향도 있다. 음양 개념을 버리고 차고 덥고 건조하고 습하다는 한열건습(寒熱乾濕)이 그 것인데, 이것은 정약용과 최한기 등이 서학 서적에서 가져온 말임과 동시에 전통의 육기(六氣) 가운데 한(寒), 서(暑), 조(燥), 습(濕)의 의학 용어에도 들어 있다. 서양 과학에서는 아리스토텔레스가 흙, 물, 공기, 불의 4원소의 성질을 말할 때 쓰던 용어이다.

그리고 인간의 기질이나 성격 또는 마음을 기로 나타내는 말에는 어둡거나 밝거나 맑거나 탁하다는 혼명청탁(昏明淸濁), 바르거나 치우치거나 순수하거나 잡박하다는 정편순박(正偏純駁), 통하고 막힌다는 통색(通塞), 아름답거나 나쁘다는 미악(美惡), 깊고 얕다는 심천(深淺)과 길고 짧고 많고 적다는 장단(長短)과 다소(多少)의 표현 등이 있다. 이것들은 대개 인간 개인들 간의 인식과 도덕 실천 능력의 현실적 차별성을 설명하기 위해 사용된 용어들이다. 더 나아가 이것을 사회에 적용하여 계층 간의 현실적 차별성을 설명하는 이론적 근거가 되기도 했다.

심기心氣

심기는 마음이다. 그냥 심이라고 말할 때는 마음이나 심장을 가리 킨다. 그렇다면 마음은 무엇으로 되어 있는가? 눈이나 코처럼 어떤 형 체가 없고, 숨결처럼 일정한 모양은 없어도 형질이 있는 것도 아니다. 참으로 묘한 것이 아닌가? 그래서 마음을 형용할 때는, 능히 알고 능 히 깨닫는다라는 뜻으로 능지능각(能知能覺), 텅 비어있으나 어둡지 않다라는 허령불매(虛靈不昧) 또는 신비하고 밝아 헤아릴 수 없다라는 뜻의 신명불측(神明不測) 등으로 표현한다. 그리고 간단히 신기(神氣) 라고 표현하기도 했다.

어쨌든 이런 표현들은 인간의 마음이 기로 이루어졌다는 뜻이다. 물론 이 마음을 이루는 기는 몸이 죽으면 몸에서 사라진다. 그래서 혼 비백산(魂飛魄散), 곧 사람이 죽으면 마음을 이룬 혼은 날아가고 몸을 이룬 백은 분해되어 흩어진다고 보았다. 요즘은 그 말이 놀라서 정신 이 없다는 뜻으로 쓰이지만, 원래의 뜻은 그렇다. 그러니까 몸을 포함 하여 마음을 이루었던 기도 자연 속으로 되돌아간다는 뜻이다.

그런데 처음부터 마음과 기가 같은 것으로 보지는 않았던 것 같다. 『맹자』의 글에서도 보이지만, 그 이후의 한 대 동중서(董仲舒, 기원전 178~104)의 『춘추번로』(春秋繁露)에서도 "무릇 기는 마음을 따르는데, 마음이란 기의 군주다"(권 16)라고 말하고 있다.

그러다가 후대에 와서 마음을 기의 범주에 넣었다. 특히 성리학은 이(理)와 기(氣)를 가지고 세계의 모든 존재와 현상을 설명하려고 보 니 마음을 기라고 말할 수밖에 없었다. 모든 사물은 이와 기를 다 가지 고 있는데, 마음 또한 그러하니 이(理)는 활동하지 않으므로 활동하는 마음은 기일 수밖에 없기 때문이다.

여기서 기로 이루어진 마음은 기독교 같은 종교에서 인간의 사후에 죽지 않는다고 주장하는 영혼과 다르다. 다만 기는 흩어지기는 하지만 소멸하여 없어지지 않는다는 점에서만 유사할 뿐이다. 그러나 이때의 기는 인간 개체의 영혼과 다르다. 문제는 마음이 기로 이루어졌다고 해서 학파나 학자마다 마음을 모두 똑같이 이해하는 것은 아니다.

기와 이理 그리고 조리條理

성리학에서 기는 그 자체로 존재하는 것이 아니라 항상 이(理)와 함께 있다고 말한다. 기가 어떤 사물 속에 있든 아니면 사물이 되지 않고 자연 속에 떠돌든 간에 기는 이를 가지고 있다고 한다. 특히 주희 성리학에서는 기는 이와 섞이지도 않지만 떨어져 있지도 않다고 하여 '불상잡불상리'(不相雜不相離)란 논리로 설명하는데, '불상잡'은 가치론적인 측면에서 순수한 이가 맑거나 탁한 여러 종류의 기와 섞일 수 없다는 뜻이고, '불상리'는 존재론적인 측면에서 이는 기의 법칙처럼 서로 떨어질 수 없는 점을 강조한 말이다. 특히 조선조 율곡 이이(李珥)의 경우 이러한 상태를 '이기지묘'(理氣之妙)라고 표현하였다. 성리학에서는 인간에 깃든 이러한 이를 성즉리(性卽理)라는 논리에 따라 인간의 본성(本性)이라고 부른다.

여기서 성리학자들이 말하는 이는 해당 사물을 그 사물이게끔 하는 역할과 기가 그렇게 운동하도록 하는 원인자의 역할을 한다. 다시 말하면 이는 기로부터 독립성을 띠고 있으며, 형이상(形而上)[1]의 존재

---

1 원래 『주역』의 "형이상의 것을 도(道)라고 말한다"라는 말에 나오며, 감각할 수 없는 대상의 뜻으로

다. 그러니까 현실적으로는 기도 있지만, 이도 있는 두 종류의 존재자를 인정하는 이원론인 셈이다. 이것은 아리스토텔레스가 사물은 형상과 질료로 이루어지고, 형상이 사물의 본질을 가리킨다는 것과 흡사하다.

그러나 조리(條理)라고 말할 때는 상황이 완전히 달라진다. 조리는 기가 운동하는 질서 또는 규칙성을 가리키므로 기의 법칙에 가까운 말이다. 이 조리는 기에 대해서 아무런 역할을 하지 못한다. 기의 원인자도 아니고 주재자도 아니다. 단지 기가 그렇게 운동하는 규칙일 뿐이다. 이 경우 모든 존재자는 기와 그 기가 생성한 만물뿐이며, 만물을 기에 환원시키면 오직 기일 뿐이다. 이것은 기일원론의 입장이다. 이렇게 기와 짝을 이루는 이를 어떻게 보느냐에 따라 성리학(또는 이학)이 되기도 하고, 기철학(또는 기학)이 되기도 한다. 하지만 같은 기철학자라도 그 조리가 자연법칙만이 아니라 여전히 윤리적 가치를 갖는다고 보아, 물리적 기에서 사실과 가치를 분리하지 않기도 한다.

신기神氣

신기는 보통 마음을 가리키지만, 드물게 천지자연의 기와 인체 내의 원기로서 생명 활동의 기능을 가리킬 때도 있다. 이른 시기에 보이는 글은 『장자』와 『예기·공자한거(孔子閒居)』 등이다. 그렇다면 기에 신(神) 자를 왜 붙였을까? 이것은 기의 작용이 신비하다거나 헤아리기 어렵다는 뜻으로 쓰인 말인데, 『주역』에서 음양의 기가 오묘하게 변화하는 것을 헤아릴 수 없어 신이라고 말한다고 한 것과 관련된다. 송

쓰였고, 후대에 사물의 보편적 이치(원리)나 가치의 근거를 형용하는 말로 쓰였다.

대의 장재는 『주역』의 이 견해를 따르면서 맑게 통해서 형용할 수 없
거나 헤아릴 수 없는 하늘 또는 하늘의 덕(德)을 두고 신이라 불렀다.
그러니까 신은 기에 대해서 신비하다거나 헤아릴 수 없다는 형용사적
인 용법으로 쓰였다. 명 대의 왕정상(王廷相)도 기의 정밀함이 신이고,
기가 있으면 신이 있고, 기가 없으면 신도 없다고 하였다. 그래서 기가
본체이고, 신이 작용이라고 하였다.

　　그런데 신기에 대해 심도 있게 이론을 펼친 사람은 조선 말 최한기
다. 그는 신을 기의 덕이나 기가 운동하는 능력 등으로 표현하는데,
이 또한 신이 기와 다른 별개의 무엇이 아니라 형용사로 쓰였다. 그의
철학에서 신기는 천지 만물의 근원이면서 동시에 만물에 내재하며,
특히 인간의 마음을 가리킬 때 자주 쓰고 있다.

귀신鬼神

　　귀신은 고대 원시 신앙이나 종교 그리고 조상숭배 의식과 점치는
일 등에서 여러 가지 의미로 사용하였다. 우선 천신(天神)과 인귀(人鬼)
의 합성으로 사용하였고, 산천의 신, 신령(神靈)과 정기(精氣)를 가리
키기도 하고, 죽은 조상을 일컫기도 하였으며, 심지어 인간의 육체적
인 요소인 백(魄)과 정신적 요소인 혼(魂)을 합쳐 귀신으로 부르기도
하였다.

　　그런데 귀신은 또 정기(精氣)의 취산(聚散)과 변화(變化)를 일컫는
말이기도 하였는데, 후대 유가 철학에서는 이것을 계승하여 기를 귀
(鬼)와 신(神)으로 나누어 표현하여 민간에서 말하는 유령이나 종교에
말하는 초자연적인 신(god)을 배제하고 귀신을 기의 일로 보았다.

송나라 때에 기의 이론으로 성리학의 기초를 다진 장재는 귀신에 대해 이러한 관점을 잘 드러내고 있다. 그는 가령 어떤 생물이 처음 생길 때는 기가 날마다 모여서 불어나고, 그 생물이 이미 다 자라서 기가 가득 차면 기는 날마다 되돌아가 흩어진다고 말한다. 이때 기가 모여 이르는 일을 신(神)이라 부르는데 그것은 기가 펼쳐지기 때문이라고 하고, 반대로 기가 물러나는 일은 귀(鬼)라고 부르는데 그것은 기가 되돌아가기 때문이라고 한다. 기는 사람이 살아있을 적에는 몸과 분리되지 않다가 죽어서는 분리되어 흩어지는데 그것이 혼이라 부르며, 모여 형체를 이룬 것은 비록 죽더라도 금방 흩어지지 않는데 그것을 백(魄)이라 부른다. 이렇게 보면 귀신이란 한 생물의 개체에 있어서 기의 모임과 흩어짐, 특히 사람에게는 혼백인 셈이다.

사실 귀신에 대해 본격적으로 해석한 책 가운데 하나는 『중용』이다. 그 책의 주석을 단 사람들은 대개 이 장재의 이론을 따랐다. 이 주석에 나타난 정이천의 말에 따르면 귀신이란 천지의 작용에 따른 결과이자 조화의 자취로 표현하였고, 장재 또한 귀신이란 음양 두 기의 뛰어난 능력이라고 보았다.

주희는 이에 대해 보다 분석적으로 접근하였다. 음양의 두 기를 가지고 말하면 귀는 음기의 신령함, 신은 양기의 신령함을 말하고, 하나의 기를 가지고 말하면 뻗어 펼쳐 나오는 기가 신이며 오그라들고 되돌아가는 기를 귀라고 하여 사실은 하나의 기일 뿐이라고 말하였다. 그는 더 나아가 자연과 인간 모두 구체적인 사례를 들어 설명하였다. 곧 천지 사이에서 쇠하여 사그라드는 기는 귀요 불어나는 기는 신이며, 살아나는 기는 신이요 죽어가는 기는 귀라고 하였고, 네 계절 가운데 봄과 여름은 신이요 가을과 겨울은 귀이며, 일상생활에서 말하는 것은 신이고 침묵하는 것은 귀이며, 활동하는 것은 신이고 조용히 머물러 있는 것은 귀이며, 내쉬는 숨은 신이고 들이마시는 숨은 귀라고 하였다. 또 기로 호흡하는 것은 혼(魂)이자 신으로 양에 속하고, 이목구비 등의 종류는 백(魄)이자 귀로서 음에 속한다고 하였다. 그러니까 주희가 말하는 귀란 대체로 기의 수동적이고 소멸하는 측면이요, 신이란 기의 능동적이며 생성되는 측면을 일컫고 있음을 알 수 있다. 하나의 기를 이렇게 표현한 것인데, 그는 기본적으로 기가 생성되고 소멸한다고 보았기 때문이다.

재미있는 점은 조선 전기 김시습 (金時習, 1435~1493)의 『금오신화』에서 귀신이 등장하는데, 사실 이것은 그가 혼령과 같은 귀신이 있어서가 아니라 이야기의 주제를 효과적으로 잘 표현하기 위해서였다. 그는 「귀신설」에서 "천지 사이에는 오직 하나의 기가 풀무질한다. 이 기의 이치에 오그라들고 뻗어 나오고 가득 차고 텅 빈 것이 있는데, 오그라

김시습(金時習)의 초상(보물 제1497호 충남 무량사 소장)

들고 뻗어 나오는 것은 기의 묘한 작용이고, 가득 차고 텅 빈 것은 도다. 곧 뻗어 나오면 가득 차고 오그라들면 텅 비고, 가득 차면 나오고 텅 비면 되돌아간다. 그래서 드러나면 신이라 하고 되돌아가면 귀라고 말한다"라고 하여, 귀신이 그의 소설에 등장하는 유령과 같은 존재가 아니라 기의 일임을 말하고 있다.

서경덕도 대체로 송대 성리학자들의 이론을 받아들이면서도 그의

기철학으로 좀 더 심화시켰다. 그는 「귀신사생론」에서 "정이천이 '삶과 죽음과 인간과 귀신은 하나이면서 둘이요 둘이면서 하나이다'라고 했는데 이 말은 완벽하다. 나 또한 '삶과 죽음, 사람과 귀신은 단지 기가 모이고 흩어지는 일뿐이다'라고 말할 뿐이다"라고 하여 사람과 귀신은 천지 사이에 있는 기의 일로서 모이면 사람이나 사물이 되고, 흩어지면 맑고 깨끗한 기로 되돌아간다고 본다. 사람과 귀신은 그런 각도에서 보아야 함을 말하고 있다. 대부분 유학자는 민간에서 믿는 귀신을 화를 피하고 복을 받는 미신으로 여겨 비판하였다.

그런데 조선 후기 최한기가 '귀신화복설'로서 비판하는 대상은 이런 민간을 포함하여 당시 중국과 조선에 전파된 기독교도 포함하고 있다. 그러니까 기독교의 신을 민간에서 말하는 귀신으로 이해했다. 그래서 그는 기독교의 신을 신기(神氣)로 바꾸어야 한다고 주장했다.

문제는 이렇게 미신적인 귀신을 비판하는 선비들도 조상께 제사 지내는 것을 매우 중요하게 생각했다는 점이다. 그러나 그들 다수가 생각한 귀신은 민간에서 말하는 그것이 아니라 조상의 남은 기와 나의 기가 통할 수 있다는 철학적인 관점과 추모하고 효도하는 관념에서 제사에 응했다는 사실이다. 이렇게 보면 기독교에서 제사를 우상숭배로 보고 신자들에게 금한 일 또한 자신들의 신 관념으로 그것을 오해했다고 볼 수 있다.

기와 공기

공기(空氣)라는 말은 영어 air를 옮긴 말이다. '空氣'라는 글자가 옛 문헌에 철학적이거나 과학적인 의미로 등장하는 경우는 거의 없으며,

어쩌다 등장하는 것도 오늘날과 같은 의미로 사용한 경우는 드물다. 오늘날 우리가 쓰고 있는 지구의 대기로서 공기라는 의미로 쓰기 시작한 시기는 중국 명·청 시기 예수회 선교사들이 전한 4원소설과 관계가 있다.

　4원소설은 고대 그리스 엠페도클레스가 주장하고 아리스토텔레스가 자연학적으로 완성한 이론으로, 만물의 구성은 흙, 물, 공기, 불로 구성되었다는 설이다. 흙인 토(土)와 물인 수(水)와 불인 화(火)는 전통의 오행 가운데 있으므로 쉽게 이해하였고, 공기는 기(氣)로 표현하였기 때문에 대부분을 학자들은 이 공기를 전통적인 기(氣)로 오해하였다. 그래서 홍대용의 경우는 기가 흙이나 물이나 공기와 똑같은 수준이 될 수 없고 그것들을 생성한다고 보아, 이 4원소설을 전통적 기 개념을 가지고 수정하였다. 그래서 지구는 흙과 물로 이루어지고, 태양에는 불이, 달에는 물이 있다고 생각하였다. 물론 이 경우에도 공기는 기와 같은 대상으로 여겼다. 그러다가 개화기 때 비로소 공기라는 번역어가 일본을 통해 들어왔으며, 손병희가 그의 저술에서 동학의 지기(至氣)를 공기와 혼용해 쓰기도 했다. 그가 서양의 공기 개념을 잘 이해했는지는 알 수 없지만 말이다.

　문제는 뭐라고 불렀든 간에 동아시아 사상가들은 이전부터 공기를 기와 혼용해 써 왔다는 사실이다. 이는 장자나 서경덕 그리고 최한기 등의 글에서 자주 발견된다. 그렇다면 공기와 기는 같은 것인가? 공기가 기의 일종이긴 하지만, 공기가 바로 기라고는 말할 수 없다. 사실 지구상의 대기는 대부분이 질소와 산소로 이루어져 있는데, 이것들이 모든 기를 대변한다고 할 수 없지 않은가? 더구나 기는 만물의 근원적 존재이므로 공기가 바로 기라고 더욱 말할 수 없다. 또 공기가 없는 우주 공간이나 공기가 들어갈 수 없는 딱딱한 물체 속에도 기가 있다고 말하기 때문이기도 하다.

몽기蒙氣와 방기傍氣

몽기(蒙氣)는 지구의 대기를 일컫는 말이다. 몽기가 보이는 오래된 문헌에는 『한서·경방전』이 있는데, 흐린 지구의 대기를 가리켰다. 이 몽기를 동아시아에서 과학적 주제로 다룬 사람들은 명·청 시기 예수회 선교사들이다. 이들은 이 몽기를 청몽기(淸蒙氣) 또는 청몽(淸蒙)이라고 불렀는데, 이 몽기에 대한 이론을 가지고 기상학적 현상이나 대기 가운데 빛의 굴절 현상 등을 설명하였고, 조선의 홍대용과 최한기 등이 그 이론을 받아들였다.

방기(傍氣)는 어떤 사물의 곁에 있는 기로서, 고문헌 『후한서·낭이전』의 "태양의 방기 백색의 순수한 것을 홍(虹)이라고 부른다"라는 말에 있다. 하지만 이 방기를 과학적 관점에서 설명한 사람은 조선의 최한기다.

그는 모든 사물에 다 방기가 있으며, 그 사물의 영향을 받는다고 하였다. 특히 우주 행성의 자전과 공전을 이 방기의 이론으로 전개하였다. 그는 뉴턴의 중력설과 지구 및 행성의 공전과 자전을 받아들였는데, 왜 행성들 사이에 중력이 작용하며 또 지구상에서 밀물과 썰물이 생기는 인력이 어떻게 해서 이루어지는지 해명하려 하였다. 17세기 이후까지도 서양인들은 그것을 하느님의 섭리로만 알고, 단지 그 법칙을 수학적으로만 해명하려고 하였기 때문이다.

그가 내세운 대안은 모든 행성에는 방기가 있는데, 이 방기가 행성

과 함께 돌면서 기의 바퀴인 기륜(氣輪)을 형성하고, 그 행성들의 기륜
이 서로 맞닿아 서로 지탱하며 버티고 끌고 당기는 중력 현상을 일으
킨다고 생각하였다. 지구의 밀물과 썰물 현상도 지구와 달의 방기로
이루어진 기륜이 서로 맞닿아 돌면서 만든다고 이해하였다. 그는 이
런 방기와 몽기를 합쳐 방몽포지기(傍蒙包之氣)라 불렀다.

운화기運化氣와 형질기形質氣

기는 우주와 자연 속에 존재하기도 하고, 사물 속에 존재하기도 한
다. 특히 몸속에 존재하는 기를 전통적으로 신기(神氣) 또는 신기(身
氣)라 불렀다. 그리고 신체 바깥의 기를 외기(外氣), 신체 안의 기를 내
기(內氣)라 부르기도 하였는데, 물론 이때 내외를 무엇으로 기준으로
말하는가에 따라 달라질 수 있다.

이 같은 방식으로 봐서 운화기(運化氣)란 물체의 외부에 자연적으
로 존재하는 기를 말하며, 형질기(形質氣)란 물체의 내부에 존재하는
기로서, 최한기가 이렇게 구분해서 사용한 말이다. 원래는 모두 운화
기이지만, 사물이 형성되면서 운화기가 사물 안에 들어가 형질기가
되었다. 그러니까 형질기도 운화기에서 온 것이며, 형질이 사라지면
그 기도 운화기로 환원된다. 어떤 형질 안에 들어가지 못한 운화기는
자연에서 여러 가지 기상현상을 일으키기도 하고, 지구 바깥에서는
우주와 여러 행성을 운행하는 일에 간여한다.

기수氣數

　전통적으로 기수(氣數)는 24절기의 차례를 뜻하기도 하고, 스스로 돌아가는 길흉화복의 운수를 뜻하기도 하며, 인간과 사물이 존재하는 기한의 뜻으로도 사용되었다. 모두 천지자연의 필연성과 인간에 있어서 어쩔 수 없는 운수로 여긴 것으로 보인다.

　남송 때 주희는 『주역』을 해설하면서 천지 사이에 이와 기는 물론이요, 상(象)과 수(數)도 있다고 하였는데, 자연물 속에 수와 관계되는 부분이 있음을 분명히 한 말이다. 그는 맑은 기를 타고난 사람이 총명해도 복록을 얻지 못한 사람도 있고, 탁한 기를 타고난 사람이 지혜롭지 못해도 복록을 누리는 것 따위는 모두 기수가 그렇게 만든다고 보았다.

　그런데 주희보다 이른 시기에 상수학(象數學)[2]으로 자연과 인간을 설명한 사람은 북송의 소옹(邵雍, 1011~1077)이다. 하지만 그러한 수리(數理)로 천지자연의 이치와 인간의 운명 따위를 헤아리는 일은 견강부회한 점이 있고 과학의 관점에서 보면 맞지 않는 경우가 많다.

　한편 명·청 교체기의 안원(顏元, 1635~1704)이라는 학자는 하늘은 이(理)와 기와 수를 함께 가지고 있다고 하였고, 기수에 대해 객관적 필연성 개념을 제시하였다. 곧 기수가 있는 곳에는 성인도 어떻게 할 수 없다는 표현이 그것으로, 인간은 기수를 바꿀 수 없고, 그것을 파악하고 운용할 수 있다고 하였다. 기수에 대해 보다 자연법칙 개념에 접

---

2 원래 점치는 상(象)과 수(數)에서 유래하여 전한 말부터 삼국시대에 걸쳐 성립된 학설. 북송 때 소옹이 『주역』과 도교의 사상을 융합하여 체계를 완성하였다. 특히 『주역』의 해석에서 상수역(象數易)으로 발전하였다.

근하고 있다.

근대 과학에 근접해서 기수를 말한 사람은 역시 최한기다. 그는『운화측험』에서 기수라는 항목을 두어 자세히 설명하고 있는데, 간단히 말하면 어떤 주어진 범위 안에서 기 또는 어떤 대상이 작용하는 주기, 거리, 정도 또는 원리를 말하는 것으로, 오늘날 자연법칙에 가까운 뜻으로 사용하고 있다. 더욱이 기수는 천하 사람들에게 보편적이고 지구상의 나라마다 차이나 오류가 없고 증험할 수 있는 것으로, 외도나 방술(方術)에서 억지로 끌어대는 술수(術數)가 아님을 분명히 하여 기수가 자연법칙과 거의 같은 뜻으로 사용하였음을 확인할 수 있다.

제2장

기氣는 어떤 것인가?

1. 기氣는 물질인가?

물질

나무 책상과 철제 책상은 제각기 나무와 철이 해당 책상의 재료인데, 이처럼 어떤 물건을 이루는 재료를 흔히 물질이라고 부른다. 물질의 사전적 의미는 물체를 이루는 본바탕이다. 좀 더 자세히 말하면 공간을 차지하고 질량을 갖는 것으로, 고체, 기체, 액체 또는 플라즈마(Plasma) 등의 상태로 존재하는 것들이다.

따라서 이런 정의에서 보자면 물질은 공간을 점유하고 질량을 지니고 있어서, 그 운동이나 양이나 무게 따위를 수학적으로 나타낼 수 있었고, 이러한 물질 개념은 바로 근대 과학이 출현할 수 있게 만들었다.

그런데 현대 물리학자들이 연구하는 물질은 이런 규정만으로는 그 특징을 설명하기 어렵게 만들었다. 곧 물질을 구성하는 요소들은 점차 관찰할 수 없는 존재가 되어 물질은 추상적이고 개념적으로 설명할 수밖에 없게 되었다.

무슨 말이냐 하면 소립자나 초은하계의 수준이 물질의 종점이 아니기 때문이다. 특히 에너지도 물질과의 경계가 허물어져 버렸고, 소립자보다 더 작거나 포착하기 어려운 더 작은 물질, 곧 예전처럼 일정한 크기가 있어 공간을 차지하거나 질량을 가지고 있다는 그런 것들로는 물질을 설명할 수 없고, 물질은 이러이러하다는 식의 개념으로 설명할 수밖에 없다는 뜻이다. 마치 철학에서 기가 어떻다고 설명하는 방식과 유사한 사태에 직면하게 되었다.

그런데 서양철학사 전통에서 보면 물질 개념은, 시대에 따라 다소 차이가 있지만, 일반적으로 정신과 독립하고 그것과 대립하는 것으로서 질료와 같은 의미로 쓰이며 정신의 외부에 있으면서 감각을 통해 지각되는 존재를 말했다. 과학이나 인식론에서 볼 때는 감각의 원천이며 물리적 현실을 구성하는 요소들의 총체를 가리킨다.

이런 여러 관점에서 보면 "기는 물질인가?"라는 물음 자체가 애매해질 수밖에 없다. 기가 물질이냐 아니냐 하는 문제는 정신과 물질을 이분법으로 보는 서양 전통에서 볼 때도 딱 들어맞지 않지만, 또 앞에서 지적한 것처럼 무엇보다 물질 개념의 폭이 넓어서 어느 한 물질의 특성에 맞추어 그것이 기와 같은지 따지기는 쉽지 않다. 기 또한 다양한 양태를 지니기 때문이다.

다만 설명의 편의를 위해 과학이나 인식론의 입장에서 감각의 원천이자 사물을 이룬 질료, 에너지, 물리적 현실을 구성하는 요소들의 총체를 물질 개념의 범주에 넣고 말하겠다.

기와 질료

기가 만물을 생성했다고 하여 기가 곧장 질료일 것이라고 오해할 가능성은 충분히 있다. 질료는 그 사물을 이루는 바탕이다. 질료는 공간을 차지하며 질량을 가지므로 전통적 의미의 물질이다.

그런데 여기서 만약 기와 질료가 같은 것이라고 여긴다면 문제가

생긴다. 가령 앞에서 예를 든 나무로 만든 책상의 경우 나무가 질료인
데, 그렇다면 나무가 기인가? 나무는 기를 머금거나 기를 발산하고는
있지만, 나무 그 자체는 기가 아니다. 따라서 모든 물건의 재료, 가령
돌, 고무, 플라스틱, 금속, 물 등의 질료는 기가 될 수 없다. 기는 이렇
게 반드시 일정한 형질을 지닌 것, 곧 공간을 차지하고 감각할 수 있으
며 질량을 지닌 존재가 아니기 때문이다.

따라서 물질이 고체나 액체의 상태일 때는 그 자체를 전통적으로
기라 부르지 않는다. 여기서 이런 질료에 해당하는 전통적 용어는 질
(質)이다. 우리 고유어로 '바탕'이다. 질은 기가 엉겨서 생성되는 것으
로 여겼다. 가령 남송의 철학자 주희도 "기가 쌓여 질이 되고 본성이
갖추어진다"(『주자어류』 1-7)라고 말했다. 그러나 또 "기의 맑은 상태
가 기이고 탁한 상태가 질이다"(『주자어류』 3-19)라고도 말하였는데,
이 또한 기가 질의 형태를 갖추었을 때 물질에 가까운 모습을 띤다.

그러므로 질은 감각할 수 있고, 질량을 지닌다. 그러한 기가 질이라
는 형체로 드러날 때는 순서가 있다. 곧 성리학의 관점에서는 기-음
양-오행의 과정을 거쳐 생겨나는데, 음양오행의 질적 차이에 따라 다
양한 질을 형성한다. 그 다양한 질에 따라 만물도 다양하다. 물론 이러
한 과정은 시간적 순서가 아니라 논리적 순서다. 곧 기와 음양의 기와
오행의 기가 따로 있다는 뜻이 아니라 만물 생성에 있어서 같은 기를
종류에 따라 나누어 보는 것이다.

적절한 비유가 될지 모르겠지만 동한(東漢) 때의 왕충(王充, 27~97)
은 이러한 기와 구체적 형질을 지닌 사람의 관계를 물과 얼음에 비유
하였다.

물이 얼어서 얼음이 되듯이 기가 응결하여 사람이 된다(『논형 · 논사』).

여기서 물과 얼음의 관계를 기와 질(또는 형질)의 관계로 이해하면 되겠다. 만물이란 이렇게 기가 모여서 이루어지며 만물이 소멸하면 기로 되돌아간다. 마치 얼음이 녹아 물로 되돌아가듯이. 이런 표현은 훗날 기철학을 세운 북송의 장재(張載)의 글에서도 보이며, 조선 말 최한기의 다음의 글에서도 보인다.

기가 단단하게 엉긴 것이 질(質)이다. 그 엉겼던 질이 풀려 흩어지면 기로 돌아간다. 가령 기를 빗물에, 질을 얼음에 비유할 수 있다. 곧 빗물이 땅에 있으면 반드시 움푹 파인 구덩이에 모여 고이는데, 작게는 술잔에 담길 수 있고 많게는 호수나 연못이 된다. 그런데 모두 추위를 만나면 얼어서 얼음이 되어 제각기 저절로 응고된 질을 이룬다. 그 얼음이 녹으면 다시 빗물이 된다(『추측록』 권 2, 「기유응해」).

물은 유동적이어서 담기는 그릇에 따라 모양을 바꿀 수 있다. 얼음은 그렇지 못하다. 이처럼 기는 유동적이나 그것이 질로 이루어지면 해당 사물의 형질이 되어 바꿀 수 없음을 말해준다. 이 인용은 어디까지나 비유이므로 실제의 물을 기라고 오해하면 안 된다.

아무튼 고체나 액체 상태의 물질을 곧장 기라고 말할 수 없다. 문제는 기체로 이루어진 물질의 경우에는 기라고 부를 수 있다는 점이다. 왜냐하면 전통적으로 공기를 기로 불렀기 때문이다. 그래서 조선 전기 서경덕은 부채를 가지고 바람을 일으키면서 기를 설명하기도 하였다. 그의 〈김재상이 부채를 선물함에 감사하며〉라는 시에 이런 말이 보인다.

> 부채를 흔들자마자 바람이 몰아치네.
> 바람은 기다.
> 기가 하늘과 땅 사이에 가득 차서
> 물이 계곡을 꽉 채워 빈틈이 없는 것과 같구나!

바람과 공기를 기로 본 사례다. 그것만이 아니다. 또 도교나 전통 종교 등에서 호흡을 통해 기를 배양한다는 일도 모두 기체와 관계되는 기다. 사실 엄밀히 말하면 공기와 기는 또 구별된다. 공기가 존재하지 않는 고체 속에서도 기가 있다고 보기 때문이다.

그렇다면 유독 공기를 포함한 기체만은 왜 기로 여겼을까? 아마도 기체가 가벼우며 유동적이고 자연 상태에서 빈틈없이 공간을 차지하면서 눈으로 감각하기 어려우나 확실히 존재하는 특징을 지녔기 때문일 것이다. 또 하나는 그것을 통해 인간이나 동물이 호흡하며 생명과 밀접히 관계있기 때문일 것이다.

따라서 기가 질료 그 자체는 아니나 질료를 이루는 최소 단위로서 그 질료가 존재하는 근거가 된다. 어쩌면 옛 선인들은 공기처럼 유동적이며 크기가 아주 작은 물질을 기라고 불렀을 것이다. 그래서 이러한 기체를 기의 모델로 삼았을 것이다. 그러니 현대적 관점에서 보면 기를 물질이라고 말할 수 있는 근거는 충분히 있다. 물질의 분자나 원자 상태는 그 크기가 기체의 그것과 크게 다를 바 없기 때문이다. 더구나 그 이하 단계의 물질은 당연히 기가 아니겠는가?

그렇다면 현대에도 기를 확실히 물질이라고 말할 수 있는 대상에는 호흡을 통해 몸속에 받아들이는 공기가 그 하나인데, 물론 그때 받아들이는 공기는 기체 상태의 혼합물로서 물질이다. 가령 숲속의 나무에서 뿜어내는 피톤치드나 도시의 공기 속에 포함된 각종 물질은 물론이고, 공사장 주변이나 더 열악한 환경 속에서 방출되는 유해 가스나 미세한 석면 가루 및 방사선도 기에 해당한다. 현대의 우리는 그것을 세분해 말해도 옛 선인들은 분명 뭉뚱그려 기라고 말했을 것이고, 그 성격을 조금 알았으면 몸에 해로운 기라고 말했을 것이다. 당시의 언어 습관은 이런 미세하고 구체적인 물질을 구분하지 않고 기라고 통용해 말했다면, 현대의 우리는 그 물질을 구분해서 말할 뿐이다.

따라서 철학사에서 보면 대체로 이렇게 기가 물질 또는 세계를 구성하는 기본 바탕이 된다는 점에서 모두 일치한다. 기일원론(氣一元論)[1]이든 이기이원론(理氣二元論)[2]이든 상관없이 세계의 근원적 존재가 무엇이냐 하는 점에서는 차이가 있을 수 있겠지만, 세계를 구성하는 물질의 바탕이 기라는 점에서는 동의하고 있다. 따라서 기일원론의 관점에서는 기를 인간 의식과 독립하여 객관적으로 존재하는 실체로 보아도 무방하다.

기와 에너지

서양인들이 기를 그들의 말로 옮길 때 가장 많이 쓴 말 가운데 하나

---

[1] 세계의 근원적 존재는 오로지 기이며, 변화는 기 자체의 내재적 운동에 따르며, 이때 이(理)는 기의 조리, 곧 기의 법칙으로 보는 세계관이다.

[2] 세계가 이와 기로 이루어졌다고 보는 견해. 성리학이 대체로 여기에 속한다. 여기서 이(理)는 기와 독립하면서 기의 운동이 그렇게 될 수 있게 하는 원리로서 사물의 운동과 존재의 근거, 기는 사물의 질료와 차별성의 근거다.

가 바로 이 에너지다. 에너지의 사전적 의미는 물리적인 일을 할 수 있는 능력을 가리킨다. 쉽게 말해 어떤 물리적 대상을 변화시키고 운동시킬 수 있는 능력이라고 보면 되겠다.

에너지의 종류에는 위치에너지, 운동에너지, 탄성에너지, 전기에너지, 열에너지, 화학에너지, 빛에너지, 소리에너지 등이 있다. 이것들은 서로 다른 에너지로 바뀔 수 있고, 모두 에너지 보존의 법칙이 적용된다.

전통적으로 에너지 자체는 질량을 지닌 물질이 아니지만, 물질이 없으면 에너지를 발생시키거나 검출할 수가 없고, 물질도 에너지가 없으면 운동할 수 없다고 여겨왔다. 그러나 현대 과학은 이런 생각을 뒤집었다. 곧 질량과 에너지의 등가원리인 $E=mc^2$에 따라 질량도 에너지의 한 형태임을 밝혀냈다. 곧 질량을 가진 물질 자체가 에너지의 덩어리며 에너지와 물질은 대칭성을 띠므로 질량으로 에너지의 양을 측정할 수 있다.

우리가 사는 지구상의 물리적 현실은 에너지만 존재하는 것이 아니라 물질이 있기에 에너지와 물질이 결속하여 에너지가 이동하고 물질이 운동하며, 물질은 에너지로 바뀔 수 있고 에너지는 또 물질로 전이될 수 있다. 이런 입장에서 일단 기를 에너지로 가정하고 본다면, 에너지와 물질의 관계는 기와 만물의 관계로 생각해 볼 수 있겠다. 아마도 그런 점에서 서양인들이 기를 에너지로 이해하려는 시도가 많았던 것 같다.

기를 에너지로 볼 수 있는 사례는 매우 상식적이다. 뜨거운 여름철 태양열에 의한 열기는 곧장 열에너지이고, 배고픈 사람이 에너지원인 음식물을 섭취하면 생기가 돈다. 태양과 열에너지, 음식물과 생기는 서로 전이되는 관계를 잘 말해준다. 만물, 곧 여기서는 태양과 음식이 소멸하면서 기로 변하는 것이 그것이다. 동시에 태양열은 광합성을 통하여 식물을 성장시키고, 몸속의 생기는 생물을 성장시키고 새로운 생명을 탄생시킬 수 있다. 곧 기가 만물을 생기게 하는 현상이다.

여기서 기가 에너지라고 확증할 수 있는 사례는 일찍이 공자의 말에서도 보인다.

> 군자는 세 가지 경계할 것이 있다. 젊어서는 혈기(血氣)가 아직 안정되지 않았으므로 색욕을 경계해야 하고, 장년이 되면 혈기가 바야흐로 굳세므로 다툼을 경계해야 하고, 늙어서는 혈기가 이미 쇠하였으므로 욕심을 경계해야 한다(『논어 · 계씨』).

여기서 공자는 인간의 몸 상태에 따라 혈기가 달라지니, 그것에 따라 경계해야 할 점을 말하고 있다. 혈기는 요즘 말로 '생체에너지'라고 보아야 한다. 우리가 "기운이 넘친다"라거나 "기운이 빠졌다"라고 말할 때 바로 이 생체에너지를 뜻한다.

더 나아가 옛사람들은 기를 장수와 요절에 관계된다고 보았을 때도 생명 활동의 에너지로서 관계가 깊다. 생체에너지는 현대에 기를 연구하는 일부 학자들이 인체에서 그것을 확인하려고 실험도 하고, 한의학 또한 건강을 위해서 이러한 생체에너지를 활성화하는 방안을 찾는다. 가령 맥을 짚는 일은 생체에너지의 상태를 파악하는 일이고, 침이나 뜸을 놓거나 약을 처방하는 일은 그것을 활성화하는 방법이라 보면 되겠다. 따라서 이러한 시도들은 기와 몸, 곧 에너지와 물질의 상관성 속에서 논의되는 것들이다.

기를 물리적 에너지 또는 힘으로 보는 것과 관계된 역사적 사례에는 조선 후기 홍대용과 최한기의 견해에도 보이는데, 둘 다 서양 과학의 영향으로 지구의 중력 또는 행성의 운동을 어떻게 설명할지 심혈을 기울였다. 홍대용은 지구의 중력을 상하지세(上下之勢)라 불렀는데, 그것은 지구가 자전하면서 아래로 쏟아지는 기의 힘 때문에 생긴다고 보았다. 최한기는 지구를 비롯한 행성들이 공전하는 것은 마치 배가 물에 실려 떠가듯 행성들이 기에 실려 간다고 보기도 하고 또 행성들 사이에서 중력이 서로 작용하는 것은 행성들 사이에 기륜(氣輪: 행성 주위를 바퀴처럼 둘러싼 기의 고리)이 작용하는 힘 때문이라고 보았다. 또 20세기 초 중국학자 캉유웨이(康有爲, 1858~1927)의 주장이 있는데, 그 또한 서양 과학의 영향으로 기는 열기와 습기 그리고 중력과 광전(光電) 등의 속성을 지니고 있다고 하여 기를 전기로 규정하였다.

캉유웨이(康有爲, 1853~1927)

그런데 앞에서 소개한 "기가 엉겨 질 또는 만물이 된다"라는 기철학적 견해는 에너지가 모여 질량을 가진 물질로 전이되는 것과 맥락을 같이한다. 물론 그 반대 현상도 마찬가지다. 여기서 기가 엉겨 만물이 되었다가 만물이 흩어져 기가 된다는 생각은 자연 현상에서 일어나는 만물의 생성과 소멸 현상을 관찰하고 유비적(類比的) 방법을 사용하여 직관으로 파악한 것이어서, 비록 과학 실험을 통하지 않았더라도 설득력이 전혀 없거나 무가치한 생각은 아니다. 좀 거칠게 말해 그러한 가설을 현대 과학이 입증하고 있다고 보면 된다. 이런 생각은 기를 에너지로 보는 관점에 하나의 자료가 될 수도 있다.

반면에 이런 생각도 가능하다. 질량을 가진 물질이 아예 없었을 때 태초의 세상은 에너지만으로 이루어졌느냐 하는 점이다. 가령 북송의 철학자 장재(張載, 1020~1077)는 기의 본래 상태를 태허(太虛)라 불렀는데, 다음과 같이 말하였다.

> 허(虛)는 천지의 조상으로, 천지는 허로부터 나온다(『장자어록·중』).

여기서 말하는 허는 태허(太虛)를 가리키며, 그 허가 곧 기라고 한다. 또는 그 허는 시공간으로서, 시공간을 채우고 있는 것이 기라고 해석하기도 한다. 천지가 있기 전에 기가 먼저 있어서, 만약 기를 에너지로 본다면 아무 물질도 없이 에너지로부터 천지가 나왔다는 말이 된다. 이 경우는 물질과 에너지의 관계에서 최초의 물질은 에너지로부터 나왔다는 뜻이 된다. 이와 유사한 말에는 18세기 조선의 홍대용의 말에서도 보인다.

> 태허는 광활하여 끝이 없는데 빈틈없이 꽉 차 있는 것은 기다. 그것은 안도 없고 밖도 없고, 시작도 없고 끝도 없다. 쌓인 기가 바닷물처럼 망망하나 엉겨 모이면 질(質)을 이루어 허공에 두루 퍼져 돌거나 한곳에 머물러 있으니, 이른바 지구와 달과 해와 별이 그것이다(『의산문답』).

홍대용은 서양 천문학의 일부를 받아들여서 그가 말하는 태허는 우주와 장재의 그것을 동시에 가리키는 이중적 의미를 지닌다. 이 말도 기를 에너지로 본다면 우주에는 에너지만 있다가 그것이 엉겨서 지구나 달이나 태양이 생겨났다는 말로 바꿀 수 있다. 따라서 기를 에너지로 본다면, 이 경우도 질량을 가진 물질이 있기 전에 에너지가 먼저 있는 셈이 된다. 요즘 일부 학자들은 이런 기를 '형이상학적 기'라고 표현하기도 하는데, 이런 표현이 적절할지 의문이기는 하다. 곧 아무런 물질적 기반 없이 이런 에너지로서의 기만이 우주를 발생시킨다는 점에서 그렇게 규정했는지 아니면 존재의 근원을 감각할 수 없는 것에 환원시켜 추상적으로 진술했다고 그렇게 말했는지 또는 에너지는 물질로 전환될 수 없다고 생각했는지, 그것도 아니면 '형이상학'이라고 말해야만 철학이라 할 수 있어 그랬는지 알 수 없다.

아무튼 현대 과학은 우주가 처음부터 어떤 질량을 가진 물질로 이루어졌다고 보지 않는다. 지금까지 알려진 바로는 우주는 대략 138억 년 전 대폭발로부터 생겼는데, 태초의 우주는 너무나 뜨거워 폭발로부터 1초가 지나서 온도가 100억 도가량 식었고, 계속 식어 우주의 나이가 100만 살쯤 되었을 때 3천 도쯤 되었다고 한다. 여기서 폭발 후 약 3분까지 초기 우주는 이렇게 에너지 형태로 이루어졌고, 그 뒤 양성자나 중성자가 만들어지고, 얼마 후 광자(photon) 시대로 접어든다. 빛이 지배하던 광자 시대에서 7만 년쯤 지나면 이른바 과학에서 말하는 물질(원자핵)이 지배하는 세계로 바뀐다고 한다. 그리고 폭발 후 38만 년쯤 지나서 원자핵과 전자가 묶여 비로소 수소와 헬륨 원자들이 만들어졌고, 폭발 후 수억 년이 지나서 수소와 헬륨이 중력 때문에 모여 별과 은하 등 천체가 만들어졌다고 한다.

이렇다면 어디까지를 기로 보아야 할까? 원자핵 수준인가? 아니면 원자나 분자 수준인가? 기철학적 관점에서는 수소나 헬륨 또한 당연히 기의 범주에 들어간다. 이렇게 에너지에서 물질이 생겨났으므로 기에서 만물이 생겨났다고 보는 것은 논리적으로는 어긋나지 않는다.

그러나 우주의 대폭발과 함께 없었던 시공간이 만들어진다는 점에서 태초의 시공간을 전제한 기철학의 태허와 꼭 일치하는 것은 아니다.

그런데 기를 에너지라고 보는 데는 또 하나 문제가 발생한다. 이 또한 기의 범주에 관한 문제로서 곧 모든 기를 에너지로 보는 문제다. 다시 말하면 기에는 에너지와 유사한 측면이 분명히 있지만, 인간의 정신이나 마음이나 용기 또는 도덕적 자세까지 기로 여겼다는 점이다. 이 문제는 다음 절에서 집중적으로 다루겠지만, 여기서는 이런 정신적인 측면을 에너지라 말할 수 있는가 하는 점만 생각해 보겠다.

여기서 정신 현상을 일으키는 에너지는 분명 생체에너지로서 기라 할 수 있다. 그런데 사람의 인품에 있어서 도덕적 올바름과 사악함에 대응하는 의기(義氣)와 사기(邪氣) 그리고 각종 감정이나 성격, 경향 등을 모두 기로 표현하고 있는데, 그 내용이나 논리에서 보자면 특정한 에너지와 아무 상관이 없다. 그래서 특정한 기와 특정한 에너지는 반드시 일치하지 않는다.

물리적 현실

물질 개념 가운데 하나로, 과학이나 인식론에서 볼 때 물질은 감각의 원천이며 물리적 현실을 구성하는 요소들의 총체를 가리킨다. 쉽게 말해 물질이란 우주나 자연을 구성하거나 자연 현상을 일으키는 실제적 존재라는 점이다.

중국 고대 문헌인 『좌전』의 음(陰), 양(陽), 풍(風), 우(雨), 회(晦), 명(明)의 육기(六氣) 또한 자연 현상과 관계된 기인데, 『순자』에 보면 이 점을 분명히 말해주고 있다.

하늘과 땅이 교합(交合)하여 만물이 생겨나고 음양의 기가 교접(交接)하여 변화가 일어난다(「천론」).

자연의 생성과 변화는 바로 음양의 두 기운 때문이다. 전통적으로 하늘은 양기, 땅은 음기를 대표하여 만물이 음양 두 기운의 교합에서 생긴다고 보며, 만물의 변화도 음양의 두 기가 교접하여 생긴다고 보았다. 그래서 밤낮과 추위와 더위 및 네 계절의 변화가 음양의 두 기운을 말미암아 생긴다고 본다. 물론 만물을 생성하고 변화시키는 배후에는 음양의 기로만 설명하고 있는 것은 아니다. 이 음양이라는 이름 외에 정기(精氣)나 원기(元氣), 운화기(運化氣) 그리고 오행의 기가 있다. 그러나 똑같은 기를 성격과 기능에 따라 이름만 달리하여 부른 것 뿐이다.

그렇다면 만물의 생성과 변화는 기 자체의 운동에 따라 일어나는 일일까? 아니면 기의 바깥에 외적 원리나 법칙이 있어서 그럴까? 가령 서양 중세의 신학에서는 자연의 운동과 변화의 이면에 신의 섭리가 있다고 본 것처럼, 자연의 배후에 기의 운동이 가능한 무엇이 있을까?

답은 그리 간단하지 않다. 학파에 따라서는 만물의 발생은 기보다 앞서 도(道) 또는 무(無), 태극(太極)이나 이(理)가 있다고 말하기도 한다. 이러한 도나 무나 태극이나 이가 기를 낳았다고 보는 것이다. 대표적인 학파가 노자와 그의 사상을 따르는 일부 도가이며, 유가 성리학에서도 기에 앞서 태극이나 이가 있다고 주장하기도 한다.

요약하면 먼저 이가 있다. 단지 오늘 이가 있고 내일 기가 있다고 말할 수 없지만 선후는 있어야 한다. 만약 산과 강과 대지가 모두 무너져도 틀림없이 이는 그 안에 있다(『주자어류』 1-14).

또 만물이 생겨난 이후에도 기가 운동하고 변화하는 데서도 차이가 있다. 기가 그렇게 운동하는 까닭이 이(理)에 있다고 하는 사람들은 대개 성리학자들이다. 이에 대해 주희는 다음과 같이 말하였다.

이에 움직이고 정지하는 것이 있으므로 기에도 움직이고 정지하는 것이 있다. 이에 움직이고 정지하는 것이 없으면 기에 어찌 스스로 움직이고 정지하는 게 있겠는가?(『문집』 권 56, 「답정자상 14」)

이런 표현은 확실히 자연물의 운동 원인은 기가 아니라 이에 있음을 보여 준다. 반면 기 스스로 운동하며 변화한다고 보는 사람들은 기철학자들이다. 하지만 현실의 물리적 변화의 원인이 기 자체에 있든 아니면 이나 도에 있든 간에 변화를 이끄는 힘과 운동은 기로부터 나온다는 점은 변함이 없다.

그런데 여기서 기철학의 경우 기가 운동할 수 있는 외부적 원리나 섭리가 없이 어떻게 기가 운동하는가 하는 점을 설명해 내어야 했다. 마치 오늘날 물리학자들이 우주 안의 별의 운동 원인이 무엇인지 탐색하는 것과 같은 이치다. 물리학자들이 우주의 운동을 우주의 물질 그 자체에서 찾듯이, 기철학자들도 대체로 운동의 원인을 기 자체에서 찾는다. 명말청초의 황종희(黃宗羲, 1610~1695)는 다음과 같이 말했다.

기가 만약 스스로 주재할 수 없다면 어떻게 봄이 반드시 여름이 되고 가을이 되고 겨울이 되겠는가? 초목의 마르고 무성함, 추위와 더위의 운행, 지리의 강함

과 부드러움, 천체의 순행과 역행, 인간과 만물의 생장과 변화는 모두 누가 시
키는 것인가? 다 기가 스스로 주재한다(『명유학안 · 숭인학안』).

그런데 자연의 생성과 변화를 기철학자 가운데 가장 과학과 가깝게
설명한 사람은 최한기다. 그는 기가 자연 속에서나 사물 속에서도 그
본성에 따라 활동하고 운동한다고 주장하였다. 기의 그러한 본성을
활동운화(活動運化)라 불렀다. 그리고 그 기에 한열건습(寒熱乾濕), 곧
차갑고 덥고 건조하고 습한 성질이 있다고 하며 자연에서 물리적 현실
을 주도한다고 하였다.

이처럼 기는 만물의 바탕이면서 동시에 모든 자연 현상을 일으키는
존재다. 이런 시각에서 보자면 기는 감각의 원천이자 세계의 물리적
현실을 구성하는 물질 개념에 포섭될 수 있다.

삶과 죽음

기가 자연에서 생성과 변화를 주도한다면 인간도 예외가 되어서는
안 된다. 특히 인간의 생사와 일생의 삶과 관련해서 그 변화의 중심에
는 기가 있다. 동한의 왕충(王充)이 이런 말을 하였다.

인간이 생겨나는 것은 음양의 기 때문이다. 음기는 뼈와 살이 되는 일을 주관하
고, 양기는 정신이 되는 일을 주관한다. 인간의 생겨남은 음양의 기를 갖추므로,
뼈와 살이 견고해지고 정기(精氣)가 채워진다(『논형 · 정귀』).

인간이 생겨나고 활동하는 것도 결국은 기 때문인데, 사실 여기서

는 혼백(魂魄)이라는 말을 사용하지는 않았어도 양기는 혼, 음기는 백과 관련이 있다. 인간의 죽음은 혼백이 분리되어 자연 속으로 흩어지는 것이라면, 삶은 혼과 백이 결합한 상태다. 이런 관점의 배후에는 기가 자연을 구성하고 움직여 음양의 두 기가 되고, 음양 두 기가 서로 합해져 만물이 되며, 삶과 죽음은 기가 모이거나 흩어지는 것에 지나지 않는다고 하는 기철학적 관점이 들어 있다.

그런데 천지 사이에서 하나의 기가 어떻게 인간을 형성하는지 그 과정을 명말청초 학자 유종주(劉宗周, 1578~1645)는 다음과 같이 말한다.

> 천지 사이에 가득 찬 것은 하나의 기일 뿐이다. 기가 모여서 형체가 있게 되고 형체가 실려서 질(質)을 갖게 된다. 질이 갖추어져 몸체가 있게 되고, 몸체가 기능별로 나누어져 감각기관이 갖추어지며, 감각기관이 노정 되어 본성이 드러나게 된다(『원성』).

더 나아가 인간의 건강과 수명에도 영향을 준다고 한다. 곧 왕충은 "두터운 기를 받으면 신체는 강하고, 신체가 강하면 수명은 길다. 약한 기를 받으면 신체는 약하고, 신체가 약하면 수명이 짧다"(『논형·기수』)라고 한다. 심지어 성인이 되거나 어리석은 사람이 되는 것도 기와 관계가 된다. 그에 대해 주희는 다음과 같이 말했다.

> 사물을 생성하려면 반드시 기가 있어야 한다. 그런 뒤에 어떤 사물에 이런 기가 모여 형질을 이룬다. 기에는 맑거나 탁하거나 어둡거나 밝은 차이가 있는데, 맑고 밝은 기를 타고나면 물욕에 사로잡히지 않아 성인이 된다. 맑고 밝은 기를 타고났어도 완전하지 못하면 물욕에 사로잡힘을 완전히 면할 수 없으니, 그것

을 이기고 제거하면 현인이 된다. 반면 어둡고 탁한 기를 타고나서 물욕으로 마음이 가려짐을 제거할 수 없으면 우매하거나 어리석은 사람이 된다(『주자문집』권 7, 「옥산강의」).

그렇다고 인간이 태어나는 일만 기와 관계되는 것은 아니다. 삶과 죽음 모두 기와 관계가 있다고 하는데, 인간을 포함한 모든 생물의 삶과 죽음도 엄연히 물리적 현실이다. 이 점에 대해서 최한기는 분명히 지적하기를 "사람이나 동물의 경우 잉태할 때는 기가 처음 모인 것이요, 장성한 것은 기가 왕성하게 모인 것이요, 노쇠한 것은 기가 장차 흩어지려는 것이요, 죽음이란 기가 다 흩어진 것을 말한다"(『추측록』권 2, 「기취생산사」)라고 하였다.

여기서 삶과 죽음을 기를 가지고 말할 때 꼭 등장하는 것이 귀신에 관한 문제이다. 귀신에 관한 문제는 앞의 제1장의 용어 해설에서 다루었기 때문에 길게 설명하지는 않겠다. 다만 귀신도 유령과 같은 존재가 아니라 기의 두 가지 측면, 곧 음양으로 변화는 관점에서 말한 것뿐이다. 혼백(魂魄)도 사람이 죽으면 혼과 백으로 분리되는데, 정신적인 요소인 혼은 기가 되어 날아가고, 육체적인 요소인 백은 땅으로 내려가 흩어진다.

그러니까 종교에서 말하는 것처럼 사람이 죽으면 그 영혼이 죽지 않고 영원히 사는 것이 아니라 몸과 마음도 기에서 온 것이므로 기로 돌아가는 것뿐이다. 삶과 죽음에 대해 이처럼 기의 모임과 흩어짐으로 본 오래된 글은 『장자』에도 보인다.

장자의 아내가 죽어 혜자(惠子: 혜시)가 조문을 갔다. 장자가 마침 두 다리를 뻗고 앉아 물동이를 두드리며 노래를 부르고 있었다. 혜자가 "함께 살고 자식을 키우고 늙어 죽었는데 무정하게도 곡(哭)을 하지 않다니? 더구나 물동이를 두드리며 노래하는 것은 너무 심하지 않소?"라고 말하자, 장자가 말하였다. "나라고 해서 어찌 슬픈 마음이 없겠소? 태어나기 전을 생각하니, 본래 삶이란 없었는데 기가 모여 목숨이 생겨 살다가 다시 변해 죽음으로 돌아가니, 이는 네 계절이 순환하는 현상과 같소. 아내는 지금 천지라는 커다란 방에 편안히 누워 있는데, 내가 소리 질러 곡을 하면 하늘의 운명을 모르는 짓이라 생각해서 곡을 안 하는 것이오"(「지락」).

장자는 여기서 삶과 죽음도 기의 변화, 곧 천지가 변화하는 현상 가운데 하나의 일로 보고 초연한 모습을 보였다. 후대 동아시아 철학자들이 유가나 도가를 막론하고 이러한 천지자연의 변화의 중심에 있는 것은 기로 보고, 서양 종교에서 말하는 조물주를 인정하지 않은 점도 이러한 철학적 태도에서 비롯한 일이다.

인체와 기

우리는 배가 고프거나 충격을 당했을 때 "기운이 없다"라는 표현을 자주 쓴다. 이 기운이란 다른 말로 신체의 힘이라고 할 수도 있고 생체에너지라고도 말할 수 있는데, 이러한 기운은 어디서 나오는 것일까?

기는 일반적으로 어떤 질료와 다른 뜻으로 쓰이나, 그런 질료의 정수(精髓) 또는 정화(精華)가 바로 기라는 점은 보편적인 생각이다. 가령 오랫동안 병으로 앓았던 사람이 "곡기(穀氣)를 끊고 죽었다"라는 표현을 쓰는데, 바로 이 곡기가 그런 것이다. 밥이나 빵 그 자체가 곧장 기는 아니나 밥이나 빵에 들어 있는 영양소가 바로 곡기다. 현대적인 관점에서 볼 때 이런 영양소는 분명히 물질이지만, 옛사람들은 그런 자세한 이치를 모르고 뭉뚱그려 기라고 표현하였다. 가령 『논어』에 보면 이런 말이 보인다.

공자는 비록 고기가 많아도 밥 기운을 능가할 정도로 먹지 않았다(「향당」).

밥 기운의 원문은 사기(食氣)인데, 바로 앞에서 말한 곡기와 같다. 즉, 밥이란 곡식으로 만들었기 때문이다. 그래서 주희의 주석에서는 비단 고기만이 아니라 채소도 밥 기운을 능가해서는 안 된다고 말하고 있다.

좌우간 밥에 든 주 영양소의 특징을 곡기라고 말하였으니, 물질을 기라고 한 것과 다름이 없다. 비록 물질이긴 해도 당시는 밝힐 수 없는 미세한 것들이기 때문에 그렇게 표현했을 것이다. 이런 기는 인체 내에 있어서 물질의 정화다.

그런데 우리말에 "기가 막히다"라는 말이 있다. 너무 억울한 일을 당했을 때 표현한 말인데, 한의학에서는 기가 막히면 사람이 죽는다고 한다. 그래서 기가 통하게 침이나 뜸을 놓기도 한다. 사실 한의학의 목표는 인체 내에서 음양의 기 또는 오행의 기가 조화를 이루도록 건강하게 만드는 데 있거나 사람 몸의 특성, 곧 체질에 따라 기운을 조절해서 건강하게 하는 일이다. 음양오행과 관계된 기운의 조화를 이루든 아니면 체질에 따라 기운을 조절하듯 사람을 건강하게 만드는 것이 중요한데, 바로 여기서 기운, 곧 기를 조절한다는 데는 이의가 없다.

여기서 기가 막히는 현상의 반대는 기가 통하는 것인데, 기가 통하는 데는 크게 두 가지 종류가 있다. 하나는 인체 내에서 각 기관이나 조직끼리 기가 통하는 일이고, 다른 하나는 인체의 기가 외부의 환경과 통하는 일이다. 자, 여기서 통한다는 말은 기가 소통한다는 뜻이다. 우리 몸과 관련된 소통이란 열이든, 영양소든, 공기든 이동하는 작용을 전제로 한다. 가령 몸에서 열이 펄펄 나는 사람은 침을 맞거나 약을 먹어 그 열을 밖으로 내보내야 하고, 추워서 벌벌 떠는 사람은 따뜻하게 해주거나 열나는 음식 또는 약을 먹어야 한다. 특히 침의 경우 혈(穴)에 놓아 몸을 데우고 식히며 팽팽하게 만들거나 수축시키는 효과가 있다고 한다.

이렇듯 기를 통하게 하는 일은 물질이든 에너지이든 존재하는 무엇이 소통하게 한다는 점이다. 약의 복용은 분명 약 기운이라 부르는 어떤 영양소나 원소를 흡수하는 일이며, 침이나 뜸을 맞음은 생체에너지가 소통할 수 있도록 그 길을 터주는 일이라 보면 되겠다. 따라서 인체의 기는 음양의 기든, 오행의 기든 또는 차고 덥고 건조하고 습한 기운이든 모두 생체에너지와 관계되고 또 한편으로 물질의 정화와도 관련이 있다. 모두 우리 몸의 물리적 현실을 구성하는 일이므로, 결국 물질의 작용과 관계를 맺고 있다고 보아야 한다.

2. 기氣는 정신인가?

정신精神

정신은 한자로 '精神'이라 쓴다. 전통적으로 쓰던 한자의 원뜻은 정과 신 또는 정기(精氣)와 신기(神氣)가 결합한 것인데, 정기와 신기의 의미 또한 분야에 따라 다양하다. 간단히 정리하면 정기는 생명의 원천이 되는 순수하게 응축된 물질 또는 인간 마음의 원기(元氣)란 뜻이고, 신기는 신령스러운 기운이라는 뜻으로 종종 자연의 기를 가리킬 때도 있지만 주로 인간의 마음을 가리킨다. 따라서 정신이란 인간의 마음을 기로 이해하고 가리키는 말이다.

그런데 국어사전을 보면 정신의 풀이를 '육체나 물질에 대립하는 영혼이나 마음' 또는 '사물을 느끼고 생각하며 판단하는 능력 또는 그런 작용'을 일컫는다. 이는 아무래도 제각기 영어의 sprit와 mind의 번역어로밖에 볼 수 없다.

또 철학의 관점에서 정신의 의미를 찾아보면 대체로 '자연 또는 물질에 대립하는 비물질적인 원리로, 본질의 질서나 인식의 질서에서 최초의 것'으로 간주하기도 한다. 이게 무슨 말이냐 하면 이 정의는 서양철학의 전통에 따른 정의인데, 정신이라는 말이 서양 문화에서 종교와 끈질기게 인연을 맺어왔기 때문이다. 우선 '육체나 물질에 대립하는 영혼이나 마음'이 정신이라는 뜻은 특히 서양 종교의 전통에서 영혼이나 마음이 비물질적인 것으로 보고 신의 속성을 닮은 것으로 이성적이며 영원불멸한다고 믿은 사실과 관계가 있다. 그리고 '본질의 질서나 인식의 질서에서 최초의 것'이란 세상이나 사물의 으뜸 본질이 정신적이라는 뜻이다. 어쩌면 인간과 사물에 앞서서 정신이 먼저라고 생각해 볼 수 있는데, 플라톤(Platon, 기원전 427~337)의 철학에 영향받은 사상 전통과 맥락이 닿아 있다.

그러나 서구에서조차도 정신을 온통 이런 신학적 전통을 따르거나 관념론1으로만 보지는 않는다. 정신을 신체의 한 활동으로 보는 전통도 꾸준히 이어져 왔다. 관념론자들이 말하는 정신도 알고 보면 하나의 정신 작용인 상상의 결과, 곧 추상적 관념 또는 개념에 불과하다는 생각이 그것이다. 그래서 실체로서의 정신을 부정하고 차라리 마음(mind)을 내세우기도 했다. 그리고 정신이 신체의 활동이라는 점은 과학에서 뇌의 기능과 작용의 연구를 통해 꾸준히 밝혀나가고 있다.

따라서 앞으로 "기는 정신인가?"라고 말할 때의 '정신'은 서양의 전통에서 말하는 비물질적인 영혼이나 세계의 실체로서 관념과 상관이 없다. 동아시아 전통 철학에서는 적어도 현실 세계에서 신체를 떠나거나 물리적 기반이 없이 독립적으로 존재하는 비물질적인 정신 또는 관념을 인정하지 않기 때문이다. 이 경우의 정신이란 마음, 사고(思考), 의지(意志), 의식(意識) 및 도덕 판단과 도덕 수양 그리고 인식 활동 등 정신 현상과 관련된 것만을 가리킨다.

---

1 관념 또는 정신이 사물의 실제 모습으로서 물질로 구성되는 사물의 본질이며 또 그것이 사물보다 먼저 존재한다는 철학적 입장으로 흔히 유물론과 대립한다. 그러나 어떤 철학도 스스로 관념론이라 말하지는 않는다.

사실 정신 현상을 설명하려면 현대 생리학이나 뇌과학 등의 도움을 받아야 한다. 마음 또는 의식이 개입해야 정신을 설명할 수 있기 때문이다. 그런데 의식이 없더라도 모든 생명체는 아주 하등의 그것이라도 외부의 자극을 감지한다. 그것은 어떤 의식이나 생각으로 반응하는 작용이 아니라 자극에 대한 반응, 예컨대 식물이 태양 쪽으로 잎을 향하고, 박테리아가 온도에 반응하는 따위도 그것들이 하는 일을 생각해 알지는 못하는데, 이들은 아주 기초적인 인지능력(cognitive competence)과 그 방면에 뛰어난 지능을 갖고 있지만, 여기서 말하는 의식으로서 정신은 없다. 그것은 그들에게 신경계가 없기 때문이다.

이와 달리 마음이란 일종의 의식의 흐름이다. 그 흐름은 마음을 구성하는 이미지들의 빈틈없는 연결이며, 그때의 이미지는 외부의 감각 내용을 뇌가 몸 안에서 조작하고 혼합함으로써 생겨난다. 그 혼합은 몸과 외부 자극이 상호작용하면서 일어난다. 그러니까 이미지는 외부의 대상과 내부의 몸이 반응한 혼합물인 셈이다. 이 메커니즘은 전기화학적 과정으로 이루어진다. 이미지라고 부르는 마음속 사건들은 느낌과 자기 관점을 포함하는 상황의 한 부분이 될 때만 마음속 경험, 곧 의식이 된다고 한다.

그러니까 정신, 곧 마음이란 어떤 실체로서 있는 것이 아니라 물리적으로 말하면 완전히 기의 범주 안의 일이다. 생물체가 외부의 자극에 반응하면서 몸속에서 일어난 갖가지 이미지의 흐름, 곧 물리적 현상의 전기화학적 작용에 따른 마음속의 경험 그것이 정신 현상의 본질이다. 옛날에는 이런 복잡한 의식의 발생과 정신 현상의 본질을 이해할 수 없었기에 신묘하다는 형용사를 붙여 마음을 신기(神氣) 또는 신묘하게 밝다는 신명지기(神明之氣)로 표현하였다.

혼백魂魄과 영혼靈魂

우리는 흔히 어떤 일 때문에 죽을 정도로 매우 놀랐을 때 혼비백산 (魂飛魄散)이라는 말을 자주 사용한다. 국어사전에 보면 '혼백이 어지러이 흩어진다는 뜻으로, 몹시 놀라 넋을 잃음을 이르는 말'로 풀이하고 있다. 매우 놀란 상태를 일컫는 말이다.

그러나 이 말의 원래의 뜻은 한자 그 자체인 혼비백산(魂飛魄散) 또는 혼비백강(魂飛魄降) 속에 들어 있다. 곧 혼은 날아가고 백은 흩어진다는 뜻이다. 그렇다면 이것은 도대체 무슨 말일까? 이 말을 이해하려면 혼백(魂魄)이라는 말을 먼저 이해해야 한다. 역시 국어사전을 뒤져보면 혼백을 귀신, 넋, 영혼 따위로 표현하고 있다. 어떤 설명은 한술더 떠 '사람의 몸에 있으면서 몸을 거느리고 정신을 다스리는 비물질적인 것'이라는 해괴망측한 풀이를 해 놓고 있다. '비물질적인 것'이란 말을 보면 완전히 서양의 정신과 같은 뜻으로 이해하고 있다.

사실 혼백이란 인간의 몸과 마음을 통일적인 존재로 파악한 것인데, 고대 중국의 민간 설화에서 잘 말해주고 있다. 곧 인간을 형성하는 양기의 영(靈)을 혼, 음기의 영을 백이라 불렀는데, 양의 신령으로서 혼은 정신을, 음의 신령으로서 백은 육체를 지배했다고 한다. 사람이 죽으면 혼의 신령은 하늘로 날아가 신(神)이 되고, 백의 신령은 땅으로 돌아가 귀(鬼)가 된다고 한다.

바로 혼비백산이란 '사람이 죽었을 때 혼은 하늘로 날아가고 백은 땅으로 흩어진다'는 뜻으로 이 설화에서 죽음을 설명하는 말이다. 이설화는 인간은 혼백으로 이루어져 있음을 말하고 있는데, 혼백이 서로 조화하는 가운데 인간의 생명이 유지되고 있음을 뜻한다. 특히 조

선 철학에 영향을 크게 미쳤던 주희의 경우는 백(魄)을 육체의 신묘한
측면으로, 혼(魂)은 기의 신묘한 측면으로 보고, 혼백을 신기(神氣)의
정수(精髓)이므로 이를 일러 영(靈)이라 부른
다고 하였다. 그러니까 혼은 정신적인 측면에
서, 백은 육체적인 측면에서 활동하며, 모두
기다.

박은식(朴殷植, 1859~1925)

애국계몽운동 시기 개화 운동가이자 일제
가 우리나라를 강점한 후 독립운동가로 활약
한 박은식(朴殷植, 1859~ 1925) 선생도 혼백에
대해서 이렇게 말하였다.

사람이 태어날 때 육신의 백을 갖추고 지각(知覺)의 혼이 있어 생존을 좋아하
고 사망을 싫어한다(『박은식전서』 하권).

바로 육신이란 육체를 말하며, 지각이란 정신 작용을 말한다. 그러
니까 혼백이란 각각 육체와 정신의 측면을 말하는데, 이 개념을 가지
고 국혼(國魂)과 국백(國魄)의 역사관을 세웠다. 당시 일본이 국권을
침탈하자 선생은 우리나라 역사를 연구하여 민족정신을 고취하였는
데, 나라가 망함은 국혼과 국백이 분리됨이고, 독립이란 국백과 국혼
이 다시 결합하는 일로 보았다. 비록 국백에 해당하는 나라를 빼앗겼
으나 국혼인 우리 민족의 정신이 깃든 문화를 잘 보존하면 독립의 날
에 나라를 되살릴 수 있다고 보았다. 그러나 여기서 혼백은 어쩔 수
없이 정신(관념)과 육체의 뜻으로 사용하였음을 알 수 있다. 나라는 사
람의 몸과 다르기 때문이다. 더 나아가 선생도 이미 번역된 서구적 언

어와 문화에 익숙해 있음을 보여준다.

사실 모든 존재를 이와 기로 설명하는 성리학이 탄생하기 훨씬 이전부터 기라는 영역 안에 혼백 개념이 있었다. 『춘추좌씨전』에 사람의 생명이 시작하고 변화할 때 백이 생기고, 백이 생기면 혼이 따라 생긴다고 보는데, 이에 대한 자세한 주석에는 "형체의 신령한 것에 붙는 것이 백(魄)이고, 기(氣)의 신령한 것에 붙는 것이 혼(魂)이다"라고 하여 앞에서 소개한 중국 민간 설화와 같은 맥락으로 말하고 있다. 또 『예기』에 보면 아래와 같이 말하고 있다.

> 많은 생명체는 반드시 죽는데, 죽으면 반드시 흙으로 돌아가니 이것을 일러 귀(鬼)라고 부른다. 뼈와 살은 아래로 흩어져 들판의 흙이 되고, 그 기는 위로 솟아올라 밝게 된다(「제의」).

> 혼(魂)의 기운은 하늘로 돌아가고, 형체의 백(魄)은 땅으로 돌아간다(「교특성」).

이렇게 혼백이 흩어져 하늘과 땅으로 돌아간다는 사상은 하늘은 기(氣)이고 양이며, 땅은 질(質)이고 음이라는 『주역』의 사고와도 같으며, 음양으로 구성되고 활동하는 자연 만물의 일과 깊은 관련이 있다. 그러니까 결국 혼백이 분리되기 전이나 죽어서 분리되더라도, 기라는 세계에서 볼 때 달라지는 일은 없다. 따라서 혼백이 기를 떠나 독립적으로 존재하지 않으며, 육체든 정신이든 모두 기의 산물이다. 그러니 기를 떠나서 혼백을 논할 수 없다.

이것은 영혼이 불멸하여 윤회한다거나 또는 하느님이 만들어 놓은 천당이나 지옥에 가는 것을 인정하지 않은 동아시아인들의 전통, 특히 유학적 태도가 이런 사유를 주도한다. 물론 이런 전통은 공자가『논어』에서 "귀신을 공경하되 멀리하라"라는 말과 또 "삶도 아직 모르는데 죽음을 어찌 알겠는가?"라든가 또 "괴상하고 폭력과 혼란스러운 일과 귀신 따위를 말하지 않았다"라는 가르침을 따르고 있다. 공자의 이러한 태도에 따라 후대 유학자들은 초월적이거나 사후세계에 관심을 두지 않았고, 죽음에 대해서도 합리적으로 생각하려는 태도를 지녔다.

그러나 많은 종교는 민간신앙을 포함하여 인간의 사후에 영혼이 죽지 않고 살아간다는 관념을 가지고 있다. 특히 불교의 윤회설과 천당·지옥설에 대해서는 유학자들이 한결같이 배척하였으나, 보통 사람들은 여전히 믿어 왔다. 그래서 현대에도 영혼 불멸을 믿는 종교가 버젓이 있고, 그 신자들이 그 가르침을 따르고 있다. 그렇다면 이때의 영혼은 무엇으로 이루어져 있을까?

사실 영혼(靈魂)이란 말은 적어도 17세기 이전 동아시아인들에겐 생소한 용어였다. 이것은 17세기 당시 예수회 선교사들이 서양의 아니마(anima), 곧 동물과 차별되고 신의 속성을 닮은 인간의 그것을 중국어로 번역한 말이기 때문이다. 조선 말 최한기나 이규경(李圭景, 1788~1856)은 그것을 영성(靈性) 또는 성령(性靈)이라 소개하였다.

문제는 영혼이라는 단어에 기의 특수한 형태로서 혼(魂)이 들어 있지만, 서양식 영혼 개념으로 이해할 때는 전통의 혼백은 기와 전혀 상관없는 말이 되었다. 곧 영혼이란 육체 또는 물질과 대립하거나 분리되는 영원불멸하는 존재이기 때문이다. 다시 말해 영혼은 질료를 가지지 않는다. 상식적으로 질료를 갖지 않은 무엇이 어떻게 존재할 수 있는가 하는 의문을 품을 수도 있지만, 마치 이데아나 관념처럼 질료가 없이도 존재할 수 있다고 믿어 왔기 때문에 그것을 대부분 크게 의

심하지 않았다.

오늘날 우리는 영혼이라는 말을 여기저기서 멋대로 쓰기 때문에 매우 혼란스럽다. 그것이 자아(ego)나 자신(self)이나 자기의 마음(mind)을 가리키는지 아니면 초자아(super ego) 또는 가짜 자기인 가아(假我) 혹은 진짜 자기인 진아(眞我)를 말하는지 사람마다 사용이 다르다. 그리고 적어도 기독교에 말하는 영혼 개념은 기와 전혀 상관없다.

마음과 기

동아시아 전통에서 마음을 심(心)이라고 표기했다. 심은 심장을 뜻하는 말이기도 하지만 마음과 같은 뜻으로도 쓰인다. 그런데 이 심을 가리킬 때 심기(心氣)라는 말을 쓰기도 한다. 흔히 어른의 마음을 살필 때 "심기가 불편하십니까?" 등으로 여쭈는 것이 바로 이 경우다.

철학사에서는 심, 곧 마음이 기라는 점

주희(朱熹, 1130~1200)

을 너무나 상식적으로 받아들여서 심이 기라고 정의하는 것은 흔하지 않다. 가령 주희의 "심이란 기의 정령(精靈)이다"(『주자어류』 5-28, 「감절록」)와 명말 황종희의 『명유학안』(明儒學案)에 "마음은 기다"(권 28)라는 말이 보일 정도이고, 대신 다른 말속에서 마음이 기라는 말을 쉽게 추론할 수 있는데, 주희의 말에서도 자주 발견된다.

지각(知覺)이란 바로 기가 맑고 신령한 것이다(『문집』 권 61, 「답임덕구 6」).

능히 깨닫는 것은 기의 신령함이다(『주자어류』 5-27, 「감절록」).

여기서 맑고 신령한 기는 바로 마음을 가리킨다. 대신 마음을 정의하는 곳은 많다. 주희의 정의에 다양하게 보이는데, 가령 "앎이 있음을 일러서 심이라 한다" 하고, "심이란 사람의 지각(知覺)으로 몸을 주관하고 만사에 응하는 것이다" 하고 또 "심이란 사람이 몸에서 주관하는 것이다. 하나이며 둘이 아니고 주인이지 손님이 아니며, 사물을 명령하되 사물로부터 명령을 받지 않는 것이다" 하고, "텅 비고 신령하며 사물을 지각한다" 등으로 표현한다. 여기서 말하는 지각이란 마음이 사물을 알고 깨닫는 작용을 말한다.

이상과 같은 표현은 주희가 완성한 성리학의 입장이지만, 명 대의 철학자 왕수인(王守仁)이 완성한 양명학(陽明學)을 다른 말로 심학(心學)이라고도 부르는데, 이 경우에도 심을 기로 보아 "심기(心氣)가 화평하다"라는 표현을 쓰기도 하고 또 마음이 기임을 아래와 같이 말하였다.

무릇 양지(良知)는 하나이다. 신묘하게 작용하는 면에서는 신(神)이라 부르고, 흘러 운행하는 면에서는 기(氣)라고 말하고, 엉겨서 뭉치는 면에서 말하면 정(精)이라 한다(『전습록』 중).

양지란 양명학의 중요한 개념 가운데 하나인데, 쉽게 말해 양심이랄까 인간의 도덕적 본심을 말한다. 좀 더 어렵게 말하면 선험적인 도덕 판단 능력으로 마음의 일이다.

그렇다면 마음이 기라는 생각을 애초에 어떻게 하게 되었을까? 마음을 기로 본 근거에는 아무래도 일상적 경험에 근거하여 자명하게 여긴 것 같다. 가령 술을 마시거나 마약을 먹으면 술기운이나 마약 기운의 영향을 받아 마음이 평소와 달라진다. 이것은 마음도 기로 이루어져 있어서 술과 약의 기운과 통해서 영향을 받는다고 여기지 않았을까?

만약 중세 서양의 기독교 신학에서 말하는 것처럼 마음이 비물질적이며 육체는 단순히 영혼 또는 마음이 깃든 집에 불과하다면, 술을 마시거나 마약을 복용했을 때 그 마음으로 이루어진 영혼은 아무런 영향을 받지 않아야 한다. 그러나 그것이 그러한가? 이런 난점을 극복하기 위해 신학조차도 일반적인 육체와 연관된 감성적인 마음보다는 이성적인 면만 영혼의 특징으로 강조하였다. 이렇게 이성을 신의 속성과 같은 것으로 격상시켰다.

반면 동아시아인들은 대체로 이성적 마음이라도 근원적으로 육체와 분리되지 않는다고 여겼다. 육체와 분리되는 순간 정신도 기가 되어 흩어진다고 보았기 때문이다. 그래서 영혼 불멸을 인정하는 종교처럼 정신과 육체를 이분법으로 나누어 보지 않았다. 그렇다면 여기서도 역시 문제가 생긴다. 곧 인간의 마음이 육체에 매여 있고 물질과 연관된 어떤 것이라면, 마음의 이성적인 도덕 현상과 감성적인 욕망의 발현을 어떻게 설명해야 하는가?

이 역시 중세 기독교 신학처럼 마음이 육체의 영향을 받는다는 점을 인정할 수밖에 없지만, 그 마음을 이성적인 것과 감성적인 것으로 분리하는 길을 택한다. 비록 이성적인 측면을 초월적인 신의 속성까지는 보지 않더라도, 그것은 하늘의 이치로서 인간의 본성으로 타고난다고 설명하는 길이 그 가운데 하나다. 여기서 마음은 기이지만, 그 기의 발동으로 마음속에 존재하는 하늘의 이치로서 이(理)가 온전히 발현되는 것을 도덕·이성적인 면으로 보는 성리학이 그것이다. 양명학의 양지 또한 마음의 그런 측면이다. 또 다른 설명 방식으로는 성리학 이전에 육체적인 감성과 관계된 마음을 인심(人心)으로, 이성적인 도덕과 관련된 마음을 도심(道心)[2]으로 나누는 것이 있다.

특히 마음을 기라고 볼 수밖에 없는 이유, 곧 논리적으로 가장 확실한 것 가운데 하나는 주희 성리학에서 엿볼 수 있다. 주희 성리학에서는 만물이 이(理)와 기(氣)로 이루어져 있고, 이 둘은 현실적으로 분리되어 존재하지 않는다고 한다. 그런데 실제로는 만물이 운동하고 변화하는 것은 기(氣)가 하는 일이다. 이란 기가 그렇게 운동할 수밖에 없는 원인자이자 원리이지 그 자체는 형체도 없고 운동하지도 않기 때문이다. 그러니까 형체가 있고 운동하는 것은 기다.

자, 이러한 이와 기의 관계를 인간의 마음에 적용해 본다면, 마음은 활동하는 사물이므로 당연히 기일 수밖에 없다. 그러나 기가 가면 이도 항상 따라가므로 마음은 기가 움직이는 것이어서 이도 그것을 따라갈 수밖에 없다. 이 논리가 조선 성리학에서 "기가 발동하면 이가 탄다"(율곡 철학을 따라 정확히 해석하면 "기가 발동하여 이를 태운다"라고 말해야 한다)라는 기발이승(氣發理乘) 또는 "기가 발동하고 이가 따른다"라는 기발이이수지(氣發而隨之)의 논리다. 마음은 이와 기를 포함하고 있지만, 활동하고 움직이는 것은 기이기 때문이다.

또 성리학에서는 성(性)과 정(情)을 마음과 관계시켜 논하기도 하는데, 성은 본성을 뜻하고 정이란 본성이 현상적인 모습으로 드러나

---

2 인심(人心)과 도심(道心): 이 말은 『서경』의 「대우모」(大禹謨)에 등장하는데, 인심이란 인간의 육체적 욕구와 관련된 마음으로 선으로도 불선으로도 나아갈 수 있는 마음이며, 도심이란 선하며 도덕적이고 이성적인 마음을 가리킨다. 도심은 성리학자들에 의하여 천리(天理)가 발현된 마음으로 해석되었고, 두 마음의 근원이 같은지 다른지 논쟁거리가 되기도 하였다.

보이는 것으로 오늘날 감정을 포함하는 말이다. 그래서 마음과 성과 정의 관계를 말할 때는 "마음이 성과 정을 거느린다"라는 심통성정(心統性情)으로 표현하는데, 거느린다는 말의 원문이 '통'(統)으로서 여러 가지로 해석되고 있다. 어쨌든 여기서 마음이 성과 정을 포함하든 거느리든 또는 주재(主宰)하는 역할을 하든 간에 마음에 이러한 작용이 있고, 다 기가 하는 일이다.

다른 방식으로 설명해 보자. 성리학의 '성즉리'(性卽理)라는 명제에 따라 본성인 성은 곧 이다. 그런데 여기서 성은 이치 또는 원리이므로 직접 활동할 수 없어서 정을 통하여 드러낼 수밖에 없다. 그래서 성이 현상적으로 드러나는 것이 정이다. 이 때문에 정이 오늘날 감정이라고 말하기가 어려운 점이 여기에 있다. 성이 표출되는 정에는 감성적인 것도 있고 이성적인 것도 있기 때문이다.

따라서 성과 정을 이와 기의 관계에서 볼 때 정은 기의 일이다. 정에는 이른바 사단(四端)과 칠정(七情)[3]이 있는데, 모두 밖으로 드러났다는 점에서 기의 일이다. 쉽게 말해 이성적이든 감성적이든 인간의 마음이니 모두 기가 발동해서 겉으로 드러나는 일이다. 물론 예외적으로 퇴계 이황(李滉, 1501~1570)은 도덕적인 정감으

이황(李滉, 1501~1570)

---

3 사단(四端)과 칠정(七情): 사단은 맹자가 성선설의 근거로 내세운 네 가지 선의 실마리다. 곧 측은지심(惻隱之心), 수오지심(羞惡之心), 사양지심(辭讓之心), 시비지심(是非之心)이다. 칠정은 『예기』에 등장하며 희(喜), 노(怒), 애(哀), 구(懼), 애(愛), 오(惡), 욕(欲)의 일곱 가지 감정이다. 훗날 조선 성리학, 특히 퇴계 이황은 이 사단이야말로 예외적으로 순수한 인간의 본성인 이(理)가 발동한 것으로 보아, 기가 발동한 것이 아니라 하여 칠정(七情)과 구분하였다.

로서 사단은 기가 아닌 이(理)의 발동으로 보았다. 그러나 이런 주장은 주희 성리학의 "이는 움직이지 않는다"라는 전제를 위반한 그만의 독특한 학설이다.

도덕적 용기

1980년대 이후 대한민국에서 최근까지 초중등 학교에 다녔던 사람이라면 예외 없이 학교에서 단체로 수련회에 참석한 경험이 있을 것이다. 그 수련회의 목적 가운데 하나가 호연지기(浩然之氣)를 기르기 위해서라고 한다. 그렇다면 대체 이 호연지기가 무엇일까?

그 호연지기를 키우기 위해 담력 훈련이나 모험 활동을 시키기도 하는데, 호연지기를 사전에서 찾아보면 대개 '거침없이 넓고 큰 기개'라고 풀이하고 있다. 얼핏 보면 일종의 용기 또는 용맹이라고 말할 수 있고, 좀 어려운 말로 의기(義氣)를 가리키는 말일 듯하다.

만약 호연지기가 용기와 관계되는 말이라면, 분명 정신적인 태도와 연관이 있는 것은 분명해 보인다. 호연지기는 원래 『맹자』에 등장하는 말이다.

공손추 : 감히 묻겠습니다만, 선생님께서는 무얼 잘하십니까?
맹　자 : 나는 말을 잘 이해하고 호연지기를 잘 기른다.
공손추 : 무엇을 호연지기라 부릅니까?
맹　자 : 말하기 어렵다. 그 기는 매우 크고 매우 굳세어서 곧게 기르고 잘못해서
　　　　그것을 해치지 않으면 천지 사이에 가득 차게 된다. 그 기는 의(義)와
　　　　도(道)와 짝하니 이것들이 없으면 호연지기는 위축된다. 그리고 이 호

연지기는 의를 모아 생겨나니 의가 하루아침에 갑자기 와서 얻는 것이 아니다. 행동해서 마음에 부족한 점이 있으면 그 기는 위축된다(「공손추상」).

여기서 의(義)란 일의 마땅함을 뜻하는데, 요즘 말로 정의에 가까운 말이며, 도(道)란 진리 또는 윤리적 도리를 뜻하는 말이다. 그러니까 호연지기란 사람 마음의 올바른 기운, 곧 도덕적 용기라고 할 수 있다. 이러한 호연지기를 잘 기르려면 정의로운 일을 차근차근 쌓아가야 하는데, 조급한 나머지 억지로 기르면 낭패를 보게 된다고 한다. 다음은 이렇게 억지로 길러서 안 된다는 맹자의 비유다.

옛날 중국 송나라에 어떤 농부가 살았다. 그는 자기 밭의 곡식의 싹이 빨리 자라지 않은 것을 안타깝게 여겼다. 하루는 그 싹이 빨리 자라도록 그것들을 조금씩 당겨 뽑아 놓고서 돌아와 집안사람들에게 말하였다.
"오늘은 피곤하다. 내가 싹이 자라도록 도왔다."
이 말을 들은 그의 아들이 깜짝 놀라 밭으로 달려가 보았더니 곡식의 싹이 이미 바싹 말라 있었다.

곡식이란 거름을 주고 김을 매서 잡초만 제거하면 저절로 잘 자라는데, 억지로 자라게 하려고 뽑아서는 안 된다. 이처럼 호연지기는 의로운 행동을 하면서 기르는 것이지 당장에 효과가 나타나지 않는다고 해서 억지로 조장(助長)해서는 안 된다는 점을 말해준다. 진정한 용기는 평소의 사려 깊고 절제된 의로운 행위를 쌓아서 나오는 것이지 어떤 상황에서 갑자기 튀어나오는 일시적인 영웅심리나 분위기에 압도

되어 객기(客氣)를 부리는 것과 구별된다.

그런데 공교롭게도 이렇게 '도덕적 용기(勇氣)'라고 말할 때 바로 기(氣) 자가 들어 있다. 『좌전』이나 『사기』에 용기라는 말이 들어 있는 것을 보면 이러한 정신적인 것도 맹자처럼 기와 관련시킨 것으로 보인다. 이러한 정신적 자세로서의 호연지기를 키우면 천지를 가득 채울 수 있다고도 말함과 동시에 또 아래와 같은 대장부(大丈夫)가 될 수 있다고 한다.

> 천하의 넓은 곳에서 살며 천하의 바른 자리에 서고 천하의 큰 도리를 행하여, 뜻을 얻어서는 백성들과 함께 나누고 뜻을 얻지 못하면 홀로 그 도리를 행하니, 부귀가 그를 음탕하게 만들 수 없고 빈천이 지조를 바꿀 수 없으며 위협과 무력이 그를 굴복시키지 못하니, 이런 사람을 일러 '대장부'라고 한다(「등문공하」).

도덕적 용기, 곧 호연지기가 충만하면 대장부가 될 수 있다. 그것을 위해서는 꾸준히 의로운 행동을 통하여 호연지기를 키울 수밖에 없다. 한두 번의 의로운 행동으로 되는 것이 아니라 습관적으로 의로운 행위를 실천함으로써 길러진다. 그러니 평소 바르게 사는 일이 습관이 되지 않은 사람은 이러한 도덕적 용기를 낸다는 것이 쉽지 않을 듯싶다.

따라서 정신적인 용기도 기다. 또 기를 모을 수 있다는 점에서 소심한 사람이라도 호연지기를 키우면 용기 있는 사람이 될 가능성이 있다. 이것은 마치 기독교에서 나약한 인간도 '성령'(Holy Spirit)을 받으면 담대한 사람이 된다는 것과 같은 맥락이다. 어떤 신학자는 이 성령을 하느님의 숨결인 생기(生氣)로 보아야 한다고 하는데, 이 호연지기와 일맥상통하는 점이 있다. 기라는 점에서 또 믿음이 없고 의롭지 않은 사람에게는 성령이 임하지 않으니까 그렇다. 다만 성령은 호연지기와 달리 하느님의 선택으로 임한다고 한다.

정신 수양과 기

예전에는 잘난 척하거나 교만한 사람에게는 교기(驕氣)가 있다고 하고, 아리따운 얼굴로 아양을 부리는 사람에게도 교기(嬌氣)가 있다고 했다. 물론 한글은 똑같아도 한자는 달라서 서로 반대 상황인데, 하나는 남을 무시하는 태도요, 다른 하나는 남에게 잘 보이기 위해 교태를 부리는 모습으로, 물론 둘 다 불선(不善)한 행동이다. 이런 불선은 어디서 나오는 것일까?

불선한 행위에 대해서 전국시대 순자(荀子)는 인간의 본성이 악하기 때문이라고 주장했고, 동한의 왕충(王充)은 인간 각자가 타고난 기의 두텁거나 얇거나 많거나 적거나 정밀하거나 거친 차이에 따라 본성이 선한 사람도 있고 악한 사람도 있어 사람마다 각양각색이라 일률적으로 정할 수 없다고 주장했다.

그러나 맹자 이후 주류 유학은 사람의 본성이 착하다는 성선설을 따르는데, 특히 송명 대의 이학과 심학은 그것을 전제로 하고 있다. 그 주요 논리인 '성즉리'(性卽理), 곧 '인간의 본성이 곧 하늘의 이치'라는 말속에 그대로 녹아들어 있고, 양명학에 영향을 준 송 대 육구연(陸九淵)의 논리 가운데 하나인 '심즉리'(心卽理), 곧 '마음이 곧 하늘의 이치'라는 말도 성선설을 전제하고 있다.

그런데 문제는 인간이 본래부터 선하게 태어났다면, 도대체 교기와 같은 선하지 못한 불선이나 살인과 같은 악행은 어디서 유래한 것인지를 말해야 한다. 세상에는 착한 사람만 있는 것이 아니라 착하지 못한 사람도 있기 때문이다. 이에 대해 주희는 다음과 같이 말한다.

> 사람이 선하거나 불선한 까닭은 단지 타고난 기질에 제각기 맑고 탁함의 차이
> 가 있기 때문이다(『주자어류』4-50).

바로 타고난 기질의 맑고 탁한 정도에 따라 선과 불선이 갈라진다고 봄으로써 선악이 나눠지는 원인을 기질에 두었다. 여기서 말하는 기질이란 인간의 육체를 구성하는 기와 질을 가리키는데, 앞에서 말했듯이 질 또한 기가 엉겨서 된 것이므로, 사실상 기에 그 원인을 두고 있다. 주희의 말에서 선한 사람이 되는 까닭은 맑은 기질, 불선한 사람이 되는 까닭은 탁한 기질 탓이라는 점을 쉽게 추론할 수 있다. 그래서 맑고 밝은 기를 타고나면 물욕에 사로잡히지 않아 성인이 되고, 맑고 밝은 기를 타고났더라도 완전하지 못하면 물욕에 사로잡히는 경향을 완전히 벗어날 수 없어 그것을 이기고 제거하면 현인이 되나, 어둡고 탁한 기를 타고나서 물욕에 마음이 가려져 제거할 수 없으면 우매하거나 어리석은 사람이 된다고 한다. 따라서 사람의 본성이 착하더라도 이러한 기질이 그 본성을 덮고 가리는 영향을 받아 온전하게 발휘되지 못해서 불선이 생긴다고 본다. 비록 전제는 달라도 인간 행위의 선악이란 기에 의하여 나누어진다는 결과만 놓고 본다면 앞서 소개한 왕충의 견해와 다를 바 없다.

이렇듯 현실의 차별과 부조리는 모두 기의 탓이 된다. 주희 성리학과 그것을 이은 조선 성리학이 갖는 기에 대한 의미는 사실상 이런 부정적 요소를 설명하는 데 치중되어 있음을 부정할 수 없다. 기철학자

들이 말하는 그것과 일정한 틈이 있다.

그렇다면 맑고 깨끗한 기질을 타고난 사람은 착한 일만 하고, 어둡고 잡된 기질을 타고난 사람은 나쁜 일만 할까? 물론 그렇지는 않다고 한다. 그런 사람이 제각기 착한 일과 나쁜 일을 할 가능성이 높을 뿐이다. 좋은 기질을 타고난 사람도 나쁜 일에 빠지지 않도록 항상 수양하고 경계해야 하지만, 좋지 못한 기질을 타고난 사람은 공부와 수양을 통해 자신의 본성을 덮어 가리던 기질을 더 힘써 변화시켜야 한다고 주장한다. 기질을 변화시키면 어둡던 기질이 밝아져 자신의 본성을 회복시킬 수 있다고 한다. 바로 여기서 성리학이 의도하는 바를 알 수 있다. 기는 현실적 인간의 모습 곧 인품의 차이, 더 나아가 그것에 따른 신분의 차이 등을 설명하는 하나의 이론적 도구였다.

이러한 기질 변화의 이론을 좀 더 심화시킨 사람은 조선조 율곡 이이인데, 그는 치우친 기질을 바로잡고 기를 배양하여 맹자가 말한 호연지기를 회복시켜야 한다고 하였고, 기질을 바로잡기 위한 여러 방법을 모색하였다.

여기서 기질은 요즘 말로 이해한다면 넓게는 육체의 영향을 받은 마음이겠지만, 좁게는 성격 또는 품성이라고 할 수 있겠다. 때로는 성격이라는 뜻으로 기질을 직접 말하기도 한다. 그러니까 기질을 변화시킨다는 말은 수양이나 공부를 통해 자신의 나쁜 성격을 좋은 성격으로 변화시킨다는 뜻이다. 그러니 여기서 기질을 성격이라고 말할 때는 사람의 마음씨 또는 정신과 관계가 된다. 물론 이 마음 또한 인간 육체의 작용에서 오는 것이지만, 이 경우의 기질은 정신적이다.

도덕적 가치판단의 능력

    사람들은 보통의 인간이라면 누구나 양심을 지니고 있다고 믿고 있다. 그래서 옳지 못한 일을 하는 사람을 보고 "양심을 속인다"라거나 "양심이 마비되었다"라고 말한다. 이렇게 양심을 믿을 수 있는 대상으로 간주할 때 은연중에 인간의 선험적인 도덕 판단 능력을 전제하고 있다.

    맹자의 성선설을 원래 의미에 가깝게 이어받은 사람은 명 대 철학자 왕수인이다. 앞에서도 말했듯이 그는 인간의 '마음이 곧 하늘의 이치'라는 심즉리(心卽理)설을 이어받았는데, 그 본심을 양지(良知)라 불렀고, 양지를 천리라고 말하기도 했다. 사실 이 양지 또한 양능(良能)과 함께 맹자가 말한 것으로 배우거나 익혀서 발휘

왕수인(王守仁, 1472~1528)

되는 것이 아니라 배우지 않고도 인간이 도덕적으로 판단하거나 행동하는 선험적인 능력이다. 앞에서 예를 든 양심과 거의 같은 의미다.

    그런데 왕수인은 "마음이 몸의 주인이면서 텅 비어있고 신령하다"라는 주희의 관점에 동의하면서도, 더 나아가 그것이 양지의 본래 모습이라고 일컫는다. 그러니까 양지는 마음 가운데서도 순수한 도덕적 본심을 가리키는데, 가령 앞에서 말했던 인심(人心)과 도심(道心) 가운데 도심에 해당한다. 주희가 말한 마음과 왕수인이 말하는 마음에는 이처럼 분명한 차이가 있다.

    그렇다면 이 양지는 기와 어떤 관계이며, 양지가 성선설을 계승하

고 선험적이라면 왜 현실적 인간에게는 불선 또는 악이 존재하는가를
설명해야 한다.

먼저 왕수인도 천지 사이에 존재하는 일반적인 기를 인정한다. 그
리고 주희처럼 마음의 본체가 성(性)이라는 점도 받아들인다. 그러나
본성과 기의 관계를 이렇게 말한다.

> 기(氣)는 성(性)이고 성은 기다. 원래 성과 기는 나눌 수 없다(『전습록』 중).

이 말은 주희 성리학에서 볼 때 오해할 소지가 있다. 성은 이(理)이
므로 절대로 기가 될 수 없는 것은 이와 기가 물과 기름처럼 절대로
섞일 수 없는 두 존재이기 때문이다. 하지만 여기서는 성이 기와 같다
는 점을 말함이 아니라 성이 기를 떠나서 성립하거나 존재할 수 없다
는 점을 밝힌 것으로 보인다.

또 다른 각도에서 보자면 양명학에서 이는 기의 조리에 불과하다.
조리란 기가 운행하는 질서나 규칙과 같다. 그래서 기를 떠나서 결코
조리를 말할 수 없다. 왕수인 또한 성을 이로 보았기에 그 이가 기의
조리로서 기와 전혀 다른 별개가 아니다. 그래서 성과 기를 나눌 수
없다고 말한 것으로 보인다. 이렇게 되면 심과 성과 이와 기가 같은
층위의 개념인데, 양지와는 어떤 관계일까?

> 무릇 양지는 하나다. 신묘하게 작용하는 측면에서 말하면 신(神)이라 하고, 흘
> 러 운행하는 측면에서 말하면 기라 하고, 엉겨 뭉치는 측면에서 말하면 정(精)
> 이라 한다(『전습록』 중).

이 말을 보면 양지, 곧 선험적인 도덕 판단의 능력이 발휘되려면 기가 있어야 한다. 비록 양지를 신(神)과 정(精)과 기(氣)[4]의 측면에서 설명할 때도 이 셋은 모두 기의 일이니, 양지 또한 기의 일이다. 어쨌든 중요한 점은 도덕적 판단과 그 행위의 출발로서 양지의 운행은 정신적인 것으로 기와 관계된다는 점이다. 왕수인은 사단(四端)을 기라고 분명히 말했고, 그 가운데 시비지심(是非之心)을 양지라 했으니, 삼단논법에 따라 볼 때도 양지는 기의 일이다. 따라서 여기서 기는 인간의 도덕 판단 능력과 관계되고 있다.

그런데 성리학과 마찬가지로 인간이 착하게 태어났다면, 다시 말해 양지를 가지고 태어났다면 도대체 현실의 불선 또는 악은 어디서 유래하는가? 이 문제는 왕수인의 이론에서 논쟁거리가 많은 문제였다. 좀 추상적이어도 그 문제에 대해 이렇게 말한 적이 있다.

질문자 : 사람에게는 모두 이 마음이 있는데, 마음이 곧 하늘의 이치입니다. 그런데 어째서 선을 행하는 사람도 있고 불선을 행하는 사람이 있습니까?
왕수인 : 악인의 마음은 그 본체를 잃은 것이다(『전습록』상).

여기서 마음의 본체란 양지를 일컫는 것 같기도 하고 하늘의 이치로서 천리이기도 하다. 그러나 천리란 양지를 통해 구현되기 때문에 어느 쪽으로 보더라도 문제 될 것은 없다. 그러니까 본체를 잃었다는 말은 본심을 잃었다는 뜻과 통한다. 보통 양심을 잃어버리면 나쁜 짓을 하는 것과 같다고나 할까?

4 이 말은 시대와 학파에 따라 약간의 차이를 드러내고 있다. 하지만 왕수인 자신은 『전습록』에서 기는 유행(流行), 정은 응취(凝聚), 신은 묘용(妙用)의 측면에서 풀이하였다.

그런데 그는 다른 곳에서 악한 생각은 습기(習氣)라고 말했는데, 습기란 습관에 의해 만들어진 생각 또는 성격을 가리킨다. 본성의 발로인 좋은 생각이 습기에 빠져드는 이유는 지(志)를 세우지 않았기 때문이라고 말한다. 그 지를 지기(志氣)라고도 말하며, 오늘날 의지(意志)와 같은 뜻인데, 지기를 세워 일반적인 기가 따르게 해야만 선이 된다고 한다.

그렇다면 본래 타고난 양지를 잘 발휘하여 선한 사람이 되는 길은 무엇일까? 앞에서 주희가 기질의 변화를 주장한 것과 달리 왕수인은 양지를 확충하는 '치양지'(致良知)를 주장한다. 이것은 맹자가 인간의 선한 본성의 실마리로서 사단(四端)을 확충해야 한다는 논리를 따랐다.

이 치양지는 양명학의 실천 이론인데, 그것을 위해 구체적인 일상적 일이나 사건에서 양지를 발휘하여 넓혀야 한다고 주장하며, 이것을 사상마련(事上磨鍊)이라고 불렀다. 그리고 앎과 행동이 따로 놀지 않고 하나가 되는 지행합일(知行合一)을 주장하는데, 현실적 불선이 생기는 이유는 마음속에 하나의 불선한 생각이 떠올랐을 때 그것이 행동이 아니라서 금지하지 않는 데 있다고 본다. 생각하는 것 그 자체도 이미 행동의 출발이므로 그 불선한 생각을 제거해야 한다고 주장한다.

이처럼 양명학은 관념의 유희가 아니라 실천적 성격이 강한 학문으로, 별도의 공부 방법을 통하지 않더라도 자신의 일터에서 양지를 넓히고 채워나가야 한다고 한다. 왕수인 자신도 관리로서, 군사 지휘관으로서, 교육자로서 현장에서 양지를 드러내 확충하였다고 믿었다. 그런 점에서 양명학은 매우 실천적이고 현실적인 학문이라 할 수 있다.

그래서 양지를 이룬다는 것은 사실 앞에서 다루었던 맹자의 호연지기를 기르는 일과 같은 맥락이며, 그것은 또 기를 전제하지 않고는 이

룰 수 없다. 여기서 더 나아가 왕수인은 우리가 이해하기 어려운 주장
을 펼친다.

> 양지는 만물을 만들고 변화시키는 정령(精靈)이다. 이 정령은 하늘과 땅을 낳
> 고 귀신과 상제(上帝)를 만드니, 모든 게 이것으로부터 나온다(『전습록』 하).

이것은 양지를 그의 철학의 최고 범주로 여긴 표현이다. 비록 양지
의 운행이 기이고, 천지는 기로부터 만들어진다고 말했지만, 자연을
완전히 양지의 구현으로 보는 점을 드러내고 있다. 이 점은 심을 강조
하는 불교의 영향이라고 후대의 학자들이 평가하는 부분이기도 하지만,
양지 개념에 대한 문제이기도 하고, 어쩌면 비록 인격적인 신을 두지
는 않더라도 또 다른 종교로 나아갈 수 있는 여지가 있다. 물론 양지를
기로 이해한 데서 나오는 문제이기도 하다.

뒤에서 살펴보겠지만 이와 유사하게 조선 후기 최한기가 말한 신기
(神氣)도 인간의 마음이면서 동시에 천지 만물을 생성한 근원적 존재
로 보기도 하였다. 인간의 마음으로서의 기와 천지 만물을 만들고 그
속에 깃든 기가 같을 수 있느냐는 의심을 할 수도 있겠으나, 인간의
마음도 기이고 천지 만물 속에 깃든 것도 기이니, 모두 기라는 측면에
서는 같다고 할 수 있겠다. 만약 왕수인이 양지를 기의 작용이나 덕이
라고 말했더라면 최한기가 말한 것과 같은 결과를 이룰 수 있겠다. 그
렇더라도 최한기의 신기와 왕수인의 양지는 일정한 거리가 있다.

인식의 주체

앞에서 정신(精神)이라는 말은 원래 정기(精氣)와 신기(神氣)와 관련된 말이라고 소개한 적이 있다. 그런데 전통적으로 마음을 심(心)이라고 하지만, 기의 입장에서는 신기(神氣)라고 더 많이 부른다. 문헌에서 찾아보면 이 신기는 『장자』에서 2회, 여러 의서(醫書)와 시문(詩文)에서는 수없이 등장하며, 송 대 이후 유가 서적에는 정이천의 『이정문집』에 12회, 왕양명의 『왕문성전서』에 8회, 주희의 『회암집』에 11회 등장하며 대부분 인간의 마음을 가리키는 말로 쓰였다.

처음부터 인간의 마음만을 가리켜 그렇게 불렀는지 확실하지 않으나, '신묘하고 영험한 기' 또는 도가에서 '인체 내의 순수하고 깨끗한 기' 등으로 쓰이기도 하였다. 그리고 이러한 정신의 뜻으로 예술 작품의 풍격(風格)이나 기운을 뜻하기도 한다. 모두 인간의 정신과 관계되는 뜻으로 쓰였다.

사실 원기(元氣), 정기(精氣), 일기(一氣), 신기(神氣)의 원(元), 정(精), 일(一), 신(神) 등은 기에 대한 형용사적 용법이다. 기의 상태나 종류 또는 미묘한 기능상의 차이를 말할 때 붙이는 접두사다. 그러니까 신기라고 해서 특별히 기와 다른 어떤 것은 아니다.

그런데 이 신기에 대해서 철학적이고도 정신적인 의미를 부여한 사람이 최한기다. 그는 명·청 시대에 중국에서 예수회 선교사들이 저술한 서적을 읽고 서양 과학은 물론이고 천주교 신학에 녹아든 사상을 일부 수용하였다. 신기의 개념도 그 과정에서 재구성한 것임이 확인된다.

결론부터 먼저 말하면 신기는 그의 초기 저술인 『기측체의』(氣測體

義), 곧 『신기통』(神氣通)과 『추측록』(推測錄)에서 주로 논의되는데, 곧 인간의 마음이면서 동시에 천지 만물을 있게 만들고 또 만물 속이나 우주 속에 충만한 존재이다.

이것은 "양지는 만물을 만들고 변화시키는 정령(精靈)이다. 이 정령은 하늘과 땅을 낳고 귀신과 상제(上帝)를 만드니, 모든 게 이것으로부터 나온다"라는 왕수인의 양지와 문장의 형식논리상 일치한다. 다만 최한기는 양지가 경험 이후의 일이라고 못 박을 뿐이며, 양지가 흘러 유행(流行)하는 기의 일이라는 점을 이어받았을 뿐이다.

여기서 신기를 내세운 데는 크게 두 가지 방향에서 고찰할 수 있다. 하나는 우주나 세계의 본질에 관한 문제이고, 하나는 인간 마음의 능력으로서 인식 활동과 관계된 문제다.

우선 신기가 우주나 세계의 본질이라는 점에 대해서 말해 보자. 우주에 가득 찬 신기가 모여 질을 이루고, 만물이 되며 또 만물 속에 신기가 깃들게 된다고 한다. 만물은 비록 같은 신기에 의하여 만들어졌지만, 그 만물을 이룬 질적인 차이에 따라 만물이 가진 신기의 차별성이 드러난다고 말한다. 그래서 인간의 신기, 동물의 신기, 식물의 신기, 심지어 무생물 가령 돌이나 바위의 신기도 존재한다. 물론 하느님도 있다면 그도 신기여야 한다고 주장한다.

그러니까 서학에서 말하는 조물주 대신에 신기로 대체했다고 할 수 있다. 물론 신기는 인격적인 신이 아니라 그 자신의 운동에 따라 만물을 생성하는 기다. 문제는 신기를 살아 있는 물건인 '활물'(活物)로 본다는 점이다. 이 관점은 후기 철학에서 '생기'(生氣)로 말이 바뀌어도 본질적으로 기가 살아 있는 관점이 변한 것은 아니다.

왜 이렇게 생각했을까? 필자의 오랫동안 이 문제에 대해서 고심해 왔는데, 기독교의 논리에 대항해 전통적인 기철학의 이론을 가지고 새롭게 만든 이론이라고 본다. 가령 마테오 리치(Matteo Ricci, 1552~1610)가 쓴『천주실의』등에는 아리스토텔레스의 이론을 단순화하여 생혼(生魂, ame vege tale), 각혼(覺魂, ame des betes), 영혼(靈魂, ame, 즉 anima)으로 나누어 설명하였다. 거기서 인간의 영혼만은 신의 속성을 닮아 영원불멸하고, 하느님이 이 세상을 창조했다고 주장한다.

여기서 필자는 최한기가 기독교에서 주장하는 삼혼설과 하느님을 몽땅 묶어서 신기 개념으로 통합하였다고 본다. 인간의 영혼이 불멸하듯 신기도 불멸하며, 하느님이 세상을 창조했듯이 천지 만물도 신기가 만들었을 뿐만 아니라, 이 신기는 식물, 동물, 인간을 비롯하여 무생물과 우주 속에도 깃들어 있다고 보는 관점이 그것이다. 이 경우 아리스토텔레스 방식으로 말한다면 최한기의 신기는 인간과 만물의 영혼이면서 동시에 세계의 영혼이다.

이렇게 주장하는 의도에는 사실 최한기가 유교와 세계관이 다른 불교나 도가사상만이 아니라 기독교까지 무조건 배척하지 않고 그들 종교에 깃든 합리적인 요소를 받아들여 하나의 세계적인 학술이나 종교를 만들 수 있다고 여긴 데 있다. 그의 후기 철학인 기학(氣學)[5]도 그런 의도와도 관계가 있다. 그래서 일차적으로 불교의 무(無)와 도가의 허(虛)와 기독교의 하느님을 신기로 바꾸어야 한다고 주장하였다.

한편 신기는 또 인간 마음으로서 인식 활동을 주관하는 주체다. 최한기 연구자라면 누구나 처음에는 그가 사용하는 용어에 당혹감을 느낀다. 전통 철학에서 많이 사용하는 용어가 아니기 때문이다. 특히 통

---

5 최한기의 후기 학문을 일컫는 말로서 기에 대한 전통 이론을 정리하고 서양 과학을 흡수하여 여러 학문을 종합한 이론으로, 최한기가 새롭게 만들어 이름을 붙인 학문이자 저술의 이름이다.

(通)과 추측(推測) 및 경험(經驗) 등의 말이 그것이다. 통이란 인식 일반으로 가리키고, 추측이란 사유 작용 또는 사유 과정을 말하며, 경험이란 원래 확실하게 효험을 증험했다는 한의학에서 말하는 용어지만, 최한기는 서학의 영향으로 오늘날 우리가 사용하는 경험이란 뜻으로 사용하였다. 그러니까 통과 추측은 마음의 그것이다.

그렇다면 왜 이렇게 용어를 생소하게 사용하였을까? 그것은 기독교 신학 속에 녹아든 아리스토텔레스의 인식론을 수용하면서 전통에서 철학적 개념으로 잘 쓰지 않았던 용어를 선택해 사용했기 때문이다. 아리스토텔레스의 인식 이론은 중세 스콜라 철학을 완성한 토마스 아퀴나스(Thomas Aquinas, 1225?~1274)가 받아들였고, 스콜라 철학을 이은 예수회 선교사들도 그들의 저술에서 그대로 이용하였다. 예수회 선교사들의 저술이 관심 분야에 따라 주제가 다양해도 내용 자체에는 통일성이 있다. 인식론과 관련해서는 대체로 감각은 각혼, 추론은 하느님을 닮은 인간 영혼의 능력으로서 다루어지는데, 앞에 소개한 『천주실의』에 약간 보이고, 프란체스코 삼비아시(Francesco Sambiasi, 畢方濟, 1582~1649)의 『영언여작』(靈言蠡勺) 같은 책에 풍부하게 보인다.

여기서는 최한기와 토미즘의 인식론을 자세하게 비교할 수는 없지만, 최한기가 받아들인 점은 눈, 코, 입, 귀 등의 감각기관을 중시하며 인식의 시작은 경험에서 비롯한다는 점이다. 인간의 마음은 원래 맑은 샘물 또는 흰 비단이나 거울과 상태와 같아서 날 때부터 어떠한 앎도 갖고 태어나지 않았다는 점이 그것이다. 바로 맹자가 말한 양지(良知)와 양능(良能)도 경험 이후의 일이라고 잘라 말한다. 그리고 사유하는 능력으로서 경험한 내용을 추론하여 깊은 인식으로 나아간다는 점이 그것이다.

그의 인식 이론을 좀 더 부연하면 감각기관을 통해서만 앎이 출발하게 되는데, 이것을 형질통(形質通)이라 부른다. 이것은 오늘날 관점에서 볼 때 감각적 경험을 뜻한다. 이러한 감각적 경험이 누적되면 자연히 사유 능력이 싹터 발달하게 되는데(이것은 아동의 심리 발달을 연구한 피아제나 도덕성 발달을 연구한 콜버그가 증명하였다), 이러한 사유 능력을 추측 지능(推測之能)이라 부르며, 그것이 발휘된 추론과 판단으로 이어지는 인식 방법을 추측통(推測通)이라 불렀다. 그러니까 통(通: 인식 일반)과 경험과 추측은 신기의 작용으로서 모두 인간 신기의 일이다.

여기서 기독교 전통에서 인간이 신의 정신을 닮아 불멸한다는 영혼은 바로 이 이성적 사유 능력에만 한정해서 지칭하던 말이다. 이 이성적 사유 능력이야말로 세계의 본질 또는 신의 섭리에 다가갈 수 있는 영혼의 작용이자 능력이다. 여기서 영혼이란 비물질적인 정신이다. 바로 이 지점에서 최한기가 서학에 대항해서 내세운 이론이 신기의 작용으로 '추측'이었다. 하지만 추측은 그것만으로 완결된 것은 아니다. 그 추측의 결과는 또 검증해야 하는 문제가 남아 있다. 그는 그 검증 활동을 증험(證驗)이라 불렀다.

그런데 최한기 인식의 최종 목적이 기의 조리, 곧 자연법칙을 발견하여 기를 정확히 이해하는 일이라면, 선교사들의 그것은 아리스토텔레스의 전통에 따라 형이상학적 자연의 원리 또는 하느님의 섭리를 발견하는 일이다. 후자는 결코 근대의 자연과학에 이를 수 없는 한계를 지니고 있다.

자, 어쨌든 기는 또 최한기 전기(前期) 철학에 이르러 신기로서 인간의 정신적 활동을 크게 부각하였다. 기는 물질적인 질을 생성하기도 하지만, 그 기의 정수로서 신기는 인간만이 아니라 만물 속에 깃들어 만물의 특징을 드러내며 생물에게는 생명의 활동력이 된다. 특히 인간에 있어서 사물과 사물의 본질을 인식하고 행동하는 주체로서의 정신이다. 하지만 그것을 비물질적이라고 여기는 서양 기독교 전통과는 완전히 다르다.

3. 모든 것은 기氣로 통한다

기의 분류

이제 앞에서 논의한 기에 대한 개념에 따라 또 과거 사용했거나 현재 우리가 사용하고 있는 기라는 말의 쓰임을 간단히 분류해 보자. 물론 이러한 분류가 절대적이지는 않으며 대체적인 정리를 위한 것일 뿐이다. 기와 관련된 말은 무수히 많고 또 같은 이름을 가진 기가 여러 분야나 한두 분야에 공통으로 사용되고 있기 때문이기도 하다.

자연의 기
— 자연물에 따라: 천기(天氣), 지기(地氣), 토기(土氣), 목기(木氣), 수기(水氣), 성기(星氣) 등.
— 물질의 근원: 원기(元氣), 일기(一氣), 신기(神氣), 천지지기(天地之氣), 운화기(運化氣) 등.
— 자연물의 생성과 변화: 음양(陰陽)의 기, 오행(五行)의 기, 천지지기(天地之氣), 운화기(運化氣), 인온(氤氳), 성기(盛氣) 등.
— 기체: 공기(空氣), 대기(大氣), 증기(蒸氣), 연기(煙氣), 몽기(蒙氣) 등.

— 각종 에너지와 힘: 전기(電氣), 자기(磁氣), 화기(火氣), 열기
  (熱氣), 힘(力), 화기(火氣) 등.
— 날씨나 기후: 한기(寒氣), 온기(溫氣), 습기(濕氣), 노기(露
  氣), 음기(陰氣), 양기(陽氣), 추기(秋氣), 춘기(春氣) 등.
— 사물의 성분과 성질: 곡기(穀氣), 취기(醉氣), 석기(石氣), 산
  기(酸氣), 육기(肉氣) 등.
— 사물의 징후: 서기(瑞氣), 사기(邪氣), 살기(殺氣) 등.

인간의 기
— 생명에너지: 정기(精氣), 원기(元氣), 생기(生氣) 등.
— 생체에너지: 혈기(血氣), 신기(身氣), 노기(老氣), 허기(虛
  氣), 기력(氣力), 활기(活氣) 등.
— 마음 또는 정신 현상 일반: 심기(心氣), 신기(神氣), 혼기(魂
  氣), 의기(意氣) 등.
— 심리: 객기(客氣), 광기(狂氣), 교기(驕氣), 독기(毒氣), 노기
  (怒氣), 음기(淫氣), 수기(羞氣), 승기(勝氣), 사기(士氣),
  인기(人氣), 타기(惰氣) 등.
— 도덕적 태도나 의지: 호연지기(浩然之氣), 의기(意氣), 의기
  (義氣), 덕기(德氣), 용기(勇氣), 지기(志氣) 등.
— 집단심리: 민기(民氣), 군기(軍氣), 사기(士氣) 등.
— 분위기: 살기(殺氣), 화기(和氣), 매기(買氣), 냉기(冷氣), 열
  기(熱氣), 승기(勝氣) 등.
— 태도 또는 말투: 사기(辭氣), 방랑기(放浪氣), 오기(傲氣), 장
  난기, 치기(稚氣), 성기(聲氣) 등.

— 자질: 총기(聰氣), 타기(惰氣), 재기(才氣), 영기(英氣), 초기
(峭氣, 촉기) 등.

— 민속: 풍기(風氣), 습기(習氣), 사기(邪氣), 역기(疫氣) 등.

— 예술: 기운(氣韻), 문기(文氣), 고기(古氣), 사기(詞氣) 등.

— 의학: 종기(腫氣), 종기(宗氣), 양기(陽氣), 음기(陰氣), 사기
(邪氣), 감기(感氣), 경기(驚氣), 생기(生氣), 체기(滯氣),
태기(胎氣) 등.

기의 일반적 특징

기는 학자나 학파마다 사용하는 개념이 다양하여 같은 용어라도 유사한 것도 있지만 일치하지 않는 것도 많다. 그래서 기를 설명할 때 모든 분야의 이론에 똑같이 적용되는 것은 아니다. 기를 종합해서 말할 때는 대체적인 특징을 설명할 수밖에 없다.

지금까지 설명한 기의 특징, 자연과 인간을 포함하여 일반적인 것과 개별적인 것을 모두 아우르는 용어에는 기(氣)밖에 없다. 그보다 못하지만 비교적 포괄적 의미를 지닌 용어에는 신기(神氣)가 있다. 신기는 앞에서 설명한 바와 같이 인간의 마음을 가리킬 때도 있고, 도교에서는 인체 내의 깨끗한 기를 가리킬 때도 있고, 때로는 자연의 신묘한 기 또는 예술 작품의 풍격을 뜻하기도 한다고 말했다.

그런데 기의 개념을 신기라는 용어로 종합해서 잘 말한 사람이 최한기다. 물론 인간과 자연 모두를 신기로 설명하는 내용은 대체로 그의 전기 저술에 보인다. 그가 신기를 가지고 동아시아 전통의 기 개념을 정리하고, 더 나아가 서학의 내용까지 수용하여 진술한 것이기 때

문에 그의 신기는 기에 관한 종합적 개념을 비교적 잘 함축하고 있다고 보면 되겠다. 그러나 애석하게도 최한기의 신기 개념에는 음양과 오행이 없다는 것이 또 종합하는 데 문제가 된다.

순수한 기철학의 입장에서 기의 일반적 특징 가운데 가장 먼저 생각해 볼 수 있는 것은 기는 모든 존재의 근원이라는 점이다. 다른 말로 기는 우주의 근원적 존재다. 기 밖에 어떤 초월적 절대자나 형이상학적 이데아 또는 관념을 인정하지 않는다. 그러니 서양 전통에서 비물질적이라고 규정하는 영혼이나 정신은 기와 아무 상관이 없다. 나아가 성리학에서 말하는 이(理)도 순수한 기철학에서 볼 때 단지 존재의 기반이 없는 관념에 불과하며, 기철학에서 말하는 이(理)는 기의 조리(條理), 곧 기의 규칙성이나 법칙일 뿐이다. 이러한 기는 구체적 형체가 없으며, 온 우주에 편만해 있고, 생겨나는 것도 없어지는 것도 아닌 불멸의 존재이다.

둘째, 기는 만물의 생성과 자연계의 변화를 이룬다. 곧 기는 항상 운동하고 있다는 점이다. 다만 기의 운동 원인이 기 자체에 있느냐 이(理)에 있느냐 하는 점은 학파에 따라 의견이 갈린다. 여기서 만물의 생성은 기의 모임과 흩어짐인 취산(聚散) 또는 기화(氣化) 등으로 설명하는데, 기가 모이면 사물을 이루고, 사물이 죽어서 질이 흩어지면 원래의 기로 되돌아간다. 이러한 표현 외에 '낳고 낳는' 생생(生生), '변화하여 낳는' 화생(化生), '흘러 운행하는' 유행(流行) 등의 말과 함께 '한 번 닫히고 한 번 열린다'라는 일합일벽(一闔一闢), 만물을 '생성을 그치지 않는다'라는 생생불이(生生不已), '서로 비벼대고 서로 쓸어낸다'라는 상마상탕(相摩相蕩) 또 '서로 부딪치고 서로 쓸어낸다'라는 상격상탕(相激相蕩) 등도 기의 운동을 표현하는 말이다.

전통적으로 자연의 변화를 주로 네 계절을 가지고 설명하는데, 이
네 계절은 음양이라는 두 기운 또는 오행이라는 다섯 가지 기운의 변
화로써 설명한다. 이것은 '한 번 음이 되고 한 번 양이 된다'라는 일음
일양(一陰一陽)이나 '한 번 가고 한 번 온다'라는 일왕일래(一往一來) 또
는 '한 번 움직이고 한 번 고요하다'라는 일동일정(一動一靜), 음이나
양의 한쪽 기가 사라지면 그 반대쪽 기가 자라난다는 음양소장(陰陽消
長) 그리고 '움츠러들고 펴지며 가고 온다'라는 굴신왕래(屈伸往來),
'오르고 내리는' 승강(昇降), '움직이고 고요한' 동정(動靜) 등으로 표현
한다. 대체로 서로 반대되는 뜻을 지닌 글자의 짝으로 이루어져 상호
대립하는 개념을 드러내고 있다. 물론 네 계절에 따라 일어나는 다양
한 기상 변화와 우주의 천문 현상도 이 음양오행으로 설명하였다.

셋째, 기는 사물의 같음과 다름을 설명할 때도 사용된다. 물론 이
부분도 성리학과 기철학자들의 생각이 달라지는 지점이기도 하다. 성
리학자들은 기를 말해도 세부적인 항목에 있어서는 기철학자들과 생
각을 달리하는데, 사물의 보편성과 특수성을 말할 때도 그렇다. 보편
성을 말할 때는 마치 하늘에 달은 하나지만, '천 개나 되는 강물에 비친
달은 다 같다'는 논리처럼 만물에 깃든 태극이라는 이는 다 같다고 한
다. 그래서 이치는 하나라고 하는 이일(理一)을 주장한다. 그러나 특수
성을 말할 때는 같지 않다고 한다. 소와 말이 다르고, 개와 사람이 다
른 것처럼 그 같은 이라도 기를 타고난 형질에 들어오면 그 형질의 영
향을 받아 달라진다고 한다. 이것을 분수(分殊)라고 하는데, 성리학은
'이는 하나이지만 나뉘어 달라진다'라는 이일분수(理一分殊)의 논리로
보편성은 이에, 특수성은 기에 그 원인을 돌리고 있다. 이것은 결국
'이는 같고 기는 다르다'라는 이동기이(理同氣異)의 논리며, 조선조 율

곡 이이가 주장한 '이치는 통해도 기로서 국한된다'라는 이통이국(理通氣局)도 이 같은 점을 표현한 논리다.

그런데 여기서 기철학자들은 세상 만물의 근원이 기라고 보는데, 사물의 같음과 다름을 어떻게 설명해야 했을까? 성리학자들은 이와 기를

이이(李珥, 1536~1584)

가지고 설명했으므로 사실 여부를 떠나 논리적으로만 보면 모순이 없다. 논리대로라면 기철학자들은 하나의 기에서 같음과 다름을 설명할 수밖에 없다. 그렇다면 어떻게 하나의 똑같은 기가 같기도 하고 다를 수도 있을까?

우리는 여기서 논리적으로 추론할 수 있다. 가령 음양의 기를 보자. 음양의 기는 원래 음기와 양기가 둘로 나눠진 것은 아니다. 예를 들어 하루 동안의 기를 보면 같은 기인데도 밤의 기는 음기에 해당하지만, 낮은 양기에 해당한다. 또 같은 낮이라도 따뜻한 양지쪽은 양기가 왕성하나, 음산한 응달은 음기가 많다. 더 나아가 인체의 경우를 보자. 병이 났을 때 같은 사람의 기인데도 몸 상태에 따라 열기가 성할 때도 있고, 한기로 몸을 떨기도 한다. 같은 기이지만 상황이나 조건 또는 시간에 따라 이렇게 달라진다. 이것은 기 또는 기의 파생물인 형질 자체가 갖고 있는 특징으로 기 외의 다른 것에 의해서 생기는 것은 아니다. 만물이 모두 기로 이루어졌기 때문이다.

이것을 이론적으로 해명하는 방식에는 크게 두 가지가 있다. 우선 앞의 이일분수나 이통기국의 반론으로 조선 후기 임성주(任聖周, 1711~1783)의 주장이 있는데, 그는 이 두 학설이 결국 '이는 같고 기가 다르

다'라는 이동기이(理同氣異)의 논리가 되기 때문에 '이와 기가 서로 떨어질 수 없다'라는 이기불상리(理氣不相離)의 성리학 전제를 위반하므로, '기는 하나이지만 나뉘어 달라진다'라는 기일분수(氣一分殊)설을 주장하였다. 여기서 말하는 기가 하나라는 기일(氣一)은 기의 원래 상태인 '맑고 하나같이 텅 비어 있는' 담일청허(湛一清虛)의 기로 태허(太虛), 태화(太和), 원기(元氣)로도 불리는 우주의 본원적인 기다. 이 우주의 일기(一氣)가 스스로 작용하고 변화하여 다양한 현상계를 형성하는데, 그것이 분수(分殊)의 기다.

또 하나의 방식은 최한기가 주장하는 것인데, 곧 신기는 같아도 그 신기로 이루어진 사물의 질에 의하여 신기의 특성이 달라진다는 점이 그것이다.

> 세상 모든 만물이 제각기 다른 특징을 갖는 까닭은 그것이 생성될 때 기와 질이 서로 결합하는 것에 달려 있다. 맨 처음 어떤 사물이 생길 때는 그 사물을 이루는 질이 기로부터 생긴다. 그다음에는 그 사물 속의 기가 사물을 이루고 있는 질의 영향을 받아 스스로 물건의 특징을 이루고, 제각기 물건의 기능을 드러낸다(『신기통』 권 1, 「기질각이」).

기는 비록 같지만 각각의 사물을 구성하는 질적 차이에 따라 기가 제한을 받아 그 사물의 질의 특성을 반영한다고 한다. 이 설명을 가만히 들여다보면 어디서 많이 본 듯한 논리를 발견할 수 있다. 이 논리는 성리학을 공부한 사람이라면 익히 알고 있는 것으로, 바로 본연지성(本然之性)과 기질지성(氣質之性)[1]을 다룰 때 등장한다. 본연지성이 같

---

1 모두 성리학에서 사용하는 개념으로 본연지성이란 인간이 본래부터 가진 성품으로 인간의 기질에

아도 그것이 현실의 기질 속에 들어가면 기질의 제한을 받아 기질지성이 발휘되는 논리를 따랐다. 어쩌면 이를 기로 바꾸어 말한 기일분수(氣一分殊)와 유사해도 맥락은 다소 다르다. 곧 사물의 질이라는 중간 과정이 필요하기 때문이다. 그래서 신기는 같으나 사물의 질에 따라 다르다는 바로 이 점이 그가 성리학의 논리를 형식적으로 따랐다는 증거다.

어찌 되었든 기철학자들도 사물의 같고 다름, 곧 특수성과 보편성을 기를 떠난 다른 범주에서 가져오지 않고도 나름대로 훌륭하게 설명해 낼 수 있었다. 오늘날 이러한 보편성과 특수성은 사물의 공통점과 차이점이기도 한데, 그것은 물질로 이루어진 사물 각자가 가지고 있는 성질에서 기인한다. 그 공통점을 모으면 보편성이 되고, 차이점은 그대로 특수성이 되는 것과 같다. 다만 물질의 근원이 같다는 점에서 현대 과학이 기철학과 통한다.

네 번째 기의 특징은 기가 거시세계와 미시세계를 아우르고 넘나든다는 점이다. 이것은 다른 말로 전체와 부분을 연속적으로 파악하고 있는 태도라 하겠다. 흔히 우주는 기로 꽉 차 있다거나 이 세상은 기로 만들어졌다고 할 때 바로 그 기는 거시세계의 기다. 그것을 전통적으로 일기(一氣) 또는 대기(大氣)라고 말하기도 한다. 또는 자연 속에 존재하는 일반적인 기를 말할 때도 천지지기(天地之氣)로 말하거나 천기(天氣) 또는 지기(地氣)로 분리해서 말하기도 한다. 이런 것들은 모두 거시적인 범위에서 말하는 기다.

반면에 기는 이렇게 우주나 자연 속에 충만해도 인간을 포함한 하

들어오기 전의 이상적 인간의 본성을 논리적으로 말할 때 사용하는 말이다. 기질지성이란 기질 속에 녹아든 성품으로 현실적 인간의 본성은 모두 이 기질지성이다.

나의 개체 속에 들어 있기도 하다. 가령 신기(身氣), 목기(木氣), 석기(石氣)처럼 한 개체나 사물 속에 들어 있기도 하고 또 한 개체 안에서도 가령 간기(肝氣), 체기(滯氣), 태기(胎氣)처럼 기관이나 상태에 따라 나눠지기도 한다. 물론 더 세분해서 말할 수도 있다.

그것만이 아니다. 어떤 기는 그 존재하는 곳이나 명칭상으로 보면 미시세계와 거시세계에 동시에 존재하는 것도 있다. 예를 들면 정기(精氣), 원기(元氣), 생기(生氣), 운화기(運化氣), 신기(神氣) 등이 그것이다. 그러니까 기라는 명칭 자체가 이 두 세계를 아우르고 있는 점도 있지만, 명칭과 상관없이 두 세계를 넘나드는 기도 있다.

끝으로 기의 특징은 정신 현상과 물질 현상과 생명 현상을 아우르고 있다. 이 점은 내용이 좀 복잡하기 때문에 따로 설명하겠다.

물질과 정신 현상을 아우르다

앞에서 살펴본 대로 전통적으로 공기나 기체와 같은 것을 제외하고 질료 자체를 곧장 기라고 여기지는 않았다. 그러나 그런 질료, 곧 물질은 일반적으로 기가 엉긴 것 또는 기의 찌꺼기거나 탁한 것으로 보아 기로부터 파생되어 나온 것이어서 논리적으로 기와 같은 범주 안에 있다.

그래서 기는 사물의 근원이면서 또 사물의 안팎에서 만물의 생성과 운동과 변화에 관여한다. 더구나 기는 우리 몸속의 생체에너지이기도 하다. 이런 것들을 종합해 보면 기는 자연의 물리적 현실을 구성하거나 작동하는 본체라고 말할 수 있다.

그런데 또 인식과 행위의 주체 및 도덕적 심리 및 감정 등을 가리킬 때도 기라고 말한다. 마음이 기로 이루어졌기 때문이다. 물론 기를 정신과도 관계시킬 수 있으나 이때는 다소의 주의가 필요하다. 곧 플라톤 이후로 어떤 관념 또는 육체로부터 독립된 비물질적인 신의 속성으로서 말할 때의 정신과는 분명히 다르다는 점이다.

플라톤(Plato, BC 427~347)

사실 정신은 오늘날 과학자들이 주장하는 바와 같이 원초적으로 단세포생물이 외부의 자극에 반응하는 그 원초적 그 수준의 지능에서 출발한다. 물론 이런 비명시적 지능에서 의식과 자아가 있는 명시적 정신 작용으로 발달하는 데는 복잡한 진화와 발달 과정이 필요하지만, 아무튼 이런 점에서 보면 정신이란 반응과 느낌 같은 기적인 반응과 독립한 그 무엇이 아니라는 점을 말해준다.

그러니 기를 말할 때는 물질적인 측면만으로 말해서도 안 되며, 정신 현상과 생명 현상도 포함하고 있으므로 맥락에 따라서 살펴보아야 한다. 그렇다고 해서 앞에서도 밝혔듯이 서양 전통에서 말하는 물질과 정신을 아우르는 그런 것이라 말해서도 더욱 안 된다. 동아시아에서 기의 담론이 형성된 배경에는 그런 이분법이 없다. 설령 기와 상대적으로 독립된 관념이나 원리의 존재를 말할 때도 대체로 기와 떨어지지 않고 함께 존재한다고 여겼다. 아무튼 우주 자연은 기로 가득 차 있고, 인간의 정신 현상이나 자연의 물질 현상도 그 기의 두 측면일 뿐이다.

문제는 인간의 정신 현상과 물리적 자연 현상을 통일된 기의 개념을 가지고 일관되게 철학 체계 내에서 자연과 인간을 통합적으로 설명한 경우는 흔치 않다는 점이다. 대개는 우주 자연의 생성과 변화를 설명할 때 또는 인간의 도덕적 수양을 위해 마음인 기를 잘 다스려 성격을 변화시키려고 할 때, 자연적 원기(元氣)나 정기(精氣)를 잘 보존하거나 받아들여 무병장수를 바라는 경우처럼 일부 영역에서만 기와 관련된 주장을 하였다. 즉, 자연을 이해하거나 심신을 수양하거나 몸의 건강을 위해서 분야별로 기에 관심을 두었지 자연과 인간과 사회의 모든 영역을 아울러 기로 통합해서 설명한 경우는 드물다.

그럼에도 불구하고 만약 기가 물질과 정신 현상을 아우르고 있다고 할 경우, 이렇게 제각기 주장한 기를 종합해서 나열하는 설명은 어쩌면 기에 대한 모자이크 방식의 이해밖에 되지 않는다. 이런 이해는 철학사에 있어서나 기철학의 발전 과정을 이해하는 데도 아무런 도움이 되지 않고 그저 주마간산 격으로 지나가는 풍경을 보는 이상의 큰 의미가 없다. 따라서 기에 대한 영역별, 분야별 고찰은 그 자체로 의미가 없지 않으나 기 자체만을 가지고 자연과 개인과 사회와 그리고 자연과 인간의 관계를 아울러 설명하는 견해를 찾아볼 필요가 있다.

필자는 이런 기에 대한 통일적인 견해를 역시 최한기의 철학에서 찾을 수 있다고 본다. 그의 초기 저작인 『기측체의』(氣測體義)와 후기 저작 『성기운화』(星氣運化)와 『신기천험』(身機踐驗) 등에서 자연과 인간의 경계를 넘나드는 기는 신기(神氣)다. 곧 신기는 만물의 근원이면서 동시에 사물 속에 깃든 기며 또 인간 속에도 깃든 인간의 마음을 가리키기도 한다. 인간의 마음으로서의 신기는 인식과 실천의 주체이기도 하다. 이 경우 신기를 우리말로 어떻게 풀면 될까? '정신적 기운'이라고 하면 정신적인 면에만 한정되고, '물리적 기운'이라고 하면 물질적인 면에 치우친다. 이 둘의 공통 분모에 따라 '생명의 기운'이라고 하면 어떨지 모르겠지만, 생기(生氣)라는 말이 따로 있으니 이 또한 적절치 않다.

여기서 하나의 신기가 물질의 근원이면서 동시에 정신적 기능을 한다는 게 과연 가능할지 모르겠다. 두 가지 방식이 있다. 신기가 정신적이라는 뜻은 인간과 일부 동물에게 해당할지 모르겠다. 이 경우의 동물도 인간과 층위가 분명히 있다. 결국 신기란 정신적인 무엇이라기보다 그 사물의 특징을 이루는 것으로 보면 되겠다. 이것을 최한기의 원뜻으로 보아야 한다. 신기는 같아도 그 사물을 이루는 질료의 차이에 따라 특징이 달라진다는 것이다. 만물에 공통으로 기가 들어 있지만 생명, 지(知), 의리의 유무에 따라 식물, 동물, 인간의 특징이 다르다는 순자(荀子)의 경우처럼 층위를 생각해 보면 되겠다. 그렇더라도 생명과 정신 출현의 가능성을 배제하면 안 된다. 그런 의미에서 생기(生氣) 또는 활물(活物)이다.

그런데 만약 만물이 어떤 정신적 요소를 공통으로 지니고 있다고 한다면, 두 번째 방식은 다음의 세 가지로 형태로 나누어 생각해 볼 수 있다. 먼저 사물의 경우는 인간의 그것에 비교할 수 없을 정도로 수준이 열등하겠지만, 생명성과 정신적 요소를 완전히 배제할 수는 없어 일종의 물활론(物活論)[2]처럼 생각할 수 있다. 하지만 그것과 완전히 일치하는 것은 아니다. 왜냐하면 사물에 비록 신기 또는 생기가 들어 있어도, 사물의 질적 차이에 따라 다양한 층위를 가져서 때로는 그 정신성이 무시될 정도로 미미한 존재도 있기 때문이다. 다만 모든

---

2 물활론(hylozoism): 모든 물질은 생명력과 운동력을 갖는 정신 또는 혼이 있다고 보는 견해. 고대 그리스에서 시작되어 범신론적 물활론으로 계승되기도 하였고, 현대 철학자 가운데도 어떤 의미에서 물활론의 사고를 지닌 사람도 있다.

물질 또는 사물이 스스로 운동성을 갖는다는 점은 기에 활동성을 인정하는 점과 공통점이 있다.

또 다른 이해 방식은 유물론으로 보는 것인데, 기는 물질이고 정신 현상은 그로부터 파생되어 나온 것으로 보는 관점이다. 기의 덕(德) 또는 정화(精華)로 설명하는 신(神), 곧 정신 작용은 확실히 하나의 기의 속성으로서 존재하므로 기를 물질이라고 보는 한에 있어서는 유물론에 근접한다. 그러나 정신, 곧 의식(意識)을 물질 발전의 한 산물로서 보는 전통적 유물론의 입장과는 정확히 일치하지 않는다. 기 자체가 서구 전통의 물질과 달리 원래부터 생기(生氣) 또는 활물(活物)이라는 점이다. 만약 현대 유물론이 물질 자체가 죽은 질료가 아니라 그 자체에 무한한 진화의 가능성을 포함하는 운동성이나 활동성을 인정하고, 물질이 진화하면서 일정한 조건에 따라 정신이 창발한다고 주장한다면, 필자가 해석하는 생기 개념의 원뜻에 일치하는 점이 있겠다. 그러나 이는 또 모든 단세포생물과 모든 식물에도 의식이 있다고 생각하는 범신론(Panpsychism)과도 구별된다.

끝으로 마지막 하나는 스피노자(Spi-noza, 1632~1677)의 방식으로 물질과 정신이 한 사물, 곧 기(자연 또는 신)의 두 측면이라고 보는 점이다. 그러나 모든 사물에 물질성과 정신성이 두 양태로서 존재한다고 받아들이기는 쉽지 않다. 이 또한 육체와 정신의 불연속적인 이분법에서 나온 생각인데, 정

스피노자(Spinoza, 1632~1677)

신성을 뜻하는 신(神)은 기의 덕이나 능력이기 때문에 물질에 대립하

는 서양의 정신과 분명한 차이가 있다.

따라서 신기를 서구적 사유의 틀에 넣어 정신이냐 물질이냐 하는 식으로 두 개의 다른 존재로 생각하여 이분법적으로 나눌 수 없다. 이런 이해는 물질과 정신이 대립하거나 다른 성질을 지닌다고 전제하기 때문이다. 그러나 기는 물질의 근원이면서 동시에 운동상태에 따라 정신적 속성은 겨우 진화의 결과로 가질 수 있을 뿐이다.

기와 세계관

어떤 철학이나 종교 등에서 기를 말한다고 해서 세계관이 다 같지는 않다. 철학에서 말하는 세계관이란 세계 전체를 어떻게 볼 것이냐에 따른 관점이다. 다시 말해 세계관이란 존재의 근원과 사회가 작동하는 원리나 인간관 및 가치관 등이 결합한 일정한 견해를 말한다. 여기서는 이 모든 범주를 다 말할 수 없고, 자연관을 중심으로 설명하겠다.

그러니까 동아시아 전통에서 자연을 바라보는 세계관은 크게 세 가지로 분류할 수 있다. 곧 이 세상은 기에 의하여 만들어졌다고 보는 견해, 이 또는 태극에 의하여 만들어졌다고 보는 견해, 끝으로 이 세상은 이와 기로 이루어졌다고 보는 경우가 그것이다. 이에 의하여 만들어졌다고 보는 견해와 유사한 것에는 이(理) 대신에 초월적인 신을 상정하는 설화나 민간신앙 등에서 볼 수 있다.

먼저 이 세상은 기에 의하여 만들어졌다고 보는 관점은 일반적인 기철학자들이 말하는 자연관이다. 이 세상이 이렇게 만들어지는 데는 어떤 초자연적인 힘이나 원리가 있어서가 아니라 기에 내재하고 있는 운동성 때문이다. 또한 자연이 변화하고 운행하는 현상도 어떤 외부적 힘이나 형이상학적 원리가 만든 것이 아니라 기 스스로 그렇게 운동하기 때문으로 본다. 이런 자연관을 기일원론(氣一元論)이라 부른다.

다음으로 이 세상은 이에 의하여 만들어지고, 자연은 이가 원인이 되어 운행한다는 관점이 있을 수 있다. 이런 입장을 이일원론(理一元論)이라 하는데, 주희의 일부 글에서 이 또는 태극이 기보다 먼저 있다는 표현에서 찾을 수 있다. 그래서 일부 학자들 가운데는 주희의 철학을 이일원론으로 파악하기도 하였다. 또 노자가 말한 "도는 하나를 낳고, 하나는 둘을 낳고, 둘은 셋을 낳고, 셋은 만물을 낳았다. 만물은 음을 짊어지고 양을 껴안고 있으며, 충기(沖氣)로써 조화를 이루었다(『도덕경』 42장)"도 도가 만물의 근본이 되므로, 일종의 일원론적 사고방식이다. 물론 여기에는 도가 무엇인지 규명하지 않았지만, 만약 도가 기를 낳았다고 한다면 그렇게 볼 수 있다.

그러나 이런 논리와 달리 주희의 많은 글에는 또 이기는 현실적으로 선후로 나눌 수 없고 서로 떨어질 수 없다는 표현도 있어 이와 기가 동시에 존재하므로, 오히려 이기이원론(理氣二元論)으로 보는 학자들이 많다. 세계와 현실의 근원에는 이와 기의 두 가지 존재가 있다는 뜻이다. 바로 앞에서 말한 세 번째 자연관이 그것이다. 이기이원론으로 보면 기는 질료의 의미가 되고, 이는 기를 주재하거나 기가 그렇게 운동할 수밖에 없는 원인자가 된다.

실제로 주희는 이는 형이상자(形而上者)요, 기는 형이하자(形而下者)로 보는데, 형이상자란 감각할 수 없는 원리를 말하고, 형이하자란 감각할 수 있는 물질적 질료를 뜻한다. 고대 그리스의 아리스토텔레스의 메타피직스(metaphysics)도 형이상학으로 번역되었는데, 만물은 해당 사물의 본질이라 할 수 있는 형상(form)과 재료에 해당하는 질료

(matter)로 이루어지고 있다고 하여, 그의
형상은 이런 주희의 이(理)와 유사하다.

그런데 세계관을 말할 때 반드시 거론하
는 학문이 있다. 바로 양명학인데, 거기서
말하는 심(心)이 문제가 된다. 왕수인은
"마음 바깥에 물(物)이 없다"라는 심외무물
(心外無物)을 말한 적이 있는데, 바로 이것
을 두고 학자들은 주관적 유심론(唯心論)
이라고 말한다. 더구나 앞에서 보았지만

아리스토텔레스(Aristoteles, BC 384~322)

"양지는 만물을 만들고 변화시키는 정령(精靈)이다. 이 정령은 하늘과
땅을 낳고 귀신과 상제(上帝)를 만드니, 모든 게 이것으로부터 나온
다"(『전습록』하)라고 한 말도 그런 주장을 강하게 뒷받침한다. 양지가
곧 인간의 본심으로 정신 그 자체가 세계를 만든 일로 보기 때문이다.

그러나 이 문제는 좀 더 숙고가 필요하다. 여기서 양지도 기의 유행
(流行)이지만, '물'(物)이 무엇인지 분명하지 않다. 그의 글을 살펴보면
다음과 같다.

> 마음 바깥에 물(物)이 없다. 가령 내 마음이 어버이에게 효도하는 한 생각을 발동하
> 면 곧 어버이에게 효도하는 것이 곧장 물(物)이다(『전습록』상).

이 말을 보면 확실히 물이란 윤리적 실천 대상이다. 마음 바깥에
사실적으로 존재하는 산속에 홀로 핀 꽃이나 산이 없다는 뜻이 아니라
인간의 인식 활동과 윤리적 실천은 인간의 마음과 관계되니 마음이
없으면 윤리적 가치나 인식도 성립되지 않는다는 의미로 보인다. 도

덕적 가치란 주체와 대상이 관계하면서 주체가 대상을 통하여 자각하는 관념이기 때문이다. 일부 사람들은 가령 플라톤의 정의(正義)나 선(善)의 이데아처럼 가치가 실제로 어딘가에 존재한다고 생각하지만, 왕수인이 말한 실제 의도는 윤리적 가치를 포함하여 모든 가치는 그것을 평가할 주체가 없으면, 비록 그 가치와 연관된 대상이 존재하더라도 의미가 없기 때문이다. 이 점은 다음의 대화에서 분명해진다.

> 질문자: 인의예지(仁義禮智)의 이름은 이미 마음 밖으로 드러났기 때문에 있는 것이지요?
>
> 왕수인: 그렇다.
>
> 질문자: 측은, 수오, 사양, 시비의 사단은 본성이 드러난 덕이 아닐까요?
>
> 왕수인: 인의예지도 드러난 덕이다. 본성은 하나뿐이다. 그 형체로부터 말하면 하늘이요, 주재를 가지고 말하면 상제(上帝)요, 흘러 운행하는 것으로서 말하면 천명이고, 사람에게 부여된 것으로서 말하면 본성이다. 몸에서 주관하는 것으로서 말하면 마음이다. 마음이 발동할 때 아비를 만나면 곧 효도라 말하고, 임금을 만나면 곧장 충(忠)이라 말한다. 이것으로부터 추리해 나가면 이름은 무궁하게 붙일 수 있으나 다만 본성은 하나뿐이다. 가령 똑같은 사람일 뿐이지만 아버지와 관계해서는 아들이라 부르고 아들과 관계해서는 아버지라 부르는데, 이런 식으로 미루어 나가면 무궁하게 이름을 붙일 수 있으나 다만 사람은 하나뿐이다. 인간은 단지 본성상에서 노력하여 하나의 성(性)이란 글자를 분명히 알 수 있으면 곧 만 가지 이치가 빛난다(『전습록』 상).

왕수인의 대답은 만 가지 이치의 조목이 마음에 존재한다는 주희 성리학과는 뉘앙스가 다르다. 주희 성리학에서는 그 각종 이치가 마음속에 실제로 갖추고 있고 다만 기질이 덮어 가리는 방해 때문에 실현하기 어렵다고 본다. 반면 양명학에서는 윤리 실천의 가능성으로서 본성만 갖추고 그 본성이 윤리적 실천 대상과의 관계 속에서 발현되면서 각종 조목으로 나누어지는 것으로 보았다. 이것을 추리해 나가면 본성의 갈래는 무척 많아진다. 그것이 곧 만 가지 이치가 빛난다는 점이다. 그래서 구체적 일과 삶에서 양지를 확충 또는 실천하는 방법으로서 치양지(致良知)설을 주장했다.

훗날 조선의 최한기도 이 논리를 따라 윤리적 가치란 인간의 생물적 본성을 반영한 마음이 외부 대상에 관계해서 추리한 것으로 자연적인 필연(必然)에 대비되는 인간에게만 있는 당연(當然)으로 이해했다. 이 점은 매우 중요하여 뒤에서 자세히 설명하겠다.

아무튼 왕수인은 주희의 말을 인용하여 결론짓는다.

> (마음이) "텅 비고 신령하여 어둡지 않아 많은 이치를 갖추고 만사가 나온다"라고 하니 마음 바깥에 이치가 없고 마음 바깥에 일도 없다(『전습록』 상).

이 말은 왕수인이 심외무리(心外無理)와 심외무사(心外無事)를 말한 부분이다. 문제는 그가 이렇게 말한 것은 주희가 "마음에 많은 이치를 갖추고 만사가 나온다"라고 한 말을 해석해서 설명한 말이다. 글자로만 보면 '마음이 곧 이치'라는 그의 심즉리(心卽理)의 논리를 가지고 주희가 마음에도 이치가 있고 사물에도 이치가 있다는 말을 비판한 것으로 보이기도 하지만, 앞의 인용문에서 본 것처럼 마음이 대상과 관계해서 하나인 본성을 여러 윤리적 가치로 추론해 나가는 인식론적인 입장에서 마음의 중요성을 강조한 말로 보이기도 한다. 물론 이 말은 불교에서 가져온 논리여서 인식 주체인 마음을 배제하면 인식 자체가 성립하지 않기 때문에 말한 것으로 해석될 수도 있다.

어쨌든 이 말도 그가 정말 인간의 마음 밖에 객관적으로 존재하는 사물이 없다고 말했는지 알 수 없다. 그러나 왕수인은 앞서 살펴봤듯이 자연철학에 있어서 기일원론자이다. 기의 조리가 이(理)이며, 인간에 있어서는 성(性)이다. 따라서 필자는 그가 마음이 없으면 윤리적 가치를 인식하거나 실천할 수 없기에 마음을 강조하기 위해서 그런 표현을 사용한 것으로 본다. 윤리적 가치는 인간의 마음을 떠나 인식하거나 실천할 수도 없기 때문이다. 양명학의 최고 관심도 자연학이 아니라 윤리적 실천이기 때문이기도 하다. 따라서 왕수인의 세계관은 자연관에서 기일원론으로 보이지만, 바로 앞의 '심외무리'와 '심외무물'의 표현에 따라 학자들이 주관적 유심론(唯心論)이라 평가하기도 하여 세계관에 좀 애매한 구석이 있다. 훗날 최한기에 이르러 이 모호성의 문제는 그의 철학 체계 안에서 분명하게 정리한다. 기일원론을 유지하면서 당위의 문제를 세계관에 맞게 해결한다.

그러므로 기를 말한다고 해서 세계관이 다 같은 것도 아니다. 기 외에 어떤 최고 존재나 원리나 가치 또는 자연에 있어서 운동의 원인을 상정하는가에 따라 그 세계관이 달라지기 때문이다.

기와 운동

기는 어떻게 운동할까? 기 스스로 할까? 아니면 하느님과 같은 신이 운동하도록 설계해 놓아서 그럴까? 그것도 아니라면 또 어떤 존재,

가령 형이상학적인 원리인 이(理)가 있어서 기의 운동을 주재할까? 잘 모르겠다면 태양과 지구가 왜 도는지, 내 머리카락은 누가 시켜서 자라는지, 심장은 내 명령에 따라 뛰고 멈추지 않는 까닭을 생각해 보라. 사실 이런 질문에는 확실한 답은 없다. 왜냐하면 세계관의 문제이고 또 그 세계관이 얼마나 자연과 우주의 본질을 정확히 반영하고 있는지의 문제여서 학자들의 인식 수준에 따라 다르기 때문이다. 그러나 합리적인 관점에서 볼 때 다수 철학자가 동의하는 세계관이 없을 수는 없다.

기에 대한 운동의 개념도 그렇다. 그에 대한 고대 사상가들의 생각은 단편적이어서 일관성 있는 이론으로 체계적으로 정립한 것은 흔치 않다. 비록 단편적이기는 하지만 기의 운동에 대해 표현한 말이 보이고는 있다. 그 가운데 가장 오래된 것 가운데 하나는 장자가 말한 기의 모임과 흩어짐을 표현한 취산(聚散)으로, 기가 모이면 인간이나 만물이 되고, 흩어지면 원래 상태로 되돌아가는 것을 뜻한다.

그런데 고대의 기 이론은 음양론과 함께 한(漢) 대에 이르러 유가 사상에 정착되었고, 『주역』을 통하여 한층 더 구체화 되었다. 『주역』은 음양의 상호작용을 통해 세계의 변화를 설명했는데, 송 대 유가 철학자들은 신유학의 철학적 기반을 확립하기 위해 『주역』의 해석을 통하여 구체적 이론을 탐색하였다. 앞에서 기의 운동에 관한 일반적 사항은 설명했기 때문에 여기서는 기에 대한 본격적 이론을 전개한 북송의 장재(張載)와 그 이후의 몇몇 철학자들의 이론을 소개하겠다.

장재에서 기의 근본적 운동에는 기가 모이고 흩어지는 취산이 있다. 기가 모여 만물이 되기 전이나 만물이 흩어져 충만해 있는 상태나 공간을 태허(太虛)라 불렀다.

태허는 기가 없을 수 없고, 기는 모여서 만물이 되지 않을 수 없으며, 만물은 흩어져 기가 되지 않을 수 없다. 이러한 출입(出入)을 따르는 것은 모두 부득이해서 그런 것이다(『정몽』, 「태화」).

이 글을 보면 태허와 만물은 본체와 현상으로 이해된다. 그러면서 그 기가 모이고 흩어지는 배후에는 그 운동을 관장하는 외재적 동인(動因)이 없다. 곧 운동의 원인은 어쩔 수 없이 그럴 수밖에 없어서 기 자체에 내재해 있다.

그렇다면 그 기가 무작정 운동하는 것일까? 기의 어떤 성질 또는 특징이 그런 운동을 가능하게 할까?

음기와 양기의 정수(精髓)는 그 집에 서로 간직되어 있으면 제각기 안정될 수 있으므로 해와 달의 형태가 만고불변한다. 음양의 기는 순환하여 번갈아 이르고, 모이고 흩어지면서 서로 밀어붙이고, 오르고 내리면서 서로 찾으며, 인온(氤氳)3의 기로서 서로 섞이니, 대개 음양의 두 기는 서로 겸하고 서로 억제하니 하나로 되고자 하여도 불가능하다(『정몽』, 「삼량」).

양기와 음기를 대표하는 사물은 해와 달이다. 그러나 지상에서는 두 기가 작용한다. 바로 운동이 가능한 것은 음양의 두 기운이 상호작용하기 때문이다. 훗날 주희는 장재의 이 이론을 대부분 받아들였지만, 이 운동의 관점에 있어서는 음양의 두 기운이 상호작용하는 원인이 기 자체가 아니라 이(理)에 있다고 보았다. 더구나 기가 모여 사물

---

3 고대에 하늘과 땅, 곧 음양 두 기운의 만나서 화합하는 형상을 가리켰다. 후대에 뜻이 변해서 모여 있는 연기나 향기를 뜻하기도 했다. 여기서는 전자의 뜻.

을 생성하고 기가 흩어지면 태허로 돌아가
는 것이 아니라 모였다가 흩어지면 그 기가
다시는 존재하지 않는 것으로 보아 장재의
관점을 온전히 따르지는 않았다.

명말청초의 왕부지(王夫之, 1619~1692)는
앞선 세대의 기철학을 받아들여 더욱 심화
시켰다. 특히 장재의 주요 저작 가운데 하나
인 『정몽』(正蒙)을 주해(註解)하면서 자신의
기철학적 관점을 드러내었다.

왕부지(王夫之, 1619~1692)

그 또한 음양의 두 기가 태허에서 충만하고 그 외에 다른 사물이
없고 틈새도 없다고 하여 우주 안에는 오직 기로 가득 차 있음을 말한
다. 이 기의 취산에 의하여 사물이 생겨났다가 소멸하기도 하는데, 그
는 이것을 기가 스스로 천지 사이에 유행(流行)함으로써 만물을 낳는
다고 생각했고, 기는 모이고 흩어지는 변화만 있는 것이지 소멸하는
존재가 아니라고 못 박았다. 물론 이러한 사물의 생성과 변화는 음양
의 두 기가 상호작용해서 생기는 일이다.

그는 더 나아가 음양이 상호작용하는 데는 음양 두 기의 차별적 성
질에 기인하는 것으로 설명한다.

> 음양의 실상은 정(情)과 재(才)가 각기 다르기에 쓰임이나 효과 또한 다르다
> (『장자정몽주』 권 1).

여기서 정(情)과 재(才)란 제각기 음양이 현상적으로 드러나는 모
습과 그것이 갖고 있는 성질을 뜻한다. 그리하여 음양의 성질을 자세

히 묘사하였는데, 양의 성질은 흩어지고 조급하고 청렴하고 쉽게 옮겨 가는 반면, 음의 성질은 모으고 신중하고 탐내고 머물러 있기 좋아한다고 한다. 이 성질을 살펴보면 서로 대립하며 모순을 일으킬 수 있는 것들로, 이러한 성질이 상호작용하여 사물을 변화하고 생성한다.

그러나 이러한 음양은 서로 대립하여 배척하는 것만은 아니다. 그는 음이나 양이 단독으로만 있는 것이 아니며, 음은 양 가운데 있고 양도 음 가운데 있으니 서로 분리하여 음은 음대로, 양은 양대로 서로 자기 무리를 번식해 나가는 것은 아니라고 한다. 더 나아가 말하기를,

> 굳셈이 양의 바탕이더라도 굳셈의 속에 음이 없는 것은 아니며, 부드러움은 음의 바탕이더라도 음 가운데 양이 없는 것은 아니다(『장자정몽주』 권 1).

라고 하여, 물론 이것은 선유(先儒)들이 말 가운데 "양 가운데 음이 있고, 음 가운데 양이 있다"라는 이론을 계승한 말이지만, 앞에서 말한 내용과 종합해 보면 서로 포용하는 대상만이 아니라 대립하는 대상도 하나의 체계 속에서 통일적으로 공존하고 있음을 말한다. 더구나 그는 또 양이면서 음이 될 수 있고, 음이면서도 양이 될 수도 있다고 한다.

> 음이 될 수 있고 양이 될 수 있으며, 양이면서 음이 될 수 있고 음이면서 양이 될 수 있다(『장자정몽주』 권 2).

상황이 변하여 서로 대립하는 것이 반대하는 쪽으로 변할 수 있다는 뜻이다. 이것은 단일한 시점이나 정지된 상황에서는 엄청난 모순이지만, 음양의 변화, 곧 자연과 인간의 현실은 늘 변화하기 마련이어

서 이러한 표현이 가능하다. 이 점은 운동과 정지에 관한 견해, 곧 정지는 없고 정지란 단지 운동하는 가운데의 정지, 곧 동(動)의 정(靜)만 인정하는 데서 잘 드러난다.

이런 논리를 종합하여 오늘날 역사와 사회와 정치 현장에 적용하면 사람들은 서로 화합하기도 하고 때로는 개인이나 집단 간 대립하기도 하지만, 결국 그 공동체의 안정과 존립을 해쳐서는 안 된다는 논리로 해석할 수 있다. 비록 그러하나 공동체 안에서 대립을 두려워해서는 안 되며 그 또한 하나의 발전 요소로 인식하면 되겠다. 더구나 시간의 흐름에 따라 자신들의 주장과 태도가 바뀌어 상대방이 이전에 주장하는 것과 같아질 수도 있다는 점은 우리가 역사에서나 사회생활이나 정치 현실에서 종종 경험하는 것이기도 하다.

명말청초로부터 청 대 철학자들 가운데는 기를 중시한 철학자들이 꽤 많다. 청 대 고증학이 등장하면서 앞선 세대의 학문 방법을 비판적으로 바라보는 태도와 관계가 있다. 그 가운데 한 사람에는 대진(戴震, 1724~1777)이 있다. 대진의 기론은 대부분 주희 성리학을 비판하면서 이루어졌기 때문에 그것과 연관 지어 설명하겠다.

대진도 주희와 마찬가지로 만물이 기로부터 이루어졌다고 생각했다. 그러나 그 기 운동의 원인자로서 이(理)을 거부하고, 음양의 기에 있는 내부적 힘에 따른 상호작용을 주장한다. 이란 단지 기의 조리(條理)로만 이해하였고, 심지어 주희 성리학에서 말하는 태극도 사실은 음양을 초월하는 것이 아니라 음양 그 자체라고 여긴다. 그리고 장재의 관점을 받아들여 우주의 생성과 변화를 기의 취산으로 받아들였고, 주희의 기가 소멸한다는 관점을 받아들이지 않았지만, 기의 다양성 때문에 만물의 질적인 차이가 있다는 점은 받아들였다.

특이한 점은 주희가 이를 감각적으로 경험할 수 없는 형이상의 존재로, 기를 경험적으로 감각할 수 있는 형이하의 존재로 여긴 것을 반대하고, 형체를 이루기 전의 무형의 기를 형이상으로, 형체를 이룬 후의 그것을 형이하의 존재로 여겼다. 곧 형이상은 형이전(形而前)으로, 형이하는 형이후(形而後)로 바꾸어 버렸다. 이렇게 한 까닭은 아마도 주희 성리학에서 말하는 형이상의 이를 인정하지 않기 때문일 것이다.

그가 기의 운동으로서 가장 즐겨 사용하는 표현은 유행(流行)과 기화(氣化)와 생생불식(生生不息)이다. 이 말들은 대개『주역』과 그것을 해석하는 글에서 자주 등장하는 말이기도 하다. 앞의 두 용어는 최한기가 그의 전기 저작에서 자주 사용한 것이기도 하다.

유행은 기가 흘러 운행한다는 의미로 이른 시기의 왕필(王弼, 226~249)의『주역』해석에도 등장하며, 두 단어와 함께『주역』의 모든 주석서에서 빠짐없이 많이 등장하는 용어다. 기화가 이른 시기에 대표적으로 보인 글은 장재의『정몽』인데, 여기서 음양의 기가 만물을 변화시키고 생성하는 뜻으로 쓰였고, 후대 대부분 이런 뜻으로 쓰고 있다. 생생불식(生生不息)은 만물을 낳고 낳음이 끝이 없다는 뜻인데, 그 주체가 기냐 이(태극)냐에 따라 학파가 갈린다. 물론 대진의 경우는 천지의 기가 그렇게 하는 것으로 여긴다. 이 말은『주역』의 "낳고 낳는 것을 일러 역이라 한다"(生生之謂易)에서 온 말이다.

이상의 말들은 일차적으로 자연계에 있어서 만물이 생기고 소멸하는 과정을 이렇게 표현하였다. 만약 이것을 인간 사회에 적용하면 어떻게 될까? 과연 이러한 개념 속에 '발전'이라는 개념이 녹아 있을까? 학자들 사이에 이런 문제를 놓고 논쟁이 있었다. 발전 관점이 없다고 평가하는 사람이 있는가 하면, 운동하는 것에 큰 가치를 두고 자연을 크게 존중하는 사상을 드러내고 있다고 보기도 하고, 생명의 영원한 창조성을 나타내고 있다고 지적하는 학자도 있다.

사실 전통적인 기철학자의 기 운동 개념은 낮과 밤이 바뀌고, 네 계절이 순환하며 만물이 발생하고 성장하여 소멸하는 순환적 운세관 (運勢觀)에서 가져온 것이 많다. 앞에서 소개했던 생생불식(生生不息) 이나 일음일양(一陰一陽), 일왕일래(一往一來), 일동일정(一動一靜), 음양소장(陰陽消長), 굴신왕래(屈伸往來) 등이 모두 그런 것들이다.

그런데 이러한 기 운동에 대해서 자연의 변화와 인간 사회의 진보 문제를 종합적으로 개진한 사람 역시 최한기였다. 그는 전통의 기철 학만이 아니라 멀리 중세 스콜라 철학에 녹아 있던 아리스토텔레스의 자연학과 르네상스와 19세기 중기까지의 서양 과학을 섭렵하고 나름 대로 독특한 기의 운동 개념을 확립하였다.

그가 초기 저작에서 말하는 기의 운동 개념은 자연계를 취산(聚散) 과 함께 기가 흘러 운행한다는 유행(流行)과 기가 만물을 낳고 변화시 킨다는 기화(氣化)의 관점에서 설명하였다. 앞에서 본대로 청 대 기철 학자 대진이 주장한 것과 같이 전통적 개념을 이었다. 특별히 유행하 는 기의 조리를 유행지리(流行之理)라고 불렀다. 중요한 점은 음양과 오행을 기 개념에서 추방했다는 사실이다. 이 문제에 대해서는 뒤에 서 과학과 기의 관계를 다룰 때 다시 설명하겠다.

그런데 기의 운동은 자연 현상에서만 그치지 않는다. 바로 인간의 신기가 통(通)과 추측(推測)의 작용을 한다는 것이 그것이다. 통이란 대체로 인식 일반을 가리키는 말이고, 추측이란 가령 "A를 근거로 추 리하여 B를 판단한다"는 '推A測B'의 논리적 사유의 틀이다. 그 추측 의 결과가 추측지리(推測之理)다. 그러니까 유행지리가 자연법칙이라면, 추측지리는 인간의 관념(개념)이다. 물론 인간의 윤리적 가치라 할 수 있는 당위도 이 추측지리에 속한다. 그래서 최한기는 주희 성리학에서 말하는 이(理)나 태극도 추측지리라고 주장했다. 그는 이런 통과 추측 그리고 검증이라는 증험(證驗)을 통해 인식의 진보를 믿었고, 그 인식의 진보에 따라 인류 문명의 발전을 확신했다. 문명의 진보를 위해서는 기에 대한 인식이 전제되고, 그 인식의 결과에 따라 거기에 미치지 못하는 인식 수준이나 제도를 바꾸어야 한다고 주장했는데, 그것이 개혁을 뜻하는 변통(變通)이다. 바로 기에 대한 인식은 사회의 진보를 위한 변통론으로 이어진다.

기의 운동에 대한 그의 후기 저작에서는 전기의 그것과 용어 자체가 사뭇 다르다. 기 자체의 명칭도 신기(神氣)가 아닌 운화기(運化氣)가 중심이다. 그는 전통적으로 사용하던 본성(本性)과 정(情)의 개념을 이용하여 기의 본성을 활동운화(活動運化)로 보고, 기의 정을 한열건습(寒熱乾濕)으로 보았다. 활동운화는 제각기 글자마다 뜻을 풀이하고 있는데, 활은 생명성을 지닌 생기(生氣), 동은 운동성을 뜻하는 상동(常動), 운은 공간성을 포함하는 주운(周運), 화는 시간성을 함축하는 대화(大化) 등으로 풀이한다. 그러니까 자연과 우주는 살아 있는 기가 항상 움직이며 두루 운행하고 크게 변화를 일으킨다는 뜻이다. 바로 기의 본성을 활동운화라고 규정하면서 단순 순환적 세계관이 아니라 어떤 형태로든 변할 수 있다는 철학적 근거를 제시하고 있다. 알다시피 물질은 진화를 거듭하여 생물과 인간 그리고 정신을 창발하였다. 그 끝은 그것이 놓인 조건과 운동 방식에 따라 어떻게 될지 알 수 없다. 활동운화 속에 그 지평이 열려 있다고 하겠다.

그리고 최한기는 이러한 활동운화와 한열건습이라는 기의 본성과 특징을 가지고 당시에 알려진 행성의 운행과 지상의 기상 변화 및 지구과학적 여러 현상을 설명해 낸다. 음양과 오행의 개념과 더 나아가 선교사들이 전한 4원소의 개념 없이도 운화기(運化氣) 하나만을 가지고 무리 없이 우주와 자연의 변화와 운동을 자신의 기학적 관점에서 잘 설명하고 있다. 이 점은 특히 그의 후기 저작인 『운화측험』에 잘 반영되어 있다.

　그는 전기 저작에서 말한 것과 마찬가지로 후기 저작에서도 기에 대한 인식의 진보를 확신하고 인류 문명이 기학적 세계관으로 진보할 것을 믿었다. 곧 세계에 대한 과학적이고 합리적인 인식을 통하여 세계가 점차 개방된 세계로 변할 것을 전망하는데, 특히 초월적인 신앙에 기초한 종교도 합리적인 것으로 바뀔 것으로 믿어 세계 역사를 낙관적으로 인식하였다. 여기서 인간의 실천적이고 당위적 명제는 '운화(運化)의 승순(承順)'이다. 곧 우주와 자연적 질서를 인간이 따라야 한다는 논리가 그것이다. 이 부분은 난해하고 긴 이론적 설명이 필요하므로 다시 설명하겠다.

기와 윤리·도덕

　우리는 청소년들이나 성인들을 가릴 것 없이 "부모님을 공경해야 하는 가장 적합한 이유가 무엇입니까?"라는 질문을 하면 제각기 여러 가지 답변을 할 것이다. 여러분은 어떻게 대답하겠는가? 그 답변에 대한 몇 가지 사례를 찾아보면 아마도 다음과 같을 것이다. 가령 "부모님이 실망하지 않게 하려고", "공경하지 않으면 이웃이나 사회로부터 비난을 받으니까", "현재의 나를 있게 만들었고 또 사랑을 받았으니까"

등으로 다양하게 답할 수 있다.

만약 여러분들 가운데 이런 답을 했다면 그 자체만으로도 요즘 세상에서는 훌륭하지만, 콜버그(Kohlberg)의 도덕성 발달 이론에 따르면 도덕을 실천할 수 있는 능력 수준이 꽤 높다고 생각되지 않는다. 왜냐하면 위의 답은 조건적인 공경이기 때문이다. 곧 부모님의 '실망'이나 타인의 '비난'이 없고 또 부모님으로부터 '사랑'을 받지 못했다면 공경하지 않아도 된다는 논리가 성립할 수 있기에, 이른바 가언적(假言的)인 논리이기 때문이다. 부모님을 공경하는 이유가 실망이나 비난이나 사랑이라는 조건과 상관없이 그 자체가 옳아서 공경하는 것이 더 도덕적이기 때문이다. 그렇지 않은가? 부모가 자식을 사랑하는 경우를 생각해 보라. 열 손가락 깨물어 안 아픈 손가락 없다는 속담처럼 자식 사랑에 무슨 차별과 조건을 다는가? 다만 사랑을 표현하는 데 미숙한 부모가 있을 뿐이다.

만약 여러분이 "사람이라면 마땅히 실천해야 하는 보편적 도리이니까"와 같은 방식으로 답했다면, 여러분의 도덕성의 발달 수준은 꽤 높다고 할 수 있다. 그러나 이 경우에도 우리의 양심적 지성은 자기가 실천을 통해 증명하지 못한 이런 형식적 진술에 대해서는 낯설어하여 만족하지 못한다. 이렇게 몸소 행해보지 않은 형식적 도덕 판단의 근거는 실천력이 미약하고 위선을 낳기 쉽다. 이 점은 관념의 유희로서가 아니라 실제적인 도덕성 향상이 그만큼 어렵다는 점을 시사한다. 실천을 근거로 정말로 이런 답이 나왔다면 도덕성 수준이 매우 높다는 뜻이다. 그런데 거기에 해당하는 사람이 있다. 물론 후세 유학자들의 평가를 따르기는 했지만, 바로 전설적 성인의 모델로 알려진 고대의 순(舜)임금이 바로 그런 사람이다. 자기를 죽이려는 부모까지도 공경

했으니 그야말로 조건 없는 효도의 표상이다.

그렇다면 부모 공경이 보편적 윤리라고 생각했던 근거는 무엇이었을까? 과거 서양에서도 "네 부모를 공경하라"는 규범이 기독교의 십계명 가운데 하나(제5계명)였기 때문에, 신의 명령이니까 지켜야 하는 것으로 알았다. 그러나 이런 식이라면 신을 믿지 않은 사람에게는 설득력이 미약하다. 한편 동아시아 유교 문화권에서는 부모 공경 또는 효도가 당연할 것인 줄 알았고, 송 대 주희 성리학에서는 철학적으로 보편적 근거를 확립했다고 여겼다. 곧 효도나 오륜(五倫)과 같은 규범은 인의예지(仁義禮智)처럼 사실상 천리(天理)로서 인간의 본성으로 갖추어져 있다고 여겼다. 인간이면 누구나 실천해야 하는 일이었다. 인간은 자신의 본성을 어길 수 없고 또 설령 어기면 금수나 오랑캐로 전락한다고 믿었기 때문이다. 따라서 주희 성리학은 부모에 대한 효도만이 아니라 윤리적 당위로서의 모든 천리가 인간의 본성으로 갖추어져 있어서, 그 본성을 가리어 실현을 방해하는 기질만 변화시키면 선한 사람이 될 수 있다고 주장했다.

하지만 그 주장이 과연 오늘날 얼마나 설득력이 있을까? 마치 하느님이 네 부모를 공경하라고 명령했기 때문에 지키는 일과 크게 다르지 않다. 이런 것은 바로 앞에서 말한 세계관과 맞물려 있고, 윤리학에서는 이런 것을 절대적 윤리설이라고 부른다. 이러한 윤리설은 그 근거가 되는 천리나 신을 어떻게든 증명해야 했지만, 그 증명에 타당성이 없으면 이러한 윤리를 실천하는 힘을 발휘하기 어렵게 만든다. 그런 영향인지 몰라도 유교가 지배하는 조선 시대 사람들보다 현대인들이 부모를 공경하는 태도가 훨씬 못하다. 그렇다고 해서 현대인들이 타락해 금수가 되어서 그럴까? 혹 전통문화를 묵수(墨守)하는 노인들 가운데 그렇게 말하는 사람이 있을 수도 있겠지만, 필자의 생각은 다르다.

요즘 젊은이들이 옛날보다 부모님을 덜 공경하는 것은 그 같은 천리를 따르지 않아서가 아니라 다른 이유가 있다. 그 까닭을 이론적으로 크게 두 가지 방향에서 접근할 수 있다. 하나는 애초부터 그러한 이치는 자연법칙처럼 존재하는 것이 아니라 인간에게 자연적으로 주어진 것은 오직 생물의 본성뿐이라는 점이며, 다른 하나는 선악 판단, 곧 좋은 행위라고 생각하는 기준이 보편적이지 않고 문화나 가치관에 따라 다양하기 때문이다. 이 점을 이해하려면 또 상세한 설명이 필요하다.

어쨌든 절대적 윤리설을 주장하는 쪽에서는 비록 믿음이나 이론적 확신에 근거했음에도 불구하고 옛날부터 종교나 정치의 권위를 등에 업고 확고하게 주장하였고, 일정하게 전통문화의 한 축을 형성하기도 했다. 사실 이런 전통적 가치라고 해서 다 무용한 것이 아니다. 부모에 대한 공경처럼 나름의 보편적 가치를 가진 것도 있어서 지금까지도 효력을 잃지 않고 있다.

그렇다면 현재까지도 부모에 대한 공경이 보편적 가치라고 여기는 근거가 어디에 있을까? 그것이 주희 성리학의 천리나 종교적 하느님의 명령이 아니고 어떤 근거에서 보편성이 있다고 말해야 할까? 사실 이런 종류의 질문이 기일원론에서 해결해야 할 고민이었다.

우리는 앞에서 기를 말해도 철학자나 학파마다 세계관이 다름을 살펴보았다. 마찬가지로 기철학자 사이에서도 인간이 도덕을 실천할 수 있는 근거나 가능성을 어디에 두는지 또 도덕적 선의 근거가 무엇인지에 대한 인식에도 차이가 있다.

일반적으로 기철학자들은 도덕적 선의 근거 문제를 두고 크게 몇 가지 태도로 나뉜다. 우선 자연관에서는 기일원론적 관점을 취하나 윤리 문제에 대해서는 주희 성리학처럼 형이상학적 근거에 의지하거나 그 기원에 대해 불분명한 경우이다. 어떤 경우는 왕부지(王夫之)처럼 맹자 이후의 성선설을 유지하면서 그 근거를 기가 선하기 때문이라고 주장하는 학자도 있고 또 일부 학자들은 인간을 이룬 기에 선한 기와 악한 기가 있기 때문이라고 주장하고 있으나 윤리적 판단과 가치 관념이 어떻게 형성되는지 이론적으로 설명해 내지 못하고 있다. 끝으로 기일원적 입장을 일관성 있게 유지하면서 형이상학적 근거나 기 자체가 선하다는 전제에 의지하지 않고도 자연적인 필연과 인간의 당위를 분리하여 선악 판단에서 인간의 심리와 행위를 그 근거로 제시하는 일부 기철학자들의 이론이 그것이다.

그러니 사실 기일원론적 세계관을 가지고 인간의 도덕 현상을 해명하는 일은 매우 어려운 작업이다. 앞에서도 말했듯이 동서를 막론하고 고대 철학은 대부분 이런 도덕적 관념이 절대적인 것으로서 신의 뜻이나 세계의 본질이나 원리로서 존재한다고 믿어 왔다. 그러나 그런 원리의 존재를 인정하지 않는 순수한 기일원론자의 경우는 보편적 도덕 가치에 대한 근거를 확립하는 데 이론적으로 설명하기가 쉽지 않았다. 그래서 기에 의하여 비록 세계의 탄생과 변화가 이루어진다고 할지라도, 도덕에 관한 문제에서는 세계관의 일관성을 유지하기가 어려웠다. 이런 난점을 해결하기 위해 윤리적 가치가 이미 세계의 본질이나 신의 뜻에 의하여 본래부터 정해져 있다고 보는 쪽이 불필요한 논쟁을 없애고 더 간단명료한 것처럼 보인다.

주희 성리학에서 주장하는 윤리의 근거는 태극(太極)이다. 태극은 우주의 본질로서 만물의 시원이고 인간 윤리의 근거인데, 다른 말로 천리(天理)로도 불리며 만물 속에 이치로서 갖추어져 있다고 한다. 누구든 그것이 잘 발현되면 곧장 선한 행동이 된다. 문제는 주희가 자연법칙과 인간의 당위, 곧 사실과 당위를 구별하지 않고 하나의 자연적 필연(必然)과 당연(當然)으로서 주장해 왔다는 점이다.

그런데 주희 성리학에서는 천리로서의 보편적인 선한 본성이 갖추어져 있지만 모든 만물과 인간은 또한 기질도 갖추고 있어서, 기질의 특성에 따라 그 본성인 천리가 잘 발휘되기도 하고 못 하기도 한다. 다시 말하면 윤리 실천의 가능성과 방해 요소가 기(氣)적 요인에 있다고 본다. 가령 인간 마음을 형성한 기의 성질에서 정조(精粗), 청탁(淸濁), 미악(美惡), 편정(偏正), 통색(通塞), 후박(厚薄), 장단(長短), 혼명(昏明), 순박(純駁), 다소(多少), 심천(深淺) 등의 상반된 의미의 쌍에서 금방 확인될 수 있는 것처럼, 좋은 기를 타고나면 그만큼 윤리 실천의 가능성이 높고, 그 반대의 기를 가지고 타고 나면 그만큼 가능성과 멀어진다. 그래서 독서나 강학 등의 단계에 따른 공부를 통한 기질의 변화를 중요하게 생각했다.

한편 이러한 견해는 사대부의 정치적 지배를 정당화할 요소를 안고 있다. 위의 개념들을 살펴보면 윤리를 실천하는 의지에 관한 것보다는 사물을 인식할 수 있는 자질에 관한 용어가 대부분인데, 사물을 인식하는 폭과 깊이는 윤리 실천의 필요조건이기는 해도 충분조건이 아니기 때문이며, 현실적으로 기질이 통하고 맑게 보이는 사람은 공부한 독서인(讀書人)들에게 해당하기 때문이다. 게다가 많이 아는 사람이라고 해서 반드시 도덕적인 사람이라 할 수도 없다.

그런데 기질 결정론으로만 설명하면 현실에서 도덕성 향상의 여지가 적은, 다시 말해 공부가 그다지 필요 없는 이론이 된다. 그래서 또 주희 성리학에서 기를 잘 길러야 하는 것은 마음속의 본성을 발휘하는 데 중요한 요인이 된다. 그래서 호연지기(浩然之氣), 정기(正氣), 지기(志氣), 진기(眞氣), 청기(淸氣)를 잘 배양하여 혹시라도 생기거나 들어오게 될지도 모르는 사기(邪氣), 객기(客氣), 악기(惡氣), 습기(習氣), 탁기(濁氣)를 경계해야 하는데, 바로 여기서 기가 도덕 수양 및 실천과 매우 밀접하게 관계되어 있음을 확인할 수 있다.

또 한편 자연관에서는 기일원론이지만 윤리·도덕의 인식과 실천에서 자연관과 일치하지 않는 경우는 많은 학자에게서 엿볼 수 있다. 가령 조선 전기 기철학자 서경덕(徐敬德) 같은 경우도 그러하다.

> 양(陽)은 온전하나 음(陰)은 절반이고 양은 넉넉하나 음은 궁핍하며 양은 존귀하나 음은 비천하다. 이것이 바로 임금이 신하를 거느리고 남편이 아내를 규제하며 군자는 소인을 부릴 수 있으며 중국이 이적을 굴복시킬 수 있다. (중략) 이것은 음양의 분수이며 이치의 필연이다(『화담집』 권 2, 「온천변」).

'이치의 필연'은 변할 수 없는 절대적인 말이다. 주희 성리학에서 보는 윤리적 입장과 크게 다르지 않다. 설령 그 이치가 기에 기반하고 있다고 해도 자연적 사실과 윤리적 가치를 구별하지 않아서 윤리의 형이상학적 근거에서 벗어날 수 없다. 그래서 자연 이치의 필연성을 인정한다손 치더라도 남편과 아내, 임금과 신하, 중국과 이적에 대한 이치는 자연에서 찾을 수 없다.

필자는 기일원론자로서 세계관에 부합하는 논리적 정합성을 제대로 갖춘 기철학자 가운데 하나를 꼽는다면 역시 최한기로 본다. 그런데 그가 그런 이론을 세운 배경은 앞선 유학자들의 이론을 흡수하고 서학을 받아들이면서 이루어졌다. 다시 말하면 전 시대의 사상의 흐름을 좇아 재해석하면서 이루어진다. 여기서는 간단히 명대의 왕수인과 여곤(呂坤, 1536~1618), 청 대의 대진(戴震, 1724~1777)의 철학 가운데서 그 맥락을 찾아 설명하겠다.

우선 앞에서 살펴본 대로 양명학은 기일원론의 자연관을 취하면서도 윤리·도덕에는 성리학에서 사물과 마음에 이가 존재한다는 관점의 한 축을 유지하고 있다. 곧 심즉리(心卽理)의 논리를 따랐다는 점이다. 일반적으로 학자들은 왕수인이 따른 심즉리가 주희가 말한 마음과 사물 양쪽에 있다는 이(理)를 마음이라는 한쪽에만 있다고 믿어서 선불교에 가까이 갔다고 말한다. 하지만 왕수인은 객관적 사물을 부정할 수 없는 유학자로서, "마음 바깥에 사물이 없다"라고 말한 의도는 단지 윤리적 가치나 사물을 인식할 때 마음의 중요성을 크게 강조한 말로 보인다. 그리고 사실 그가 말한 이(理)가 주희의 그것과 완전히 일치하는 것도 아니다.

그렇다면 "(본성이 하나이지만) 마음이 발동할 때 아버지를 만나면 곧 효도라 말하고, 임금을 만나면 곧장 충(忠)이라 말한다. 이것으로부터 미루어 나가면 이름은 무궁하게 붙일 수 있다"라는 왕수인의 말은 도대체 무슨 뜻일까? 이 말과 심즉리를 어떻게 연결하여야 할까? 그리고 그것들이 과연 기일원론적 세계관과 맞아떨어질까?

사실 이 문제는 매우 난해하며 학자마다 의견이 분분한 문제이기도 하다. 형이상학적 선험적 가치를 유지하고 있다고 보아도 설명이 되며, 기일원론적 세계관에 맞게 해석할 수도 있다. 후자의 방식대로 재해석해 자기 철학으로 만든 사람이 바로 최한기다.

본성은 하나뿐이다. 그 본원으로부터 말하면 하늘이요, 흘러 운행하는 것을 말하면 천명이요, 사람에게 부여된 것을 말하면 본성이다. 또 형체를 이룬 것을 말하면 기질이요, 한 몸에서 주관하는 것을 말하면 마음이다. 그리고 아비를 만나면 효도이고 임금을 만나면 충이다. 이것을 미루어 나가면 본성에 해당하는 이름이 무궁히 많아진다(『추측록』권 3, 「주일통만」).

최한기의 이 말은 왕수인의 다음의 말과 거의 똑같다.

본성은 하나뿐이다. 그 형체로부터 말하면 하늘이요, 주재를 가지고 말하면 하느님이요, 흘러 운행하는 것을 가지고 말하면 천명이고, 사람에게 부여된 것을 가지고 말하면 본성이다. 몸에서 주관하는 것을 가지고 말하면 마음이다. 마음이 발동할 때 아비를 만나면 곧 효도라 말하고, 임금을 만나면 곧장 충(忠)이라 말한다. 이것으로부터 추리해 나가면 이름은 무궁하게 붙일 수 있다(『전습록』상).

여기서 인간의 본성에 해당하는 두 사람의 내용이 같은지 따질 필요는 없다. 어차피 양명학을 최한기가 해석하는 문제이기 때문이다. 앞에서도 말했듯이 양명학의 본성은 두 가지로 해석될 수 있다. 곧 주희 성리학처럼 '하늘'을 이(理)로 보느냐, 기일원자의 논리에 따라 기(氣)로 보느냐에 따라 달라질 뿐이다. 물론 최한기가 따른 것은 후자다. 최한기가 이 논리를 계승한 가장 큰 의의는 인간의 사유 작용에 따라 가치를 확장해 간다는 의미다. 곧 추측(推測) 활동을 통해서 충이니 효이니 하는 가치를 추론해 간다는 점이다.

그런데 전통적으로 인의예지(仁義禮智)도 본성으로 여겨왔다. 성리학자는 물론이고 대부분의 기철학자도, 최한기도 그렇게 여겼다.

부모에 대한 공경과 효도는 그 가운데 하나인 인(仁)의 발현에 속한다. 그렇다면 최한기가 무슨 근거로 인의예지를 인간의 본성으로 여겼을까? 물론 주희 성리학의 논리를 따른 것은 아니다. 이 논리는 청 대 기철학자 대진의 글과 통한다.

> 옛 성현들이 말한 인의예지는 이른바 욕구의 밖에서 구하는 것이 아니고, 혈기(血氣)와 심지(心知)를 떠나지 않는다. (중략) 인의예지는 다른 것이 아니라 삶을 바라고 죽음을 두려워하는 것에 불과하다(『맹자자의소증』, 「성」).

여기서 '혈기'는 생명체가 갖는 생명력을, '심지'는 마음이 갖는 지각과 판단 능력인데, 물론 심지는 혈기가 있어서 생긴다. 그러니까 인의예지라는 윤리적 가치가 인간의 생물적 본성에 일정한 근거를 두고 있다는 표현이다.

사실 대진 이전에 인간 본성의 인의(仁義)와 기를 연결한 사람 가운데는 왕부지(王夫之)가 있다. 그는 기가 선의 본체로서 사람에게 엉긴 기는 선하므로 그 본성을 이룬 것도 선하다고 하였으며, 인도(人道)를 세우는 것은 인의(仁義)뿐인데, 인(仁)은 기를 살리는 것이며 의(義)는 기를 이루는 것(『독사서대전설』, 「맹자」)이라고 하여 인의를 기에 대한 태도로 설명했다. 이는 후대에 인간의 욕구나 태도와 연결될 수 있는 방향이 되었다.

이 인의의 문제에 대해 최한기도 다음과 같이 말했다.

> 추측하는 가운데 저절로 살려내고 이뤄주는 인(仁), 알맞고 마땅한 의(義), 순서를 따르는 예(禮), 권하고 징계하는 지(知)가 있게 된다. 그러나 그것을 잡으

면 보존되고 놓으면 없어진다. 사람이 태어날 때 제각기 형질을 갖추었는데, 그 사이에서 헤아리고 판단하는 것에는 오직 추측의 조리만 있을 뿐이다. 죽거나 피해를 당하는 것을 미워하고 살려내고 이뤄주는 일을 기뻐하는 것을 인이라 말한다. 과실이 있고 어긋나는 것을 위태롭게 여기고 알맞고 마땅한 것에 적당히 여기므로 알맞고 마땅한 것을 일러 의라고 한다. 차례를 잃으면 어지럽고 순서를 따르면 일이 이루어지므로 순서를 따르는 것을 예라고 부른다. 보고 듣고 말하고 움직이는 것뿐만 아니라 권하고 징계할 수 있는 것이 지이다(『추측록』 권 3, 「인의예지」).

바로 여기서 양명학에서 말한 "본성이 하나이지만 계속 추리하여 나갈 수 있다"라는 이론과 대진이 말한 인의예지가 "삶을 바라고 죽음을 두려워하는 것"이라는 내용이 종합되고 있다. 다시 말하면 인의예지라는 인간의 본성이 비록 윤리적 가치를 의미하고는 있지만, 그렇더라도 이것은 처음부터 형이상학적으로 인간의 본성에 갖추어진 원리 또는 이치가 아니라 인간의 생물적 본능과 사회적 규범이 인간 행위에서 통합되어 추측으로 무궁하게 확충되어 나간다는 것 가운데 하나라는 점이다. 그것에 인이든 의든 이름을 붙일 수 있다고 한다. 곧 인의예지는 삶을 바라고 죽음을 두려워하는 인간의 생물적 본능이 인간 사회의 규범과 통일된 본성인 셈이다. 따라서 인간의 현실적 본성은 자연적 본능과 사회 규범의 통일체다. 그 통일의 역할은 그의 철학 핵심 논리 가운데 하나인 추측 활동이다.

사실 이렇게만 말하면 아직도 모호한 점이 남아 있다. 사회 규범은 자연적 본능과 달리 나의 외부에 있는데, 어떻게 그것을 자기화하여 본성으로 통일할 수 있는가 하는 점이다. 곧 앞서 말한 추측의 논리에 따라 어떤 사회 규범이 나의 본능 실현에 유리하니까 그렇다고 간단히 말할 수는 있어도, 양자의 엄격한 구별 없이 받아들이는 일은 앞서 성리학이 범한 일과 다르지 않기 때문이다. 곧 관념을 자연법칙과 같은 것으로 보는 잘못이 그것이다.

이 점을 이해하려면 앞에서 잠시 소개했던 명대 기철학자 여곤(呂坤)의 이론을 살펴보아야 한다.

도에는 두 개의 그러한 것(然)이 있으나 온 세상이 뒤바뀌어 있다. 당연(當然)이 있으니, 이것은 인간에 속하여 길흉화복을 불문하고 앞으로 실천해 나가야 한다. 자연(自然)이 있으니, 이것은 하늘에 속하여 사람이 아무리 배회하고 울부짖어도 억지로 할 수 없고, 온 세상이 혼미한 것은 오로지 자연상에서 어긋나게 공부하기 때문이니, 이것을 일러 하늘을 대신해 바쁘다는 것이니 한갓 고생스럽기만 하고 무익하다. 도리어 당연에 뜻을 두지 않으면, 이것을 일러 인도를 버리는 것이라 하니 이룬 것이 어떤 인간인가?(『신음어』, 「담도」)

이 내용을 그대로 받아들여 최한기는 아래와 같이 약간 바꾸어 말한다.

자연은 하늘에 속하여 인간의 힘으로 보태거나 덜어낼 수 있는 것이 아니다. 당연은 인간에 속하여 이것으로 공부해 나갈 수 있다. 당연의 바깥에 또 당연하지 않음이 있으니, 마치 어진 사람 외에 어질지 못한 사람이 있는 것과 같다. 그러므로 그 당연하지 않은 것을 버리고 당연을 취한다. 또 당연 안에 우수한 것과 열등한 것 순수한 것과 섞인 것이 있으므로, 절차탁마(切磋琢磨)하는 공부에 있어서 자연을 표준으로 삼아야 한다. 이것이 공부의 바른길이다. 그런데 혹 앎이 어둡고 미혹된 사람의 경우는 전적으로 자연에 어긋나게 공부하였기 때문인데, 이것을 일러 하늘을 대신해 바쁘다는 것이니 한갓 고생스럽기만 하고 무익하다. 또 도리어 당연에 뜻을 두지 않으면 이것을 일러 인도를 버리는 것이라 하니 결국 무엇을 이룰 것인가?(『추측록』 권 2, 「자연당연」)

여기서 '자연'이란 스스로 그러한 물리적 자연을 말하는데 사실의 영역이고, '당연'이란 인간의 윤리적 문제로 가치의 영역에 속한다. 그러니까 사실과 가치를 구별함으로 자연에서 인간의 윤리적 가치를 배제하였다. 그것이 주희 성리학과 다른 점 가운데 하나다. 또 당연 안에 당연하지 않음이 있다는 말은 선악 판단에 대한 사람마다 판단의 수준이 다르다는 뜻이고, 그래서 그 기준을 자연, 곧 자연적 원리 또는 객관적 사실에 근거해야 한다는 점으로 나아간다.

자, 여기서 매우 중요한 사실을 추리할 수 있다. 가치의 문제는 자연적으로 존재하는 것이 아니라 인간 판단의 문제라는 점이다. 당연은 인간 판단의 문제이므로 개인의 가치관이나 문화에 따라 얼마든지 달라질 수 있다는 점을 시사한다. 사실 최한기가 보는 선악이란 성선설이나 성악설처럼 자연적으로 정해져 있는 것이 아니라 일차적으로 자기가 좋아하면 선으로 여기고, 싫어하면 악으로 여기는 판단의 문제라고 한다. 이때 그 선악 판단이 자기의 호오(好惡)에 따르기 때문에 주관적이면서 보편성이 없을 수 있다. 그 때문에 당연하지 않음이 존재한다.

따라서 보편성을 확보하기 위해 자연적인 것을 기준으로 두는데, 인간은 누구나 삶을 바라고 죽음을 싫어하는 보편적인 자연적 본성을 갖고 있어서 그 마음을 미루어 보편적 윤리, 곧 당연을 추측해 나갈 수 있다고 한다. 나의 생명만 소중한 것이 아니라 우리 모두의 생명이 중요하다는 보편적 논리로 추측해 가는 일이 그것이다. 바로 이렇게 추측해 나가는 데는 인간의 이성이 중요한 역할을 한다. 왕수인이나 최한기 둘 다 "본성이 하나이지만 아비를 만나면 효가 되고 임금을 만나면 충이 된다"라고 말하는 것도 인간이 보편적 가치를 이성적으로 확충해 나가는 도덕적 판단 능력을 중시한 발언이다. 바로 여기서 "인의예지란 추론한 다음에 있게 된 것이다"라는 마테오 리치의 『천주실의』의 발언은 인의예지가 인간의 본성에 선험적으로 갖추어진 규범이 아니라 인간의 지성이 구축해 낸 가치라는 점을 확신케 하였다.

하지만 이렇게 추측한 윤리적 가치도 자연법칙이 아니라 인간이 추론한 관념이기 때문에 계속 공부해 나가야 한다고 주장한다. 곧 특정한 시대나 문화 속의 윤리나 가치가 영원불변한 절대적인 것이 아니라 기가 흘러 운행하고 변화하는 현실에 맞게 적용되어야 한다고 주장한다. 현실에 맞게 고치는 이론이 바로 그의 변통(變通)론이다. 오늘날 우리에게 임금에 대한 충성이 필요 없는 이유는 임금이 없는 세상으로 바뀌었기 때문이다.

그래서 그렇게 보편성을 지향해도 엄격한 논리에서 보면 인간의 본성은 문화나 시대의 변화에 따른 상대성을 면하기 어렵다. 이미 본성이란 규범과 본능의 통일체라는 규정에서 볼 때 본능이 상수라면 규범은 변수여서 본성도 그 변수의 영향으로 변할 수밖에 없기 때문이다. 문제는 추측으로 확립한 규범이 얼마나 보편적이냐가 관건이고, 최한기 또한 그 규범을 확립하는 보편적 논리를 찾는 데 심혈을 기울였다. 그 논리가 '운화의 승순'이다.

이처럼 최한기는 기를 우주 자연의 근원으로 보아 그것이 존재의 근거가 됨과 동시에 또 기가 유행하는 현실에서 인간과 사물을 관찰하여 신이나 형이상학적 근거를 설정하지 않고서도 윤리적 가치의 근거와 본성의 문제를 해명하여 명실공히 기일원론이라는 세계관에서 일관성을 유지할 수 있었다.

자, 이제 다시 처음으로 돌아가 "부모님을 공경한다면 그 이유가 무엇인가?"라는 질문에 대한 답을 최한기의 기철학에 적용하면 보다 명확해진다. 주희 성리학이 지배하던 조선 시대라면 천리이면서 동시에 인간의 본성이기 때문에 지켜야 한다고 할 것이고, 중세 유럽이라면 하느님의 명령이라서 지켜야 한다고 말할 것이다.

하지만 최한기의 경우는 효도의 실천이 본능과 규범의 통일체인 인간의 본성에 부합한다면 자연히 따르게 된다. 다만 여기서 규범으로서 효도가 어느 정도 본성에 통합되느냐에 따라 사람마다 그 실천이 달라진다. 최한기는 『추측록』에서 공자의 가르침을 이어 본성이 사람마다 비슷하면서도 다름을 인정했다. 곧 "본성은 비슷한데 습(習)으로 인해 멀어진다"라는 말에서 '습'(習)이란 학습이나 관습이나 습관이나 환경을 포괄하므로 인간의 본성이 태어날 때는 비슷해도 환경·학습 요소에 따라 천차만별이 된다는 점은 비슷한 상수인 본능의 문제가 아니라 변수인 어떤 규범을 얼마나 내면화하는지에 따라 본성이 달라짐을 말해준다.

바로 여기서 효도라는 규범이 풍부하게 본성으로 내면화된 사람은 누가 강요하지 않아도 효도를 잘할 것이다. 하지만 어떤 규범을 받아들여서 내면화하는 일은 규범의 보편타당성과 개인의 자발성에 기초하고 있어서 말처럼 쉬운 일도 아니다. 그러므로 교육과 문화가 얼마나 중요한 역할을 하고 있는지 알 수 있다. 그러기에 현대 한국인이 과거 조선시대 사람들처럼 효도에 적극적이지 못한 이유를 이해할 수 있고, 그때보다 상대적인 불효자도 수없이 등장하는 사례는 또 어쩔 수 없는 일이기도 하다.

현대에 굳이 효도라는 규범이 필요하고 잘 실천하도록 권하고 싶다면, 자발성을 발휘하도록 문화와 교육의 역할에 충실해야 한다. 강제로 주입해서 하는 효도거나 부모의 유산이 탐나서 하는 효도는 진정한 효도가 아니다. 본성에서 우러나오는 효도가 아니기 때문이다.

이 글을 시작할 때 소개한 "효도가 보편적 윤리이니까 지켜야 한다"라는 논리는 높은 수준의 도덕성 발휘는 될 수 있겠지만, 그 또한 자기의 본성에서 우러나오지 않는다면 실천 가능성이 희박하다. 양심적 지성은 자기가 실천을 통해 증명하지 못한 이런 형식적 진술에 대해서는 낯설어하여 만족하지 못한다는 말도 바로 그런 점 때문이다. 반면 본성에서 우러나온다면 "당연히 그래야 하니까"라고 힘 있게 답할 것이다. 결국 효도라는 규범을 내면화하는 일이 관건이다.

제3장

기氣 개념의 변모

1. 서양 과학과 기氣

예수회 선교사의 중국 선교

16세기 전반부터 유럽에서는 종교개혁의 불길이 타올랐다. 신교의 활동과 교세가 활발하게 확장하면서 구교의 교세와 영향력은 위축되기에 이르렀다. 이러한 구교의 위기를 배경으로 1540년 이그나티우스 로욜라(Ignatius de Loyola)가 프란시스코 사비에르(Francisco Xavier) 등과 함께 남자 수도회로서 창시한 것이 예수회(Society of Jesus)다. 그 기본 정신은 회원 각자의 인격 완성과 종교, 교육, 문화, 사업을 통하여 높은 도덕심을 견지하고 하느님의 소명에 따르는 생활을 하도록 이웃에게 봉사하는 일이었다. 훗날 예수회란 이름은 중국식 표기에 맞추어 야소회(耶蘇會)라고 부르는 데 따랐다.

중국에서 예수회 선교 활동은 마테오 리치가 1582년 마카오에 도착하고 시작되었고, 다음 해 광동(廣東) 중부 지방에서 대륙 선교를 시작하였다. 그는 1601년부터 베이징에 거주하면서 왕실의 지원을 받아 본격적으로 활동하였는데, 그가 죽은 뒤

마테오 리치(Matteo Ricci, 1557~1633)

1644년경에는 중국의 가톨릭 신자 수가 약 15만 명에 가까웠던 것으로 전해진다. 또 그가 중국인의 도움으로 펴낸 『천주실의』 등의 각종 서적은 이후 종교만이 아니라 사상이나 학술 연구에 있어서 아주 귀중한 자료가 되고 있다.

그가 중국 선교의 발판을 마련한 뒤에는 수많은 선교사가 중국에 왔었는데, 대표적인 인물로는 디아즈(Manuel Dias Jr, 陽瑪諾), 로(Iacomo Rho, 羅雅谷), 롱고바르도(Niccolò Longobardo, 龍華民), 아담 샬(Adam Schall von Bell, 湯若望), 알레니(Jules Aleni, 艾儒略), 알폰소 바뇨니(Alfonso Vagnone, 高一志), 우르시스(Sabatino de Ursis, 熊三拔), 쾨글러(Ignatius Kögler, 戴進賢), 테렌즈(Johann Terenz, 鄧玉函), 판토하(Pantoja, 龐迪我), 페르비스트(Perdinand Verbiest, 南懷仁), 프란체스코 삼비아시(Francesco Sambiasi, 畢方濟) 등이다. 이들은 천주교 관련 서적은 물론이요, 철학, 지리, 천문학, 수학, 기상학, 의학, 박물, 기술, 지구과학, 교육, 지도 등에 관한 많은 저술로써 서양 문물을 소개하고 있다. 필자가 개인적으로 조사한 현재까지 알려진 당시 선교사와 중국인 신자들이 생산한 문헌의 종류는 최소한 약 582종을 넘는데, 중복된 것을 빼면 약 419종에 이른다.

그런데 여기에는 당연히 의문이 따른다. 선교하러 왔으면 그 사업에만 열중하면 될 일이지 왜 이렇게 선교와 무관한 책을 펴냈을까? 혹 앞선 과학 지식을 가지고 중국 사람들의 호감을 사기 위해서였을까? 물론 그런 점도 분명히 작용했을 것이다. 중국인들의 호감을 사고 또 왕실의 지원을 끌어낸 데에 과학 기술을 활용한 점을 부정할 수 없다. 앞의 마테오 리치가 왕실의 지원을 받게 된 것도 만력제(명의 13대 황제, 1572~1620 재위)가 '자명종'을 보고 싶어 했기 때문에 가능한 일이었다고 전한다.

사실 이 점은 지금까지 다수 연구자의 생각이기도 하다. 왜냐하면 초월적 신을 믿는 기독교가 신앙만 가지고 중국인, 특히 사대부들에게 선교하기에는 한계가 뚜렷했기 때문이다. 그것은 그들이 합리적인 유교 철학의 교양을 갖추고 있어서 초월적 신을 믿지 않았을 뿐만 아니라 기독교를 불교의 아류로 보고 배척하였기 때문이다. 그래서 대개의 사대부는 서양의 종교보다는 과학 기술이나 천문학 등의 학문에 관심이 더 많았다. 이런 점은 조선 선비들에게도 마찬가지였다. 우리가 이른바 실학자로 알고 있는 이익, 홍대용, 박지원, 박제가, 정약용, 최한기 등이 그들이다.

하지만 중국인들의 호감을 얻어 효과적인 선교만을 위해 이런 많은 저술을 했다는 주장은 한쪽에만 치우치는 견해다. 선교사 각자는 해당 분야의 전문가이면서 다수는 과학에도 조예가 깊었다. 그래서 그런 저술이 가능했다. 왜 그랬을까?

사실 이 문제를 이해하려면 서양 역사를 길게 설명해야 하지만, 간단히 말해 중세 말기 스콜라 철학을 완성한 토마스 아퀴나스(Thomas Aquinas, 1224/5~1274)의 토미즘(Thomism)이라 불리는 교부철학과 관계가 있다. 그때까지만 해도 예수회

토마스 아퀴나스(Thomas Aquinas, 1224/5~1274)

선교사들은 이 교부철학을 따르고 있었기 때문이다. 이 토미즘의 특징은 이성을 중시하는 아리스토텔레스의 철학과 자연학이 기독교의 신학과 결합해 있는데, 특히 아리스토텔레스 형이상학의 목적론을 신

학에 도입하여 우주와 자연은 신의 섭리에 따라 운행한다고 주장하였다.

따라서 토마스의 자연관도 아리스토텔레스의 그것을 답습하였지만, 자연 탐구의 궁극 목적은 자연 속에 계시되고 자연계를 지배하고 있는 원리나 법칙으로서 신의 섭리를 알아내는 것이었다. 곧 자연의 탐구를 통해서 비록 완벽하지는 않더라도 신의 섭리를 알 수 있다는 것이 그의 자연신학이다. 자연신학의 근거가 되는 성서의 구절은 로마서 1장에 보인다.

사람들이 하느님께 관해서 알 만한 것은 하느님께서 밝히 보여주셨기 때문에 너무나도 명백합니다. 하느님께서는 세상을 창조하신 때부터 창조물을 통하여 당신의 영원하신 능력과 신성과 같은 보이지 않는 특성을 나타내 보이셔서 인간이 보고 깨달을 수 있게 하셨습니다(19-20절).

르네상스 시기의 과학자 가령 코페르니쿠스나 갈릴레이 그 이후의 뉴턴조차도 사실 이런 자연신학의 배경에서 자연을 탐구하였고, 17세기 과학자들도 자연은 신이 만든 커다란 기계로서 그 원리를 파악하는 것이 신의 섭리, 곧 자연법칙을 이해하는 지름길이라고 생각했다.

중국에 온 대부분의 선교사도 이러한 자연신학을 따랐으므로 그들에게 선교와 자연 탐구가 크게 괴리되는 문제가 아니었다. 그들이 많은 저술을 펴낼 수 있었던 것도 그 자체가 선교 못지않게 신의 섭리를 탐구하는 일이었기 때문이었다.

그런데 토마스 아퀴나스는 물론이고 중국에 온 초기 선교사들의 자연과학에 대한 지식은 르네상스 시기의 과학을 어느 정도 반영하였지만, 대부분 아리스토텔레스의 그것에 크게 벗어나지 않았고 그의 자연학에 신학적인 목적론을 덧씌웠을 뿐이다. 그들이 따르고 중국에 전파한 과학 이론에는 큰 범주로 볼 때 4원소설, 지구 구형설, 천동설, 청몽기설(淸蒙氣說: 대기이론), 광학 이론, 천체 이론, 지진설과 일식과 월식 이론 및 기상학 등에 관한 내용이다. 다만 19세기에 와서야 태양 중심의 지동설과 뉴턴의 중력 법칙 등의 근대 과학의 성과가 겨우 전해진다.

문제는 동아시아 역사에서는 이러한 서양 과학 또는 문물의 수입만으로 끝나지 않았다는 점이다. 그에 대한 다양한 변화와 대응이 일어났는데, 바로 여기서 설명하고자 하는 기에 관한 생각의 변화도 그 가운데 하나다. 이를 좀 더 정밀하게 살펴보기 위해서는 그 가운데 먼저 4원소에 대한 이해가 꼭 필요하다.

4원소

뤽 베송 감독의 〈제5원소〉라는 영화를 본 적이 있는가? 인터넷방송 덕분에 필자는 아마 다섯 번도 더 봤다고 기억하는데, 이 영화의 큰 배경을 이루는 내용 가운데 하나는 흙, 물, 공기, 불이라는 4원소다. 뤽 베송 감독은 이 영화를 만들기 위해 16살부터 이야기를 썼다고 한다. 그것은 19세기 초까지 유럽에서 4원소의 문화적 토양이 있었기에 가능한 일이다.

영화 〈제5원소〉의 포스터

이 영화는 미래 세계를 배경으로 하는 선과 악의 싸움인데, 지구를 침공하는 절대 악의 괴행성을 퇴치할 수 있는 것은 제5원소라고 설정하면서 진행된다. 4원소와 제5원소를 찾기 위해 동분서주하는 주인공과 그것을 막고 쫓는 악당들이 벌이는 사건으로 엮어 간다. 그런데 그것을 이루기 위해서는 4원소와 제5원소의 협력이 필요하다. 4원소만으로 해결이 안 된다. 여기서 제5원소는 바로 엠페도클레스가 4원소를 주장할 때 내놓은 사랑의 개념이다. 엠페도클레스는 우주 역시 사랑에 의하여 결합하기도 하고 다툼에 따라 흩어지기도 한다고 보았다. 마치 동양의 음양론에서 음양이 화합하거나 5행이 섞여 만물을 낳는다는 생각과 별반 다르지 않다. 영화는 고전에 대한 지식을 탄탄한 기반으로 삼고 있다.

아무튼 선교사들이 전한 당시 4원소설은 동아시아 사상계에도 적지 않은 영향을 주었는데, 가령 조선 후기 홍대용이나 최한기 등의 기철학을 이해하려면 반드시 이것을 알아야 한다. 곧 4원소설은 둥근 지구가 우주의 중심이라고 전제하기 때문에, 4원소의 '공기'(air)를 한자 '氣'로 옮긴 일로 파생하는 4원소와 기를 자리매김하는 문제 때문에, 선교사들이 4원소를 주장하면서 5행을 비판한 일이 있어서 기존의 음양오행을 다시 검토해야 할 필요성 때문에 또 마테오 리치가 쓴 『천주실의』에서 기를 비판한 글이 있어서, 그뿐만 아니라 불교에서도 지(地), 수(水), 화(火), 풍(風)을 4대(大)라고 하여 물질의 구성 요소로 보았기 때문인데, 전통적 기에 익숙했던 학자들은 반드시 이 4원소와 기의 관계를 정립하지 않을 수 없었다.

원래 4원소는 기원전 5세기 그리스의 자연철학자 엠페도클레스(Empedocles)가 주장한 것을 아리스토텔레스가 운동과 정지 그리고 만물 생성의 이론으로 더 다듬은 학설로, 불, 공기, 물, 흙의 4가지 물질이 월천(月天: 달이 도는 천구) 아래의 지상 만물을 생성하고 변화시킨다는 이론이다. 엠페도클레스가 말한 4원소는 오늘날의 원소라는 의미의 그것이 아니라 다른 사물의 근원이 되는 추상적인 개념의 '리조마타'(rhizomata)이며, 이 리조마타 대신에 '원소'라는 의미의 '스토이케이온'(stoicheion)이라 이름을 붙인 사람은 플라톤이다. 서양 역사에서 예수회가 4원소라는 정밀한 교설을 중국에 전파한 일을 자랑으로 삼았지만, 그 일은 유럽이 영구히 그것을 버린 지 얼마 전에 해당한다. 바로 그 점 때문에 앞에서 언급한 동아시아 철학자들은 동시에 4원소설의 허점을 발견하게 된다.

과학과 관련된 서학 서적에서는 대부분 아리스토텔레스의 4원소설에 신학적 목적론을 덧붙여 우주와 자연을 소개한다. 중요한 저술에는 마테오 리치의 『건곤체의』(乾坤體義)와 알폰소 바뇨니(Alfonso Vagnone)의 『공제격치』(空際格致), 페르비스트(Ferdinand Verbiest)의 『곤여격치략』(坤輿格致略) 등이 있다. 여기서는 그 이론을 다 말할 수 없고 핵심만 요약하여 설명하겠다.

먼저 지구는 둥글며, 우주의 중심에 있고, 하늘이 돈다. 지구의 밖에는 달, 수성, 금성, 태양, 화성, 목성, 토성 그리고 여러 항성이 지구를 중심으로 각자의 투명한 하늘(천구)에서 돌고 있는데, 그 운동을 주관하는

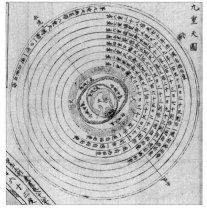

구중천도(마테오 리치의 「곤여만국전도」에서)

것은 아홉 번째 하늘인 종동천(宗動天, Prime Mover)이다. 이러한 중세의 천동설은 아리스토텔레스의 문제점을 보완하여 발전시킨 2세기경 알렉산드리아에서 활동한 그리스의 천문학자였던 프톨레마이오스(Klaudios Ptolemaios)가 완성한 이론 체계다. 그의 이론은 르네상스 시기까지 약 1,400년 동안 유럽을 지배했다.

중세에는 천사들과 하느님이 종동천에 거주하면서 하늘의 운행을 주관한다고 믿었다. 이 아홉 하늘에 남북과 동서의 세차(歲差)를 반영한 11, 12중천도 있으며, 아리스토텔레스 시대에는 천구가 그보다 훨씬 많았다. 단순화된 9중천설이 그것을 대표한다. 즉, 우주는 유한하며 닫힌 우주였다.

지구를 구성하는 물질은 흙, 물, 공기, 불로서 지구의 맨 아래로부터 흙-물-공기-불의 층이 달이 도는 천구인 월천(月天) 아래에서 지구를 구성하고 둥글게 감싸며 존재한다고 믿었다. 이것을 각 원소가 본래 존재하는 위치로서 본성적 장소의 순서로 여겼고, 이 본성적 장소에 있던 각각의 4원소가 외부적인 강제력에 의하여 그 장소를 이탈했을 때는 반드시 제자리인 본성적 장소로 돌아가고자 상승과 하강의 직선운동을 한다고 믿었다. 그래서 지상에서는 흙은 무거워 맨 아래의 장소로 내려가며, 불은 가벼워 맨 위의 위치로 올라가는데, 물과 공기는 상대적으로 무겁고 가벼운 것이라 여겨 흙과 불 사이에 존재한다고 생각했다.

그런데 여기서 문제가 생긴다. 흙이 맨 아래에 존재한다면 모든 육지가 물에 잠겨야 이론상 맞다. 그래서 이 모순을 해명하기 위해 신학적 목적론을 이용해 하느님이 인간을 포함한 만물을 사랑하기 때문에 물 바깥으로 육지가 드러나게 했다고 설명한다.

또 이 4원소는 마치 동아시아의 기처럼 소멸하거나 생성하는 것이 아니라 서로 결합과 분해, 곧 기철학의 취산처럼 만물을 생성하고 또 만물이 소멸한다고 하였다. 가령 나무의 경우 이 4원소가 다 포함되어 있는데, 나무를 태우면 흙, 물, 공기, 불인 4원소가 제각기 분해되어 나온다는 것이 그 하나의 예다. 그러니까 원소 자체는 증감이 없다. 그러나 이 점 또한 바로 창조를 믿는 신학과 충돌하는 지점인데, 4원소가 생겨나지도 소멸하지도 않는다는 아리스토텔레스의 이론을 수정하여 원래 아무것도 없는 상태에서 하느님에 의하여 창조되었다고 불가피하게 설명하지 않을 수 없었다. 바로 하느님이 무에서 유를 창조했다는 주장이다. 그렇지 않다면 조물주인 하느님은 전지전능한 분이 아니라 단지 이전부터 존재하고 있던 질료만을 가지고 만물을 만든, 마치 목수와 같은 제작자에 불과하기 때문이다.

이런 4원소는 냉열건습(冷熱乾濕)이라는 본원적 성격을 갖는데, 제각기 두 개의 성격 쌍을 이루고 있다. 곧 흙은 건과 냉, 물은 냉과 습, 공기는 습과 열, 불은 열과 건의 성질을 가지고 있다. 이렇게 쌍으로 원소의 성질을 규정한 것은 만물의 생성과 변화를 설명하기 위함인데, 그것을 설명하자면 또 복잡한 메커니즘이 동원되므로 생략하겠다.

또 운동에는 순수한 것과 불규칙한 것이 있다. 원소가 어떤 강제적 힘에 따라 본래의 자리를 이탈했을 때, 위로 올라가거나 내려오는 운동을 방해하는 다른 힘이 없으면 상승과 하강의 직선운동을 한다. 반면 천상의 행성들은 원운동을 한다고 믿었다. 그래서 순수한 운동으로는 천체들의 원운동과 지상에서의 원소들의 상승과 하강운동만 인정한다. 그 외 인간과 동물의 임의적인 운동과 외부적 요인에 의하여 생긴 강제운동 따위는 불규칙한 운동으로 취급하였다.

바로 여기서 지상 만물의 변화와 생성은 바로 원소 자체가 가지고 있는 성격 때문에 생긴다고 보았다. 가령 강제운동에 의하여 원소들이 본성적 장소를 이탈했을 때, 각각의 원소들이 섞이면서 그것들이 갖는 두 쌍의 성격이 다른 원소의 그것과 대립하거나 유사한 성격 때문에 변화가 일어난다고 설명했다.

이렇게 토미즘은 아리스토텔레스의 유산도 이어받았기에 자연을 자연 그 자체의 논리에 의해서 파악하려는 점에서 매우 이성적인 태도였다. 필자는 이런 태도가 유럽에서 르네상스의 발생이나 근대 자연과학이 태동하는 하나의 토대를 제공하였다고 본다. 비록 그러한 자연법칙이 하느님의 섭리 속, 곧 운동의 최초 원인이 자연의 외부에 있고 또 자연의 최종 목적에 신학적 관점이 녹아 있다는 점을 유지하고 있어도 그렇다.

중국이나 조선 후기 학자들 가운데는 당시 서양 과학에서 이 4원소설을 접하고 나름대로 비판하거나 수용하기도 하였는데, 특히 기에 대한 전통적인 개념의 변화에 반영되어 있다. 이 책에서 살피고자 하는 점이 바로 그것이다.

서광계徐光啓, 송응성宋應星 그리고 방이지方以智

서광계(1562~1633)는 명나라 말기의 관료이자 학자로서 천주교에 입교하여 마테오 리치로부터 천문, 역산, 지리, 수학, 수리(水利), 무기 등의 서양 문물과 과학을 배웠다. 『기하원본』과 『농정전서』 및 『숭정역서』 등을 함께 번역하거나 저술하였으며, 마테오 리치가 쓴 『천주실의』는 그가 천주교에 입교하는 데에 큰 영향을 끼쳤다고 전한다. 특

히 그는 양명학의 영향도 받
았는데, 선의(善意)의 의심
과 회의 및 비판 그리고 포
용적 태도가 그것이다.

그가 접한 서양 과학은
앞서 말한 4원소와 관계된

마테오 리치와 서광계(徐光啓)

내용이다. 그는 지구가 둥글다는 관점을 받아들였을 뿐만 아니라 실
험을 중시하였다. 특히 유클리드(Euclid)의 『기하원본』의 번역에서도
짐작할 수 있겠지만, 수학은 반드시 모든 과학의 기초 위에 두어야 한
다고 주장하였다. 사실 근대 과학의 태도와 맥락을 같이하는 부분이
기도 하지만, 근대 과학 이전에 이미 유럽에서 수학적으로 자연을 탐
구하는 태도가 어느 정도 확립되어 있었던 점을 시사한다. 이 점은 훗
날 조선에서 홍대용이나 최한기가 수학을 중요시하고 저술을 남긴 것
과 같은 맥락이다.

> 상수(象數)의 학문에서 큰 것은 역법(曆法)이고 율려(律呂)다. 나아가 형체
> 가 있고 질(質)이 있고 도수(度數)가 있는 기타의 일에서도 그것에 의지하여
> 쓰임이 되지 않는 것이 없고, 사용하면 지극히 교묘하지 않은 것이 없다(『태
> 서수법』 서).

상수란 원래 『주역』의 괘에 나타난 형상과 변화를 설명하기 위하
여 도입된 상징과 수이고, 율려란 수학적 계산에 따라 만든 12음의 체
계를 뜻하지만, 당시 서양의 과학과 수학을 전통의 입장에서 이해한
말이다. 그러니까 수학과 과학의 쓰임을 매우 긍정한 말이 되겠다. 우

연의 일치인지 훗날 최한기도 처음에는 이『주역』의 상(象)과 수(數)
그리고 이학의 이(理)라는 말을 빌려 서양 과학을 이해하려고 노력했
다. 이렇게 서광계는 서학의 영향으로 사물을 있는 그대로 보고자 하
는 모습을 견지하였다. 과학적이고 실험적 입장에 선 이런 태도는 훗
날의 기철학자들이 계승하였다.

송응성(1587~1648)은 명나라 말기의 지방관리였으나 명나라가 멸
망한 뒤로는 벼슬하지 않고 은둔하였다. 과학과 기술에 관한『천공개
물』(天工開物)은 그의 대표 저작이며, 특별히 기에 관한『논기』(論氣)
라는 저술이 있다.

그도 다른 기철학자와 마찬가지로 천지에는 기가 가득하고 모든 공
간과 물건에는 음양이라는 두 기가 가득 채운다고 생각했다. 모든 사
물을 기로부터 생겨났으며 생명을 유지하기 위해서도 기에 의지하여
야 한다고 보았다. 또 기는 없어지는 것이 아니라 다만 취산한다는 관
점을 이어가고 있다.

그런데 서양 과학과 관련되는 부분 가운데는 우선 기와 소리의 관
계에 관한 논의다. 그는 "기 이후에 소리가 있게 되고 소리는 기 가운

『천공개물』의 주물도(鑄物圖)

데서 반복된다"라고 하고, 다음과 같이 말하였다.

> 돌을 물에다 던지면 수면에 돌이 떨어진 곳은 한 번 튀어 올라 그치게 되고 그리고 그 무늬가 차례로 번져서 종횡으로 물결쳐 멈추지 않는다(『논기』, 「기성7」).

마치 물의 파문처럼 소리도 공기의 파동에 의하여 전달된다는 설명이다. 놀랍게도 최한기도 그의 저술에서 이런 예를 들어 소리의 전달을 말하고 있다. 물론 이 소리의 파동설은 그의 독창적인 것일 수도 있으나, 그가 다른 영역에서도 서학의 영향을 받은 흔적이 있으므로 이것과 분리해서 생각하기는 어렵다. 특히 최한기도 그렇지만 여기서 소리와 관련지어 설명하는 기(氣)는 4원소에서 말하는 공기다. 전통적인 기와 공기가 글자가 같아서 혼용해서 썼고, 공기 또한 기라고 여겼다.

더 나아가 그는 물과 불에 특수한 지위를 부여하였는데, 그는 이것들을 '이기'(二氣)라고 하여 모든 사물은 마치 용광로에서 쇠를 녹여 물건을 만들 듯이 모두 이 두 기의 작용으로 생긴 것이라 여겼다. 이 물과 불을 두 기라고 여긴 것은 물론 오행의 가운데의 두 기이기도 하지만, 4원소에서 습도와 온도의 근거가 되는 물과 불의 역할의 영향이 아닌가 생각한다.

더욱이 그는 형체가 있는 사물은 흙과 쇠와 나무뿐이라고 하여 물과 불의 두 기가 더 근본적 원소에 가까운 것으로 설정하였다. 그러니까 오행에서 물과 불을 흙과 나무와 쇠에서 분리하였는데, 이것은 분명히 서양 4원소설의 영향이다. 왜냐하면 가령 선교사 알폰소 바뇨니가 쓴 『공제격치』(空際格致)나 마테오 리치가 쓴 『건곤체의』(乾坤體義)

라는 책을 보면 4원소설로서 동아시아에의 오행을 비판하는 것이 나
오는데, 특히 오행 가운데서 원소가 될 수 없다고 비판받은 것이 나무
(木)와 쇠(金)이기 때문이다.

이렇게 4원소 가운데 물과 불을 기의 범주로 올려 자연계를 설명하
는 방식은 훗날 최한기가 습기(濕氣)와 열기(熱氣), 곧 온도와 습도를
가지고 설명하는 방식과 유사하다. 이러한 두 사람의 생각에는 공통
적인 영향이 있을 것이다.

방이지(1611~1671) 또한 명말청초의 인물로 명이 망하자 숨어 살
며 청조(淸朝)에 굴복하지 않았고, 훗날 승려가 되어 당대의 왕부지(王
夫之)만이 아니라 조선의 최한기와 이규경(李圭景, 1788~1856)에게도
영향을 주었음을 두 사람의 저술에서 확인할 수 있다. 특히 이규경은
방이지의 저술을 그의 『오주연문장전산고』(五洲衍文長箋散稿)에서 자
주 언급하여 그 영향력을 쉽게 확인할 수 있다.

방이지의 학문은 유불도 삼교만이 아니라 서학도 받아들였는데,
이는 아래의 말에서도 확인된다.

> 서양의 학문은 질측(質測, 과학)은 상세해도 통기(通幾, 철학)를 말하는 데는
> 서투르다. 그러나 지혜로운 선비가 추론해 보면 저들의 질측에도 오히려 미비
> 한 점이 있다(『물리소지』 자서).

그가 다방면에 걸쳐 서학의 상세한 과학적 저술을 보고 이렇게 말
한 것은 확실하다. '통기', 곧 철학을 말하는 데 서투르다는 것은 대개
당시 전해진 서학은 철학을 신학으로 대체하였기 때문에 한 말로 보인
다. 이 '질측'은 훗날 인식의 문제에서 왕부지에게 선험적인 앎의 추구

보다 경험과 검증을 중시하는 방향으로 나아가도록 하였다. 또 "질측에도 미비한 점이 있다"라는 말은 곧 4원소설에 허점이 있음을 암시한다. 그가 저술한 『물리소지』에는 각종 과학적 이론이 들어 있는데, 이 가운데는 서학의 영향을 받은 것도 있다.

그는 전통적인 기철학의 기본 개념을 인정하고, 더 나아가 자신만의 독특한 기론을 주장하였다. 곧 음양의 기 가운데서 양의 기운인 불의 일원론을 주장하였는데, 불과 기는 하나며 불은 진정한 양의 원기로서 건조한 기라고 여겼다. 더 나아가 공중에 가득한 것은 불이라고 하였으며 불이 모든 운동을 주관한다고 하였다. 이는 기와 불을 하나로 보는 것이다. 이런 표현들은 마치 고대 그리스의 자연철학자 헤라클레이토스를 연상시키지만 사실 전통의 기철학을 자기 방식으로 바꾼 것인데, 여기에는 서학의 일정한 영향이 있었을 것으로 보인다. 곧 기를 불과 같이 본다는 것 또 아래 인용문에서 보이는 것처럼 4원소 가운데 하나인 물을 달과 여러 행성에 관계지어 거론하는 것 따위가 그것이다.

천지 사이에 태양은 불이 되고 달과 오성(五星)은 물에 속한다(『물리소지』).

이 말은 파격적이다. 전통적 오행에 따르면 화, 수, 목, 금, 토의 오성은 제각기 오행 가운데 하나에 속한다고 보았기 때문이다. 왜 이렇게 바꾸어 생각했을까? 필자의 견해로는 이 또한 서학의 영향으로 보인다. 곧 마테오 리치의 『건곤체의』에 의하면 "태양과 화성은 불에 속하고 달과 금성은 물에 속한다"(「사원행론」)라고 한 말과 관계가 있어 보인다. 이것은 훗날 조선의 홍대용이 태양은 불, 달은 물(얼음)로 이

루어졌다고 보는 데도 영향을 준 내용인
데, 방이지 또한 그 영향을 받아 약간 변
형시켰다고 볼 수 있다. 이 또한 4원소설
에서 공기층의 위에 불의 층이 있어 지구
를 감싸고 있는 것과도 관계된다.

이처럼 기와 불이 하나라는 견해는 서
학의 영향으로 전통의 견해를 변형시킨
것으로 보인다. 아무래도 만물의 운동과
변화를 설명하려면 불의 영향력을 무시

홍대용(洪大容, 1731~1783)

할 수 없었다. 이 또한 훗날 조선의 홍대용이 지구상의 생물의 생성과
변화를 태양에서 복사하는 태양열에 근거하고 태양이 없으면 죽은 세
계가 된다고 하는 것과 같은 맥락에서 나온 이론일 것이다.

또 그가 성리학에서 말한 이(理)는 사물에 의존하여 존재하는 것으
로 사물의 실체가 될 수 없다는 생각을 나타내었는데, 이 또한 서학의
영향이다. 이 때문에 현대 중국학자 가운데는 방이지를 두고 서양 사
상을 수용한 최초의 인물로 평가하기도 한다.

홍대용洪大容, 정약용丁若鏞 그리고 최한기崔漢綺

조선 선비들이 서학을 접한 경로는 선교사들이 조선에 직접 전한
것이 아니라 북경에 갔던 사신들을 통해서였다. 서양에서 전해온 서
적이나 문물을 통해서 접하기도 하고, 드물게 서양 선교사를 직접 만
나서 대화를 나눈 사례도 있다. 홍대용의 경우는 둘 다 해당하고, 정약
용이나 최한기의 경우는 전자에만 해당한다.

홍대용은 자기 고향 집에 농수각(籠水閣)이라는 개인 천문대를 둘 정도로 과학에 관심이 많았다. 그래서 기술자와 함께 자명종을 직접 제작해 보기도 했다. 특히 사신의 일행으로 서양 선교사를 만나기 위해 북경의 천주당을 방문하기도 하고, 서학 관련 서적을 직접 구입한 일도 있다. 그래서 지구 구형설이나 4원소설 등 당시 선교사들이 전한 서양 과학을 대강 이해하게 된다.

그도 전통의 견해에 따라 우주와 만물은 기로 이루어졌다고 보았다. 그러나 실제로는 공기와 물과 흙과 불의 4원소를 변형시켰다. 4원소의 공기가 전통적인 기와 글자가 같기도 해서, 전통적 견해에 따라 기에서 흙, 물, 불 이 세 가지 물질이 나왔다고 말한다. 즉, 기를 만물의 근원으로 여기면서 4원소를 동아시아의 관점에 따라 재배치하였다. 기는 여전히 우주 자연에 존재하면서 태양은 불, 달은 물(얼음), 지구는 흙과 물(얼음)로 이루어졌다고 여겼다.

여기서 전통적 오행에서 물과 불과 흙만 인정되고 쇠와 나무는 배제하였음을 알 수 있다.

> 무릇 화(火)란 태양이고 수(水)와 토(土)는 지구다. 목(木)과 금(金) 따위는 태양과 지구가 생성한 것이니 화, 수, 토와 나란히 근원적 원소로 삼는 것은 부당하다(『의산문답』).

이러한 표현은 서학의 영향이다. 선교사 마테오 리치와 알폰소 바뇨니 등은 쇠와 나무가 오행이 될 수 없다고 나름대로 정교하게 비판하였기 때문이다.

더 나아가 그는 전통적인 음양이론도 인정하지 않는다. 그는 "양의 종류는 만 가지나 되더라도 모두 불에 근원을 두고, 음의 종류도 아무리 많아도 모두 땅에 근원을 두었다(『의산문답』)"라고 하여 양이란 태양의 불에, 음이란 지구의 흙에 근원을 둔 것으로 본다. 4원소설에서 불은 열의 성질을, 땅은 차가운 성질을 가지고 있다고 하지 않았던가?

더 나아가 서학에서 말하는 빛의 굴절, 곧 세숫대야에 동전을 넣고 물을 부으면 동전이 약간 떠올라 보이는 현상과 물체에 돋보기를 대면 커 보이는 현상도 기의 힘으로 설명한다. 이 또한 몽기(蒙氣)라 부르던 지구의 대기를 설명하기 위한 것이었는데, 지평선 가까이 떠 있는 태양이나 달이 실제보다 커 보이는 까닭은 그것이 이미 지평선 아래에 있지만 대기 굴절에 따라 그렇게 보기 때문이라는 학설이다. 이미 서학에서 말하던 내용이다.

또 그는 지구가 자전한다는 지전설(地轉說)을 내세우면서 지상의 중력 현상을 '상하지세'(上下之勢)라고 불렀다. 그것은 곧 지구가 자전하면서 지구 주위의 기가 아래로 쏠리며 생기는 현상이라고 나름대로 설명했다. 서학에서는 중력 현상이 왜 생기는지 의문을 품지 않았는데, 당연히 하느님의 섭리로 이해했기 때문이다. 물론 그는 중력을 지구상에서만 인정하고 우주에는 중력이 작용하지 않는다고 보았다. 바로 중력이란 지구 중심을 향한 힘인데, 그 힘을 지구 자전에 따라 지상으로 쏟아지는 기로 표현하였다.

그리고 서학의 영향을 받은 것 가운데 결정적인 부분은 태양계 내의 행성의 운동이다. 그는 태양계 내에서만 지구가 우주의 중심이며, 태양과 달은 지구를 중심으로 돌고, 수성, 금성, 화성, 목성, 토성의 다섯 행성은 태양을 중심으로 돈다고 여겼다. 이 이론은 덴마크 천문학자 티고 브라헤(Tycho Brahe)의 수정천동설이다. 다만 홍대용의 주장은 지구가 자전한다는 점에서 그것과 다르다. 이런 점들은 모두 그의 기철학에 반영되었다.

그렇다면 홍대용이 서학의 지구 구형설을 받아들이면서 서학에서 말하지 않는 지구의 자전과 상하지세, 무한우주설은 서로 어떤 관계가 있을까? 얼핏 보

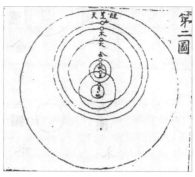

티코 브라헤(Tycho Brahe)의 천체도(최한기의 『지구전요』에서)

면 제각기 독립적인 주장 같으나, 필자가 보기에 이 이론들은 밀접하게 관련되어 있다.

사실 서학이 처음 소개되었을 때 지구가 둥글다는 지구 구형설에 대해 동아시아 식자들은 쉽게 믿지 못했다. 지구가 둥글다면 지구 반대편에 사는 사람은 거꾸로 서서 살아야 한다고 여겼기 때문이다. 그래서 그들은 하늘은 둥글고 땅이 네모나다는 천원지방(天圓地方)설을 고집스럽게 믿었다.

여기서 지구 구형설을 받아들인 홍대용이 해결해야 할 첫 번째 문제는 거꾸로 서 있어도 인간과 만물이 우주로 추락하지 않는다는 점이었다. 다시 말하면 지구상 어디에 있어도 하늘을 머리에 이고 땅을 밟고 서 있다는 점을 입증해야 했다. 그래서 상하지세, 곧 오늘날의 중력이 있어서 추락하지 않는다고 주장했다. 그렇다면 또 상하지세가 어떻게 해서 생겨나는지 말하지 않을 수 없었는데, 그것이 두 번째 문제다. 그래서 나온 것이 지구 자전설이다. 지구가 빠르게 돌기 때문에 그 지구와 우주가 접하는 지역의 소용돌이치는 기가 지상으로 쏟아지면서 상하지세가 생긴다고 보았다. 여기서 지상으로 쏟아지는 기를

꼭 공기로 이해할 필요는 없다. 중력처럼 보이지 않는 힘도 기로 표현할 수 있기 때문이다. 그리고 세 번째 문제는 지구가 자전한다는 것을 증명하는 일이었다. 바로 여기서 무한우주론이 등장한다. 만약 지구가 우주의 중심이라면 끝없이 무한한 우주가 하루에 한 번씩 지구를 중심으로 돈다는 것은 있을 수 없는 일이라고 논증한다. 논리적으로 현상을 역으로 추론하는 방식을 따랐다. 여기서 무한한 우주는 중세의 9중천을 벗어나 은하계와 그리고 외부의 은하까지 확장된다.

이렇게 지구 구형설을 타인에게 이해시키기 위해 서학에서 말하지 못했던 이론까지 독창적으로 내놓게 되었고, 지구가 둥글기 때문에 중국과 오랑캐가 똑같다는 화이일야(華夷一也)를 내세워 지역적으로 중국 중심의 역사·문명관을 탈피하고 중심이 없는 상대적 입장을 내세우게 되었다. 그 상대성의 근거를 위해 가져온 자료가 『장자』였다. 아무튼 이 또한 지구상에서나 우주에서 중심이 없다는 사실과도 연관이 된다. 이것은 자연히 중국 중심의 문화나 역사관에서 자국 중심의 그것으로 바뀌게 된 철학적 근거였다.

이 점도 홍대용이 서학의 영향을 받았으면서도 자신의 기에 대한 이론과 생각으로서 재구성하거나 독창적으로 해결한 점이다. 비록 기의 내용에 있어서 전통과 달라지는 변화가 있었지만, 이것은 또한 서학을 수용하면서 자연을 합리적으로 이해하기 위해서는 불가피한 선택이었다.

정약용(丁若鏞)도 서학을 받아들여 이(理)와 기의 생각을 주희 성리학의 관점에서 탈피하였다. 그는 이(理)라는 것이 절대 불변의 인간적 윤리 가치가 아니라 하나의 자연적 사물의 속성이라고 이해하려고 하였다. 곧 이를 옥석(玉石)이나 나무의 결에 해당하는 맥리(脈理)로 보왔다. 더욱이 그는 이(理)가 스스로 존재할 수 없고, 그것이 존재하기 위해서는 사물에 의존할 수밖에 없다고 주장하였다. 이것은 『천주실의』에서 마테오 리치가 아리스토텔레스의 이론을 계승하여 실체와 속성의 범주를 가지고 사물을 분류하면서 '자립자'(自立者: 실체)와 '의뢰자'(依賴者: 속성)로 분류한 말에서 가져온 개념이다.

이런 관점에서 그는 태극(太極)을 하나의 정신적 존재가 아니라 물질적 존재로 보고, 이로부터 하늘과 땅, 물과 불이 되고, 이것이 다시 분화하여 만물이 된다고 하였다. 그는 『주역』의 해석에서 하늘은 공기, 땅은 흙으로 여겼으니, 이것으로 추론해 보면 물과 불과 함께 서양의 4원소임을 확인할 수 있다. 그러니까 태극에서 음양오행으로 이어지는 주희 성리학의 만물 발생론과는 분명히 다르다.

더 나아가 그는 한의학 이론의 육기(六氣)에서 한(寒), 서(暑), 조(燥), 습(濕)만 취하여 사정(四情)이라 불렀는데, 이것은 서양의 4원소의 한열건습(寒熱乾濕)이라는 4가지 성질을 선교사들이 '사정'(四情)으로 옮긴 말이기도 하다. 그런데 서학은 앞에서 보았듯이 4원소 각각에 두 개의 성질 쌍으로 성격을 부여하였지만, 정약용은 하늘(기)만이 두 가지 성질을 지니고 나머지는 하나씩 지닌다고 보아 미묘한 차이를 보인다.

그런데 선교사들이 4원소를 '사행'(四行)으로 옮긴 말을 다산은 '사원물'(四元物)로 바꾸어 말하고 사정(四情)을 그것의 성질로 보아, 원래의 뜻인 요소(elements)와 성질(properties)의 의미에 가깝게 이해였다. 또 그는 음양과 오행에 대해서도 빛의 밝고 어두움과 사물의 분류 개념으로 이해하여 앞의 홍대용과 유사하게 말했는데, 이 또한 서학의 영향으로 보인다.

그러나 그는 보통의 기철학자와 달리 기 자체의 내재적 운동 과정에서 만물이 생성하고 변화한다는 주장은 하지 않는다. 그가 생각한 기는 인간 속의 기와 자연의 대기였으며, 만물의 생성은 하늘의 명령과 태극의 결합으로 이루어진다. 특히 만물이 운동하고 변화하는 물리적 하늘(기를 말함)은 정신적 능력이 없는 유형한 물질과 같은 것이기 때문에 천지 만물을 주재할 수 없다고 보았다. 그래서 영명(靈明)하게 주재(主宰)하는 상제(上帝)를 요청하였다.

여기서 기는 단순한 질료의 개념으로 바뀌고, 상제는 조물주와 유사하게 보인다. 물론 그는 이 점을 드러나게 주장하지는 않았지만, 사실 하늘의 명령인 천명(天命)이나 상제도 전통 속에 있어 전통적 관념과 유사하게 볼 수도 있다. 하지만 이렇게 생각한 배경과 방향에서 볼 때 성격이 다른 새로운 각도에서 해석해야 할 것 같다. 그가 말하는 상제는 보이지도 들리지도 않는 무형의 그리고 감각을 초월한 영명한 존재로서, 더구나 그는 상제가 기로 이루어진 귀신도 아니라고 말한 것을 보면, 중세 기독교에서 말하는 비물질적이면서 정신적으로 존재하는 하느님의 속성을 닮아있기 때문이다.

이 또한 고대 유가 경전에서 원시 신앙의 대상이었던 상제라는 용어와 개념을 빌려와 비록 서양 기독교의 하느님에 대한 신앙을 주장하지는 않았지만, 그것의 영향으로 인간 개인의 내면을 감독하고 무질서한 세계를 주재하는 신을 요청하였다는 것으로 이해할 수 있다. 그래서 기철학의 기본 전제, 곧 생명성이랄까, 활동성을 지닌 영원불멸하는 하나의 큰 기가 만물을 생성하고 운동과 변화를 주도하고 있다는 점을 적극 주장하지 않았던 것으로 보인다.

최한기는 홍대용, 정약용보다 서학을 접한 깊이나 내용 면에서 또 그것을 자기 학문에 반영한 수준이 훨씬 깊고 풍부하다. 앞에서도 살펴보았지만 그의 신기(神氣)와 운화기(運化氣)의 개념에 서학의 그것이 적극 반영되었기 때문이다. 그는 기본적으로 기만 아니라 그 법칙으로서 이(理)에도 형체가 있다고 여겼다. 이것은 어떤 물건처럼 직접 눈으로 그것의 형체를 볼 수 있다는 뜻이 아니라 우리가 실험, 관찰과 추리 등을 통하여 그 기의 규칙성을 확인할 수 있다는 자신감의 표현이다. 특히 이(理)를 기의 법칙인 유행지리(流行之理)와 인간의 관념인 추측지리(推測之理)로 나누어 보고, 기에 대한 탐구는 순수한 물리법칙인 유행지리만을 인식하고자 하였다. 그것은 앞에서도 지적했듯이 이(理)를 두고 실제로 존재하는 기의 속성으로서 자연법칙과 인간의 관념으로 분류했던 일이다. 그래서 그의 사물에 대한 인식은 형질통(形質通)-추측통(推測通)-증험(證驗)의 과정을 거치는데, 그것은 바로 관찰-가설 설정-검증의 근대 과학적 인식 방법과 거의 유사하다.

그는 영원불멸하는 기의 취산에 따라 만물의 생성과 소멸과 변화가 일어나며, 기가 생명의 근원이 된다는 점 등의 전통적 개념을 그대로 유지한 채 활동운화(活動運化)라는 새로운 개념으로 바꾸어 기의 운동과 변화를 설명하고 또 4원소 또는 육기(六氣)를 수정한 한열건습(寒熱乾濕)을 기의 성질로 수용하여 자연계의 변화를 설명하였다.

더 나아가 서양의 4원소설과 함께 음양오행설도 비판하고 폐기해 버렸지만, 자연과 사회 현상을 기학의 체계에 따라 훌륭히 설명해 내었다. 특히 그는 지구의 자전과 공전 그리고 뉴턴이 주장한 중력설도 알게 되었는데, 서학에서 왜 인력 현상이 생기는지에 대한 답이 없음을 알고 나름대로 해법을 내놓았다. 가령 행성이 운행하는 것은 마치 바닷물이 배를 실어서 운행하듯이 기가 행성을 실어 운반한다고 생각했고 또는 제각기 행성들을 감싸는 기의 바퀴, 곧 기륜(氣輪)이 또 다른 행성에 영향을 주어 행성들 사이의 중력을 형성한다는 것이 그것이다. 그리고 공기총이나 공기압축기의 원리를 이해하여 기를 측정하여 증험할 수 있다고 자신하였는데, 그래서 기에 형체가 있다는 생각을 갖게 되었다. 또 증기기관의 도해와 설명을 보고 지구의 운동과 기상 변화도 이러한 습기와 열기가 관계하는 것이 아닌가 하는 생각을 갖기도 했다. 특히 아리스토텔레스의 자연학의 내용에서 4원소의 요소를 모조리 삭제하고 자신의 기 이론으로 수정하여 다시 설명해 내기도 하였는데, 그 내용이 그의 『운화측험』에 고스란히 반영되어 있다.

최한기는 여기서 그치지 않고 1866년 완성한 『신기천험』(身機踐驗)에서 근대 과학의 이론을 대폭 수용한다. 이 책에는 의학, 화학, 광학, 물리학, 전자기학 등의 내용이 포함되어 있다. 이 책은 원래 영국의 의사이자 의료 선교사인 홉슨(Benjamin Hobson, 1816~1873)의 의학 서적과 박물학에 관계된 내용을 읽고 다시 쓴 책으로 19세기의 과학 지식이 많이 포함되어 있다.

또 그는 지구상의 기를 합쳐서 말하면 생기(生氣)지만, 나누어 말하면 양기(養氣: 산소), 경기(輕氣: 수소), 담기(淡氣: 질소), 탄기(炭氣: 탄소), 전기(電氣) 등이 있다고 하여 근대적인 물질의 원소를 기의 개념 속에 포함하였다. 이 용어는 훗날 그대로 양기(養氣), 경기(輕氣), 담기(淡氣) 등으로 「한성순보」 등에서 소개하였다.

이렇게 전통적인 기에 대한 이론은 서양 과학과의 만남을 통해 재해석되어 새롭게 전개되었다. 물론 학자마다 다소의 차이는 있겠지만, 나름대로 기를 새롭게 재해석했다. 그 방향은 점차 근대 과학에 접근하는 모습을 띠고 있다. 특히 최한기의 경우는 그의 기철학이 비록 서양 과학의 영향을 많이 받았지만, 그것을 맹목적으로 따르지 않고 전통을 재해석하여 어떻게든 기를 가지고 설명해 보려고 하였고, 서양 과학에서 불합리하게 여기거나 밝히지 못했다고 생각되는 부분에 대해서는 자신의 기론(氣論)으로 보강하였다. 가령 신학적 목적론을 배척하고 지구 대기권의 기상 변화와 천체의 운행과 조석(潮汐)과 행성 사이의 인력의 원인 등을 모두 기의 운화로 설명하였다. 이것은 기철학의 일관된 세계관을 통해 서학(西學)을 수용했음을 보여준다.

2. 기학氣學과 과학

통합적 설명 속의 사실과 가치의 구분

앞서 살펴본 대로 전통의 기론은 철학의 영역에서만 볼 때 주로 우주나 자연물의 생성과 변화에 관한 자연철학이 그 한 측면이고, 인간의 심성 수양을 위해 마음을 대상으로 거론한 것이 또 다른 측면이다. 비록 명말부터 4원소설 중심의 서양 과학을 수용했지만, 이 또한 자연현상의 설명에만 국한된다. 왜냐하면 4원소설이 원래 아리스토텔레스의 자연학을 설명하던 이론이었기 때문이었다. 물론 서양 과학이라고 해서 다 같은 것도 아니었다. 초기 선교사들이 전한 것과 후기 선교사들이 전한 것에도 차이가 있다. 그 결과 그것을 수용한 학자들의 기에 대한 관점도 다르다.

이렇듯 우리 전통의 기철학은 서양 과학의 만남을 통해 새로운 방향으로 나아가게 되었다. 앞서 중국의 학자들에게서 그런 단초와 과정이 보이기 시작했지만, 조선의 홍대용, 박지원(朴趾源, 1737~1805), 정약용 등에게 일정한 영향을 미치며, 특히 홍대용에 와서 한층 심도 있게 논의되면서 조선 말 최한기에 이르면 그 정점에 이르게 된다.

하지만 이렇게만 본다면 기철학은 고작 자연 탐구와 인간 심성을 수양하는 정도에 그친다. 인간의 삶을 종합적으로 규명하는 철학의 방법이 있어야 하지 않을까? 곧 기를 가지고 우주와 자연, 인간 사회, 개인 그리고 인간과 자연의 관계를 통일적으로 설명하는 것은 없을까? 다시 말해 기로써 인간과 자연의 모든 현상을 아울러 이론적으로 설명할 수 없을까?

필자는 선교사들이 전한 서양 과학을 수용한 이후 변화가 일어난 기철학에서 그 해법을 찾고자 한다. 그것은 자연 탐구에 한정하지 않고 인식의 문제와 인간 사회의 제도나 윤리 등의 문제를 기를 가지고 통합해서 설명한 이론에서 찾고자 하는데, 그 이론이 최한기의 기학(氣學)이라고 본다. 곧 기학은 당시까지 전개된 기에 대한 이론을 정리하고 서양 과학을 흡수하여 종합한 이론으로, 최한기가 새롭게 만들어 이름을 붙인 학문이다. 이 기학이 기를 중심으로 여러 학문을 하나의 체계 속에 통합하여 개인과 사회와 자연을 하나의 세계관과 방법론으로 아우르고 있기 때문이다.

앞에서도 해당하는 곳에서 조금씩 소개했는데, 그는 기가 우주의 근원이면서 자연과 인간의 모든 영역에 침투되어 있다는 점을 받아들이면서도 두루뭉술하게 넘어가지 않고 그 범위와 한계를 분명히 하였다. 그래서 기의 운화(運化), 곧 생기(生氣)가 운동하고 순환하며 변화하는 영역을 개인, 사회, 자연 그리고 인간과 자연이 관계하는 영역으로 나누었는데, 그것이 제각기 일신운화(一身運化), 통민운화(統民運化), 대기운화(大氣運化), 천인운화(天人運化)다.

일신운화는 그야말로 개인 삶의 영역이다. 생로병사의 생리적인 문제를 비롯하여 공부하고 수양하고 생업을 꾸려나가는 일이 그것이다. 통민운화는 국가나 사회의 영역에서 생기는 정치와 교육 그리고 윤리나 종교, 예법 등 인간 사회의 모든 제도나 그 운영의 문제가 여기에 속한다. 어쩌면 통민운화야말로 기학의 핵심 내용 가운데 하나다. 인간은 언제나 사회를 이루고 그 속에서 살기 때문이다. 그래서 최한 기도 여기에 심혈을 기울였는데, 그의 방대한 저술인 『인정』(人政)이 통민운화에 관계된 저작이다. 또 인간 사회와 구분되는 자연 영역의 운화를 두는데 그것을 대기운화(大氣運化) 또는 천지운화(天地運化)라 부르며, 지구를 벗어나 우주 속의 운화를 말하기도 하는데 이를 성기 운화(星氣運化)라 한다.

이렇게 인간과 자연을 구분하는 이유는 인간의 윤리와 자연적 또는 과학적 사실을 구분하여 이 둘을 혼동하지 않기 위함이고, 더 나아가 사실과 가치의 영역을 확보하기 위함이었다.

끝으로 인간과 자연이 관계하는 운화가 있는데, 바로 천인운화(天 人運化)가 그것이다. 이것은 현대에도 해당하는 매우 중요하고도 절실 한 인간과 자연의 관계 설정의 문제다. 여기서 최한기는 인간 사회나 자연에 있어서 당위적 명제를 '운화(運化)의 승순(承順)'이라 불렀다. 이 문제는 좀 복잡해서 별도의 설명이 필요하다.

이처럼 그는 기를 어떤 한두 영역에 국한하여 설명하지 않고 인간 과 자연의 모든 영역에서 일관된 이론으로 통일적으로 설명하며 현대 에도 일정한 의미를 시사하고 있다. 기철학의 발전상에서 볼 때 최고 정점에 이르고 있다고 하겠다.

이理를 검증할 수 있는가?

'기학'이란 최한기의 학문 이름이면서 동시에 그가 1857년에 저술 을 끝낸 책 이름이기도 하다. 그 책 속에 기학의 기본 개념과 내용이다 들어 있다. 그런데 그 서문에 보면 누가 보더라도 상식적으로 납득이 안 되는 말이 나온다. 곧 '유형지리'(有形之理)와 '유형지신'(有形之神)이 그것이다. 유형지리란 형체 또는 형질이 있는 이(理)를 말하는 것이요, 유형지신이란 형체가 있는 신(神)을 뜻한다. 일반적으로 기도 형체가 없다고 여기는데, 이와 신에 형체가 있다는 것이 말이 되는가?

여기에는 철학사적인 특별한 배경이 있다. 『기학』에서는 그가 '무형지리'(無形之理)나 '무형지신'(無形之神)을 비판하는데, 그것이 무엇을 가리키는지 직접 언급한 곳은 없지만, 글의 전후 문맥이나 시대적 배경 그리고 행간에서 따져 보면 가리키는 대상이 분명히 있다. 바로 무형지리는 주희 성리학에서 말하는 이(理)를, 무형지신은 기독교의 하느님을 가리키며, 더 나아가 무형지리는 과학적으로 검증할 수 없는 형이상학적인 관념을, 무형지신은 보통의 종교에서 말하는 초월적 신을 대표한다. 종합하면 그의 기학은 존재상 과학적으로 검증할 수 없는 관념과 신을 배제한다는 뜻이다.

그래서 그는 이 무형의 신과 무형의 이를 운화하는 기가 갖는 유형의 이와 유형의 신으로 바꾸어야 한다고 하고, 심지어 그는 기독교의 하느님을 신기(神氣)로 바꾸고, 불교의 공(空)이나 도교의 허(虛)도 기로 바꾸면 기학 속에 포용할 수 있음을 주장한다.

바로 여기서 유형의 이와 신은 형체, 곧 질료를 가지고 있다는 의미가 아니라 과학적으로 검증할 수 있다는 뜻으로 쓰였다. 그가 여기서 '유형지기'(有形之氣)라는 말을 쓰지 않은 이유는 이미 공기 압축펌프나 증기기관 그리고 공기총을 통해서 기에 형질이 있다는 것을 실험적으로 확인해서 더 이상 언급할 가치가 없었기 때문이다. 가령 다음 그림처럼 주사기와 같은 물건의 끝을 막고 피스톤을 눌렀을 때 끝까지

들어가지 않는 비율이 있다고
여겼는데, 그것을 기에 형질이
있다는 증거로 보았다. 그에게
는 기가 형질을 지녔고 비록 실
험 도구를 빌려서라도 감각할
수 있다는 것은 너무나 당연한
사실이었다. 과학적 태도가 그
렇게 만들었기 때문이다.

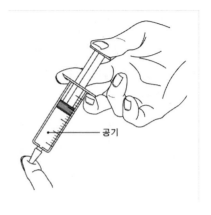

공기

    따라서 최한기 기학이 탄생한 이면에는 주희 성리학을 극복하고,
종래의 기철학을 발전적으로 계승하며, 서양 과학과 사상을 받아들여
그의 학문적 이론을 보강함과 동시에 기독교를 포함한 모든 종교의
장점을 비판적으로 흡수하면서 학문을 통해 새로운 세계를 만들고자
하는 의도가 들어 있다. 그러니까 철저하게 이성적이고 합리적인 태
도가 깔려 있었다고 하겠다.

    그러니 우리가 서양의 서적에서 취할 대상은 세계에 보편적으로 시행할 수 있
    는 기의 운화와 정치와 가르침을 측험(測驗)한 것에 있지, 그 더럽고 비루한 습
    속과 황당하고 허망한 가르침과 글은 취하지 않는다. 서양에서 우리 서적에서
    취하는 대상도 또한 그러할 것이다. 바로 여기서 천하 사람들이 취사하는 말과
    글이 시간과 공간을 초월하여 통하는 것은 오직 그 측험이 있는 대상을 믿지,
    측험이 없는 대상은 믿지 않는다는 점 때문임을 알 수 있다(『운화측험』 서).

    여기서 '측험'이란 측정(관측) 또는 판단하여 검증한다는 의미로 과
학적인 검증을 뜻한다. 기학이 보편적 학문이라는 자신감을 드러내고

있으며, 그것이 과학적이고도 합리적인 태도를 갖추고 있다는 표현이다. 오늘날 우리가 학문을 분류할 때 모두 '과학'이라는 말을 붙인다. 가령 인문과학, 사회과학, 자연과학 등이 그것이다. 이런 것들이 등장하기 전에 이런 기학이 등장했다는 것은 탁월한 예견이라 하겠다.

그러나 세상의 일, 곧 인간에게 필요한 일이란 과학적이고 합리적인 일만 있는 것은 아니다. 비록 허구이지만 상상력이 필요로 하는 문학과 예술 같은 것이 있고 또 믿음과 신념에 따른 종교의 영역도 필요하다. 이성의 역할과 합리성만 지나치게 중시하고 이런 것을 소홀히 하거나 배제한 일은 기학의 한계라 하겠다. 하지만 예술과 종교 또한 최소한의 이성이나 합리적 요소를 배제하면 무질서와 미신과 혼란에 빠진다. 그런 점에서 기학이 간여할 여지가 충분히 있다고 본다.

개인과 사회

인간이 사회생활을 하지 않고 홀로 살면서 할 수 있는 일이 얼마나 될까? 어느 방송에 〈나는 자연인이다〉라는 프로그램이 있다. 거기에는 마치 로빈슨 크루소처럼 짧게는 수년, 길게는 수십 년 동안 산속에 홀로 사는 사람들이 있다. 그러나 작가 다니엘 디포(Daniel Defoe) 자신도 이야기를 통해 인간이 사회를 떠나서 살 수 없다는 점을 말하려는 의도가 아니었을까? 사실 최한기가 일신운화를 말했어도 개인적으로 활동할 수 있는 영역은 지극히 제한적이다. 그래서 그는 일신운화도 통민운화를 따라야 한다고 주장했는데, 이것은 개인의 행위가 사회에서 통용되는 방식과 규범에 맞아야 한다는 뜻이다.

이렇듯 최한기가 강조한 대상은 일신운화보다 통민운화다. 사실 이전 기철학자들이 기를 말했어도 이 국가·사회영역의 문제를 기와 관련지어서 설명한 학자는 매우 드물다. 그만큼 이례적이고, 그의 기학이 모든 영역을 통일하고 있어서 가능한 일이다.

통민운화는 전통적으로 국가에서 해 오던 일이다. 가장 중요한 일은 정치와 가르침을 통해 백성들을 살기 좋게 편안하게 해주는 일로서, 바로 유학 인정(仁政)의 전통을 이었다. 이러한

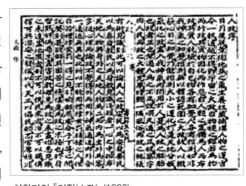

최한기의 『인정(人政)』(1860)

프로그램과 주장이 들어 있는 그의 방대한 저술이 『인정』(人政)이다.

그렇다면 전통의 유교 방식대로만 나라를 다스리면 통민운화가 잘 이루어질까? 만약 그렇다면 기학이란 전통의 학문과 하등의 차이가 없겠다. 현상 유지나 과거로 돌아가는 방식으로 기를 강조할 수는 없기 때문이다. 비록 그의 저술 속에 유교와 관련된 제도나 방법이 많이 포함되어 있기는 하지만, 그것은 저술의 문화적 배경 또는 모범적 사례로 거론한 것뿐이고, 그 논리는 변화하는 현실에 있다.

따라서 기는 과거가 아니라 살아있는 현실을 반영하기 때문에 언제나 초점은 현재에 맞춰진다. 다시 말하면 과거에 아무리 좋았던 제도라 하더라도 시간이 흐르면 폐단이 생겨 인간들 사이의 기가 소통되지 않는다. 오늘날도 마찬가지다. 가령 당대의 국가에 필요한 인재 선발, 관리 임용, 교육 방식, 통치 방법, 여론 수렴, 생산관계 설정, 경제적 분배, 외국과의 교역, 국방 등 국가 사회의 제반 문제에 있어서 폐단이

생기는 까닭은 변화하는 현실에 대응하지 못하기 때문이다. 지배층 집단 내부에만 기가 소통하는 일은 의미가 없다. 전체 인민의 기와 통해야 하고, 나아가 세계 인민의 기와 소통해야 대동(大同)의 세계를 이루게 된다.

그러니 인민들의 기가 소통하는 방식으로 제도를 바꾸어야 한다. 세계의 인민도 민족이나 지역에 따라 문화나 관습이나 윤리가 다르더라도 그 다양성을 존중하되 기가 운화하는 보편적 논리 또는 질서를 따르는 것이 바로 기학이다! 기학의 기준은 바로 누구에게나 적용되는 운화기 그 자체에 있기 때문이다. 그래서 이렇게 말한다.

> 통민운화는 기학의 핵심이 된다. 일신운화는 통민운화를 기준으로 삼아 앞으로 나가거나 뒤로 물러남이 있고, 대기운화는 통민운화에 도달하여 어기거나 넘어서는 것이 없다. 만약 일신운화가 통민운화를 기준으로 삼지 않으면 인도(人道)를 세우고 정치와 가르침을 시행할 수 없고, 대기운화가 통민운화에 적용되지 않으면 그것의 표준을 세우고 범위를 정할 수 없다(『기학』 2-97).

이는 개인, 사회와 국가, 자연의 관계를 설정한 발언이다. 개인은 사회를 떠나서 의미가 없고, 사회 또한 자연이 상징하는 한도를 벗어나면 안 된다. 그 한도란 인간이 자연을 따라야 하는 까닭에서 드러난다. 이에 대하여 다음 글로 이어진다.

인간과 자연의 관계

각각의 전통에 따른 문화나 윤리 또는 관습을 존중한다고 해서 무작정 다 인정하자는 것이 기학의 정신은 아니다. 더구나 그 관습이나 문화가 자연의 길에서 이탈될 때 문제가 생길 수 있다. 사실 자연의 길과 인간의 길은 차이가 있다. 비록 인간에 자연적 요소가 있기는 해도 인간은 의식(意識)이 있어서 자연의 질서대로만 살지는 않는다. 여기서 문제가 생긴다. 바로 인간의 길인 인도가 자연의 질서인 천도에 어긋날 때다.

기학에서는 이 경우 인간은 대기운화인 천도(天道)를 따라야 한다고 주장한다. 그것이 운화의 승순이라는 일반 논리다. 그러니 일신운화인 개인의 영역만이 아니라 통민운화인 국가 사회의 영역도 대기운화를 따라야 한다.

여기에 들어맞는 사례가 하나 있다. 필자가 사는 동네는 큰 도시 가운데 있지만 숲이 우거진 조그만 동산 두 개가 붙어 있다. 보통 걸음으로 걸어서 올라갔다 내려오면 대략 한 시간 걸린다. 그런데 주변에 대단지 아파트가 생기면서부터 사람들이 포장된 산길로 다니지 않고 여기저기 꼬불꼬불 샛길을 만들어 다닌다. 아마도 걷는 시간을 길게 하고 저 혼자 호젓한 기분을 만끽하기 위함인지도 모르겠다. 그러다 보니 산이 망가지고 원래의 모습을 찾아볼 수 없게 되었다. 한술 더 떠 구청에서는 시민들을 위한답시고 그 산길에 계단을 만들고 말뚝을 박고 줄까지 쳐 주기만 하지 이런 샛길을 통제하지 않는다. 그런데 사람들은 그 길도 마다하고 또 작은 샛길을 만들어 다니고, 심지어 그 샛길에서 산악자전거를 타기까지 한다. 만약 이것처럼 서울 남산도 모든 울타리를 제거하고 시민들에게 개방하면 어떻게 될까?

좀 역지스럽지만 여기서 포장된 산길이 인도를 상징한다고 가정한다면, 천도는 산이 원래의 자연 상태로 보존되는 길이다. 개인적으로 샛길을 만들어 다니는 일은 분명 일신운화가 천도, 곧 대기운화를 거스르는 행위다. 나아가 구청에서 산길에 계단을 만들고 말뚝을 박아 줄을 쳐 주기만 하고 통제하지 않는 것은 통민운화가 대기운화를 거스르는 일이다.

인간이 자연의 원리나 질서를 잘 따를 때는 운화의 승순이 필요 없다. 그것은 인간이 어길 때 당위로서 요청되는 논리다. 이것은 이미 고정불변하게 정해진 이데아나 신의 뜻이나 천리가 아니라 인간이 자연에 관여할 때 이성적 추론이나 직관으로 자각해야 할 실천 논리다. 물론 자연을 따를 때 이익이 보장되는 영역도 있다. 그 이익은 개인적일 수도, 사회적일 수도 있어서 개인의 생존이나 농업과 같은 분야는 말할 필요도 없겠지만, 많은 산업에서 자연을 이용하는 것이 그 영역 가운데 하나다. 문제는 이용 차원을 넘어 자연을 착취하고 훼손하는 데 있다. 이것은 궁극적으로 자연만이 아니라 인간 자체의 생존이라는 더 큰 이익을 위협하기도 한다. 이런 점에서 개인은 물론이고 교육, 정치, 경제, 종교, 관습, 윤리 등 모든 인간 사회의 영역에서도 대기운화를 승순해야 한다. 각종 환경재앙과 기후위기도 승순을 못 해서 생기는 일이 아닌가?

그렇다면 인간 자신과 자연에 해가 되고 안 되는지를 어떻게 판단할 것인가? 바로 과학의 도움이 필요하다. 가령 최근 일본의 방사능 오염수 해양 방류가 문제가 되고 있는데, 일본 당국은 별로 문제 될 것이 없다고 보는 듯 하나 주변 국가들의 우려는 그렇지 않다. 그 진실은 과학자의 양심적 연구에 달려 있다.

이렇듯 과학은 사실의 문제를 다루기 때문에 비록 인간의 윤리적 판단의 문제일지라도 과학적 사실에 의존하고 있다. 과학과 기학은 서로 밀접하게 관련되어 있다. 사실은 기학이 과학적 세계관에 근거하기 때문이다. 이런 각도에서 본다면 기학은 현재진행형이다. 바로 여기서 운화의 승순은 과학적 사실에 따라야 한다는 논리로 해석할 수 있다.

그런데 이런 논리에 물음을 제기할 수 있다. 우선 운화의 승순이 인간과 자연의 관계에만 적용하는 문제인가 하는 점이다. 곧 인간의 기가 활동하는 인간 사회 안에서도 적용되는 문제이니 그렇다. 사실 인간 자신에게도 자연적 요소가 있으므로 자연의 원리를 따라야 함은 당연한 일이지만, 개인은 또한 사회의 질서도 따라야 한다. 왜냐하면 한 개인은 외톨이로 살 수 없고 또 개인의 삶은 때로는 다른 사람의 삶을 해칠 수도 있기 때문이다. 그래서 개인 영역인 일신운화가 사회·국가 영역인 통민운화를 승순해야 하는 문제가 생긴다. 따라서 일신운화가 통민운화나 대기운화를, 통민운화가 대기운화를 따르는 것 모두가 운화의 승순이다.

다음으로 인간이 자연의 논리만 따르면 결국 인간도 정글 속의 동물처럼 약육강식의 세계가 되지 않을까 하는 점이다. 이 논리는 사회진화론[1]과 유사하다. 즉, 강자인 대자본가만 살아남는 세계가 되지 않을까 하는 우려다. 그러나 이것은 잘못된 자연관에서 온 논리다. 자연의 한 부분에는 분명 그런 약육강식이 존재하지만, 자연 전체의 관점에서 보면 약자와 강자가 서로 균형 있게 공존하며 생태계를 이루고 있다.

---

1 다윈의 생물진화론을 인간 사회에 적용시켜 우수한 종족이나 민족이 열등한 그것들을 지배하는 것이 당연하다는 이론이다. 19세기 말과 20세기 초에 제국주의의 식민지 지배를 합리화한 이론으로 이용되었다. 한편 그 이론에 따라 우리에게는 역으로 민족주의를 확립하는 계기가 되었다.

끝으로 자연을 따른다는 것이 인간의 욕망을 무한히 허용하게 되어 오히려 인간 사회를 위협할 수도 있다는 문제를 제기할 수도 있다. 그러나 인간의 모든 욕망이 다 자연적인 것은 아니다. 가령 지나친 음주나 과식 그리고 색욕을 남용하면 결국 자연적 본성의 발현이나 생존에도 해롭다. 결국 무엇이 자연적이냐 하는 문제도 이렇게 사실의 영역, 곧 과학에 의존하고 있다.

정리하면 운화의 승순은 개인과 사회가 제각기 그 상위의 사회적 규범이나 자연적 원리를 따라야 하는 논리인데, 운화란 결국 자연과 인간이 존재하는 현실이기 때문이다. 비록 인간 행위의 모든 판단 근거를 일일이 자연의 원리에 대응시킬 수는 없지만, 인간의 욕망과 자연의 대립이라는 관점에서 볼 때는 인간의 욕망이 자연적 원리에 맞게 조절해야 함을 뜻한다. 그런 태도는 분명 전통의 인도(人道)가 천도(天道)를 따라야 한다는 것으로 『주역』적 사고와 관계가 있으며, 더 나아가 장자나 노자 사상과도 연결되는 지점이다.

3. 현대 과학과 기氣

근대 과학 용어와 기

동아시아의 기에 대한 각종 이론은 대부분 자연 현상과 인간의 정신과 생리현상 등의 관찰에서 출발하여 전통 학문의 성과에 힘입거나 또 일부는 서학의 영향으로 추상해 낸 것들이다. 그러나 근대에 이르러서 기에 대한 탐구는 극히 일부분 가령 한의학 같은 의학 분야나 회화나 서예 등 예술 분야 그리고 일부 종교나 민속을 제외하고, 대부분 서양 근대 과학이나 그 문명으로 대체되어 버렸다. 그것은 전통의 기에 대한 축적된 경험과 이론을 계승하는 데 소홀했기 때문이기도 하지만, 개화기 서구 문명의 충격에 따른 '문명개화'(文明開化)니 '우승열패'(優勝劣敗)의 사회진화론의 논리와 영향 아래 서구 사조를 무차별적으로 모방하고 따른 데도 원인이 있다. 비록 조선 말 최한기 같은 학자가 서양 자연과학의 성과와 방법으로 자신의 기학을 보강하였지만, 그의 사후 계승되지 못하고 단절되었다. 따라서 전통 속의 기를 탐구하는 일은 적어도 과학의 영역에서는 계승하지 못했다.

그 결과 동아시아 현대 자연과학에서는 종래 기 이론의 핵심은 폐기되고 일부 용어로서만 흔적이 남아 있는 현실이다. 그러니 동아시아인들이 주체가 되어 다루는 현대 과학조차도 더 이상 기를 가지고 설명하지는 않는다. 물론 이것은 기를 다시 과학적으로 탐구하려는 시도와는 별개의 문제다.

그러나 아이러니하게도 이렇게 근대 이후 자연과학의 성과로 밝혀진 내용과 서구적 용어의 일부는 여전히 기라는 말을 붙여 번역하였다는 점이다. 그것은 기와 무관하게 번역해야 할 적절한 말이 없었기 때문으로 보인다. 이러한 번역은 처음에는 중국에서 번역한 것을 따랐으나 근대 이후에는 대부분 일본에서 번역된 용어들이다. 이렇게 번역하는 방식에는 몇 가지 유형으로 나눠진다.

우선 기라는 낱말에 다른 의미를 조합해서 새롭게 쓰는 경우가 매우 많다. 가령 기관지(氣管支)나 기류(氣流) 등이 그것인데, 곧 기(氣)+관(管)+지(支)로 합성해서 사용했다. 이런 경우는 대부분 기가 가리키는 것이 공기에 해당한다. 전통적으로 공기와 기를 구별하지 않았기 때문에 별 무리 없이 옮겼던 것 같다.

다음으로 가리키는 대상은 전통의 그것과 약간 다르지만, 기존의 용어를 그대로 쓰는 사례다. 가령 대기(大氣) 같은 말이 거기에 해당한다. 대기의 전통적 의미는 철학에서 우주에 충만한 기 또는 천지 사이에 가득한 기를 가리킨다. 서양 과학에서 말하는 대기의 의미는 기상 현상이 일어나는 지구의 대기, 곧 'the atmosphere'를 가리킨다. 이 지구의 대기는 천지 사이에 가득한 기와 겹치는 부분이 있으나 꼭 일치하지는 않는다. 명·청 시대 선교사들은 이 대기를 몽기(蒙氣) 또는 청몽기(清蒙氣)로 옮겼으나, 근대 과학이 들어오면서 대기로 바뀌었다. 최한기도 대기라는 용어를 썼지만, 우주에 충만한 기의 뜻이지 후자의 의미는 아니다.

또 전통의 그것과 혼동을 피하려고 달리 표현하는 방식도 있다. 바로 공기(空氣)가 그것이다. 그런데 현재 우리가 사용하는 공기라는 의미는 대기를 포함해서 우리 주변의 기체까지를 포함한다. 가령 빈 병속이나 몸속의 기체도 특정한 원소를 지칭하지 않는 한 공기라 부른다. 그런데 예전에는 그것을 그냥 기라고 불렀고, 명·청 시대 선교사들도 기라고 불렀다. 이러한 혼동을 피하려고 서양 과학의 'air'를 공기로 옮겼다. 이미 기라는 말이 있으므로 그것과 구별할 필요성이 있었기 때문이다. 실제로 명·청 시대와 그 이후 철학자들 가운데는 서양 4원소의 공기와 동아시아의 기가 글자가 같아서 서로 혼동해서 오해하기도 하였다.

더 나아가 전통에서 쓰는 용어를 그대로 쓰고 있으나 뜻이 전혀 다른 경우가 있다. 예를 들면 기화(氣化)가 그것이다. 원래 기화의 의미는 음양의 기가 변화하여 만물을 생성하는 작용인데, 근대 과학에서 말하는 기화는 액체 상태의 물질이 기체 상태로 변하는 작용을 뜻한다. 이것은 기존의 용어를 새 개념으로 대체한 하나의 예다.

재미있는 점은 원래의 용어 그대로 옮긴 것도 있다는 사실이다. 이를테면 냉기(冷氣)나 습기(濕氣) 따위가 그것이다. 그러나 이런 용어는 극히 일부분에 한정된다.

이렇게 번역된 용어를 자세히 살펴보면 동서양에서 공통으로 인식의 질적인 차이가 없는 기존에 대상에 대해서는 용어가 비슷하거나 같은 점이 많다. 가령 열기(熱氣)와 습기(濕氣) 등이 그것이다. 하지만 우리 전통에서 세밀하게 보지 못했거나 보았더라도 번역자의 역량 부족으로 전통에서 찾지 못하고 새롭게 용어를 쓰기도 하였다.

이렇게 비록 과학에서 기와 관련된 용어가 아무리 많더라도 전통의 기와 관련된 담론은 더 이상 현대 과학의 영역은 아니다. 비록 현대 과학이 기를 밝히기 위해 탐구할 수는 있을지라도 그렇다. 그것은 현대 과학이 과거 기론(氣論)에서 미처 관심을 가지지 못했던 거시적이면서 미시적인 부분까지 영역을 확장해 나갔다면, 안타깝게도 전통의 기론은 새롭게 영역을 넓히거나 더 깊이 과학적으로 탐구하는 과정이 없었기 때문이다. 이것은 마치 서양인 자신들에게도 4원소가 근대 과학의 대상이 못 되는 결과와 같다. 음양이나 오행으로 대표되는 기도 그와 같은 운명이 아닐까?

모호성과 기

마음에 드는 어떤 여성과 단 한 번의 데이트를 하고 난 뒤 친한 친구에게 이런 말을 하는 청년이 있다고 하자. "있잖아? 드디어 그녀와 기가 통했어. 이제 내 여자로 만드는 것은 시간문제야!" 여기서 '기가 통했다'라는 게 도대체 무슨 뜻일까? 자기의 생각을 상대가 이해했다는 뜻일까? 각자가 서로 관심이 있다는 사실을 암묵적으로 느꼈다는 뜻일까? 아니면 취미나 성격이나 지향하는 점 등에서 공통점이 있다는 뜻일까? 그것도 아니면 각자가 상대에게 끌리는 무엇을 느꼈다는 뜻일까? 그렇게 말한 친구야 어떤 근거를 가지고 확신했겠지만, 그의 말에서는 그 점을 직접 확인할 수 없다. 그 말을 들은 상대방 친구에게는 앞으로 관계가 잘 이어지겠다고, 아니 그것도 그 말하는 친구의 주관적 판단인지 어떤지도 모른 채 짐작하는 것 외에는 어떤 정보를 주지 않는 모호성만 남긴다.

또 요즘 자연 친화적인 주거 환경을 좋아하는 사람들이 많은데, 가령 황토로 집 벽을 바르거나 각종 암석 등으로 정원을 가꾸기도 하며,

여러 건강 관련 매트나 요, 음료 같은 물건들을 사서 사용하거나 복용하기도 한다. 이런 일의 공통점은 황토나 암석이나 각종 건강 관련 물건에서 몸에 좋은 기가 나오기 때문이란다.

사실 황토나 암석 속에 들어 있는 성분은 다양하다. 과학적으로 성분을 분석하지 않고 그냥 좋은 기가 나온다고 믿고 사용하는 일은 그야말로 모호성의 극치다. 사람들은 아무런 의심 없이 집을 지을 때 산에서 황토를 파다가 바르거나 돌로 장식한다. 황토나 암석 속에 좋은 기를 발산하는 현상도 있을 수 있지만, 만약 그 속에 해로운 방사선이나 수은이나 납 또는 석면 성분이 포함되어 있으면 어떻게 되겠는가? 이렇듯 막연히 자연물이나 재료 속에서 좋은 기가 나올 것이라는 믿음은 대단히 모호하고 위험하다. 어떤 성분이 어떤 영향을 끼쳐 건강에 좋은지 알아보고 판단해야 하지 않을까?

필자가 어렸을 때 엽총을 소유한 사람들이 가장 선호하는 사냥감은 노루와 사슴이었다. 그 주요 목적은 사냥감의 고기가 아니라 피를 마시기 위해서라고 한다. 왜 하필이면 엽기적으로 피를 마시려고 했을까? 바로 노루나 사슴의 피에 사람에게 좋은 약 기운이 들어 있다고 믿었기 때문이다. 그런데 왜 그런 믿음이 생겼을까? 당시 호기심이 많았던 나는 직접 물어보았는데, 사슴이나 노루는 초식동물이기 때문에 각종 풀을 뜯어 먹다 보면 약초도 먹고 때로는 산삼의 잎을 먹을 수도 있어서 약 기운이 풍부하다고 설명해 주었다. 그런 믿음 때문인지 한때 사슴 농장에 돈을 써가며 피를 마시러 가는 사람들도 더러 있었다. 농장에서 온갖 약초를 먹이는지 알 수는 없지만 말이다.

이런 논리라면 자연에서 살아가는 모든 초식동물은 모두 약 기운이 풍부한 피를 가지고 있겠다. 하긴 동물들이 먹을 수 있는 풀이라면 사람에게도 해롭지 않을 것이라는 믿음이 그런 판단을 유도했겠지만, 동물이 먹는 식물을 사람이 먹어도 된다는 생각에는 뭔가 찜찜하고 불확실한 구석이 있다. 생물은 각자의 먹이에 특화되어 있기 때문이다. 아무튼 요즘 유행으로 보자면 몸에 좋지 않은 풀이 어디 있는가? 건강 관련 텔레비전 프로그램이나 홈쇼핑 광고를 보면 온갖 건강보조 식품이 등장하는데, 다 몸에 좋다는 기운을 가지고 있다고 떠들어댄다.

아무튼 과학적으로 성분을 분석했거나 임상적으로 장시간 검증을 거친 데이터가 없이 말하고 믿는 행위는 일종의 맹신 또는 억측이다. 이들은 대개 구체적으로 그 식재료나 풀 등에 어떤 성분의 약효가 있는지 모른다. 먹어서 당장 몸에 해로운 증상이 나타나지 않거나 우연히 질병이 호전되어 그 약 기운, 곧 몸에 좋은 기가 들어온다고 믿을 뿐이다. 역시 대충 넘어가는 모호성을 간직하고 있다. 이런 모호성을 해결하는 방식은 결국 과학에 의존하는 것 말고는 대안이 없다.

또 시골의 어떤 마을에 사는 사람들은 그곳 산천의 기, 곧 풍수가 좋아서 장수하거나 출세한다고 믿는데, 실제로 그곳 주민들의 수명과 사회적 성공을 조사해 보면 반드시 일치하지 않는 곳도 있다. 이것은 시골의 산천이 사람의 몸에 좋은 기가 많이 있다는 막연한 믿음 때문이다. 물론 도시보다는 그럴 가능성이 훨씬 높긴 하지만 말이다. 사회적으로 성공한 사람 또한 옛날에는 그것이 통했을지 몰라도 요즘은 그런 곳보다 풍수가 열악한 도시 출신이 더 많다.

사실 이런 모호성은 기의 초감각적인 속성과 다의성(多義性)에 따라붙는 좋지 않은 결과다. 미시세계와 거시세계에 있는 기를 인간이 감각적으로 포착하기는 어렵다. 그런데도 이렇게 감각할 수 없는 불확실한 대상에 대해서도 아무런 거리낌 없이 기로 설명하는 경우가 허다하다. 심지어 인간의 주관적인 심리상태나 체험마저도 몸을 통해 느끼기에 기의 작용과 관련시킨다. 사실 모든 현상의 배후나 과정에서 기가 작용하기 때문이다. 이런 경우에 어떤 기가 어떻게 작용하는지 자세히 구체적으로 말하지 않고 기의 다의성에 의지하여 대충 기라고 모호하게 말해서는 안 된다.

이렇듯 기는 현대에 와서 초감각적인 약 성분, 산천의 기운, 주관적 인간의 심리, 믿음과 언어의 사용 등에서 모호성을 덮어버리고 주장을 대변하는 대명사가 되어버렸다. 이것은 사람들이 어떤 일을 객관적으로 세밀하게 설명하기 어렵거나 그럴 능력이 없어서 기로 대충 얼버무리는 태도와 관계있다. 모두 과학적인 것과 거리가 멀다. 물론 과학이 아직 만능일 수 없고 한계가 있어서 다른 대안이 필요하기는 해도 그렇다.

사실 이보다 더한 모호성의 극치는 기와 관련된 전통의 사유 구조와 자연과학을 혼동하는 경우이다. 대표적인 것이 음양과 오행설이다. 음에 속한 대상은 달, 여자, 물, 밤, 어두움, 추위 등이고, 양에 속한 대상은 태양, 남자, 불, 낮, 밝음, 더위 등인데, 이것들은 상반된 성질 또는 경향성을 지니고 있다. 이것은 고대 동아시아인들이 지구상에서 인간과 자연을 이해하는 인식과 사유 구조라 할 수 있다.

그러나 자연과학에서 볼 때 음양을 나누는 것 자체가 매우 추상적이고 애매모호하다. 무엇을 근거로 나눌 것인가? 가령 온도를 근거로 나눈다고 하자. 그렇다면 몇 도가 음양이 나누어지는 기준이란 말인가? 마치 상대적인 기압차(氣壓差)에 따라 바람의 방향이 결정되듯 서로 상대적인 온도 차이에 따라 음과 양으로 부를 개연성이 크다. 또 수동성과 능동성이라는 관점에서 음양을 이해하더라도 수동성과 능동성을 어떻게 계량화할 것인가? 비록 그것이 고대에는 나름의 과학적 학설이 될 수 있었을지 몰라도 현대에 와서 만물을 음양의 두 종류로 칼로 무 자르듯 분류할 수 있는 과학은 없다. 더구나 오행의 경우 만물을 모두 다섯 종류로만 분류할 수 있겠는가?

그런데도 서양 과학이 마치 이런 동아시아 고대의 사유 구조를 증명하고 있다는 듯이 말하는 분들이 더러 있다. 이들은 대개 상징적·유비적(類比的) 방법을 동원해 사물의 인과성을 배제하고 섣불리 자연법칙과 인간의 사유 구조를 구분하지 않고 같다고 여긴다. 그래서 동아시아 조상들이 고전에서 다 밝혀 놓은 내용을 서양인들이 과학을 통해 증명하는 것뿐이라고 주장한다.

더 나아가 기 가운데에는 서양의 4원소와 공통적 운명을 갖는 것도 있다. 이제 4원소를 원소로 보지 않는 까닭은 원소가 거기서 더 분화되었기 때문이다. 가령 자연 상태의 흙이나 물이나 공기는 여러 원소의 혼합물이고, 불이란 일종의 화학반응인 연소이기 때문이다. 비록 순수한 물이라고 해도 산소와 수소의 화합물이다. 이처럼 기에도 분화되어 간 것이 있다. 가령 흙의 기운이라 할 수 있는 토기(土氣)도 어떤 지역의 흙이 가진 기운의 총체일 수는 있으나, 그것을 분석하면 여러 가지로 나눌 수 있을 것이다. 가령 습기나 흙 속에 남아 있는 동식물의 사체에서 뿜어 나오는 가스일 수 있고, 또 다른 물질의 성분일 수도 있으며, 방사선일 수도 있다. 그것을 싸잡아 토기(土氣)라고 말하기에는 너무 모호하다.

이처럼 현대 과학은 기 개념이 분화하는 데 일조하였고, 현대의 우리는 그것을 따르지 않을 수 없다. 이렇게 분화된 용어나 개념을 쓰지 않고 두루뭉술하게 말하면, 모호성을 증폭시키거나 자기가 이해하는 기를 남에게 우격다짐으로 이해시키려고 하는 언어의 폭력에 가깝다. 적어도 과학이나 의학적 지식을 배경으로 하는 분야에서는 더욱 그렇다. 다만 문학이나 예술의 영역에서 다양한 용어로 산의 기운이나 땅의 기운 또는 강물 기운으로서 산기(山氣)나 지기(地氣)나 수기(水氣) 또는 자기의 주관적 감정으로서 심기(心氣)를 토로한다고 문제될 일은 없겠다.

아무튼 기로서 만물의 추상적 원리를 찾아내는 일은 그다지 어렵지 않다. 하지만 기에 대한 이론이 과학에 근접하려면 애매함과 모호성을 극복해야 한다. 정확한 데이터와 수량화하는 작업이 선행되어야 한다. 뒤에서 밝히겠지만 필자는 그것이 절대 불가능한 문제만은 아니라고 본다.

신비주의와 기

이런 말이 있다. "알면 과학, 모르면 미신이다." 전통의 풍수지리나 민간요법 등을 두고도 이렇게 말한다. 이 말은 우리가 미신이라고 치부하는 대상에 분명히 두 가지 관점이 요구되는 점을 시사한다. 그 가운데 하나는 정밀하게 과학적으로 따져 보면 합리적인 면이 있을 수 있다는 점이고, 다른 하나는 과학적으로 전혀 타당성이 없는 믿음에 불과하다는 점이 그것이다. 후자가 바로 미신이다.

그런데 세상일이란 칼로 무를 자르듯이 과학적으로 다 해명할 수 없는 일이 더 많다. 과학과 미신 사이의 간격이 분명하지 않은 일들이 참으로 많다는 데 문제가 있다. 가령 과학에서는 왜 중력이 생기는지 아직도 시원하게 해명하지 못했는데, 과거 서구의 과학자들조차도 그것이 신의 섭리라고 굳게 믿었다. 민간에서는 의학적 문제를 두고 그런 점이 아직도 많다.

그래서 이런 과학과 미신 사이의 틈을 비집고 들어선 것 가운데 하나가 신비주의다. 정확히 말하면 여기서 말하는 신비주의는 종교적 신비주의라기보다 신비주의적 태도라고 보아야 할 것 같다. 이렇게 기를 두고 신비주의적인 자세를 취하는 일은 의외로 많다. 그것은 앞에서도 말했듯이 기의 초감각적인 속성 때문이다.

가령 과거에도 그랬고 현재에도 가끔 보는 사례 가운데 하나로, 어떤 사람이 깊은 산 속에서 수도하다가 신의 계시를 받았는데, 자기가 환자의 아픈 부위에 손을 얹고 기도하면서 기를 불어 넣으면 병을 낫게 할 수 있다는 주장이 그것이다. 그것만이 아니다. 어떤 자칭 도사라 하는 사람은 액체나 고체에 약 성분을 넣고 자신의 기를 불어 넣어 병을 낫게 한다고 선전하여 중병에 걸린 환자들을 끌어모으고 있다. 이 경우는 대부분 미신에 가깝지만 병이 나았다고 추종하는 사람들이 있다고 한다.

아니, 꼭 그런 방식은 아니지만 멀리서 찾을 것도 없다. 신약성서에 예수가 손을 얹어 기도하고 병을 낫게 한 사례는 수없이 등장한다. 그냥 낫게 해달라고 기도하면 될 터인데 왜 병자의 몸이나 환부에 손을 댔을까? 또 예수의 옷자락이라도 잡으면 자기의 병이 낫겠다고 확신하여 만진 환자도 있었고, 그 결과 예수 자신도 자기 몸에서 능력(힘)이 빠져나감을 느꼈다고 한다. 그런 믿음 때문에 지금도 많은 사람이 이런 형태의 병 치료에 의존하는 일이 허다하다. 바로 하느님의 신비한 능력, 그것을 하느님의 숨결이랄까 전통적으로 생기(生氣)라고 말할 수 있는데, 그 생기를 환자에게 불어넣어 병을 낫게 하는 일이다.

병이 나았든 낫지 않았든 상관없이 이런 태도는 분명 신비주의에 가깝다. 그 과정을 과학적으로 밝힌다면 더 이상 신비한 일은 아니다.

또 한 사례는 과거 왕이 늙으면 젊은 후궁을 맞이하여 동침하기도 하고, 민간에서는 부자 노인들도 그렇게 했다고 전한다. 굳이 성관계 하지 않더라도 노인이 젊은 여자를 품고 자면 회춘과 장수의 효과가 있다고 믿었던 것 같다. 아무래도 젊은 기가 영향을 미칠 것이라 여겼기 때문이다. 왕이나 부자 노인이 그 때문에 오래 살았는지 알 수는 없지만 말이다.

이와 비슷한 사례에는 과거 우리나라 풍습을 보면 대개 할아버지나 할머니가 각기 손자나 손녀와 같은 방을 썼는데, 바로 이런 믿음 때문이 아니었을까? 물론 젊은 부부의 잠자리를 배려하고, 교육적 효과도 고려했을 것이다. 이 또한 기의 효과를 고려한 일종의 신비주의적 태도라고 해야 할까? 아니면 오래 누적된 경험에서 나온 것일까?

그리고 민간 풍습에 여자가 치마를 입거나 달밤에 목욕하면 땅과 달에서 나오는 음기를 채우고, 남자는 바지 끝을 대님으로 묶어서 땅으로부터 음기가 새어들지 못하게 하는 것도 필자가 보기에는 미신에 가깝지만, 또 전혀 근거 없는 것이라고 치부하기에는 찜찜한 구석이 있다.

언젠가 필자는 아주 불편한 질문을 받은 적이 있다. 필자가 기철학 관련 저술이나 논문을 썼다고 해서 기가 무엇인지 질문한 분이 있었다. 그래서 기를 개념적으로 설명하려고 하니까 설명을 중지시키면서 기를 체험한 것을 말해 보라고 하였다. 사실이지 필자가 체험한 기는 보통 사람들이 체험하는 상식적인 수준, 가령 자연에서 일어나는 계절이나 날씨의 변화 그리고 그에 수반하는 각종 자연 현상 또 마음이나 몸으로 느끼는 상대의 의도나 심리상태와 필자 자신의 몸속에 진행

되는 생리현상이나 질병 또는 컨디션의 변화 등 대충 그런 종류다. 그런 것을 말하려고 하는데, 그것도 중지시키고 고대의 철학자, 가령 소크라테스나 플라톤 및 특정 종교의 성인(聖人) 등이 체험했던 경지, 곧 일종의 영적인 신비 체험을 했느냐고 물어 왔다. 당연히 그런 체험을 해 본 적이 없어서 대답하지 못했다.

지금 생각해 보니 이분이 질문한 기의 체험은 분명히 신비주의적인 성격이 강하다. 필자 또한 그런 신비한 체험 자체가 비록 주관적이라 하더라도 인간의 몸을 통해 이루어지는 것인 만큼, 그것이 가능하고, 그래서 또 기가 작용한다는 점을 인정한다. 이것은 무속인이 접신(接神)한 경우에도 똑같이 적용된다. 정말로 신이 있든 없든 그 무속인은 몸을 통해 그런 기를 느낀다는 점을 부정할 수 없는 일이니까 그렇다. 더 나아가 환상을 보거나 환청을 들었다는 것과 노이로제 증상에서 온 신비 체험이라 할지라도 그와 같은 맥락에서 이해할 수 있겠다. 그것이 주관적인지 객관적인지 차이만 있을 뿐, 모든 현상의 배후 또는 그것을 인지하는 과정에는 기를 통하지 않을 수 없기 때문이다.

이 같은 배경에서 보자면 영적 능력의 확보, 초월적 힘의 도움, 생체에너지의 활성화, 의학적 목적, 종교적 신앙, 수련의 방법, 기예의 향상, 관상을 통한 운명의 파악, 상대의 심리 파악, 성적 에너지 확보 등에서 이러한 신비적 요소를 통해 기를 활용하기도 한다. 물론 여기에는 분명히 미신적 요소도 침투해 있겠지만, 아직 과학으로 해명되지 못한 대상도 있다. 그래서 기의 연구가 더 필요하다.

그 때문에 필자는 가령 맹자가 말한 호연지기(浩然之氣)를 비록 현대인들에게는 일종의 신비주의로 여길 수 있는 점이 있고 또 프랑스의 영웅적인 소녀 잔 다르크가 받았다는 천사의 계시 또한 신비한 기의 작용으로 볼 수 있으나, 이것들을 과학적 또는 합리적으로 해명할 방법이 전혀 없다고 믿지는 않는다.

문제는 이러한 기에 대한 신비주의적 태도 때문에 기에 대한 온갖 맹신과 오류와 독단이 파고들 수 있다는 점이다. 특히 상업적으로 이용하는 수많은 서적이나 매체는 경박한 과학주의와 건강 만능주의를 이용하고 또 초능력을 통해 무병장수를 보장한다는 사이비 종교가 가세하여 혹세무민을 부채질하고 있다. 이런 것에 현혹되는 일은 자신의 절박한 상황이나 욕심에 따른 것이지만, 본질적으로 기에 대한 이해의 결여에서 생기는 문제다.

기를 밝히려는 시도들

현대 과학에서 기를 밝히는 일의 어려움 중 하나는 기가 모호하다는 점인데, 많은 과학자가 이 점을 이구동성으로 말한다. 더 엄밀히 말해 과학에서 어떤 대상을 탐구하려면 공통적 개념을 공유하는 것이 필수인데, 기에 대해서는 정의를 내리기 쉽지 않다고 한다.

사실 앞에서 말했듯이 전통 철학은 나름대로 기를 잘 설명해 왔다. 그것은 철학적으로 기가 무엇인지 일관된 논리로서 설명하는 일이었기 때문이다. 그러나 과학은 그런 설명보다 기를 어떻게 경험하고, 그 결과 그 성질이나 운동 방식을 수학적으로 표현하는 일을 다룬다. 그래서 현대 과학자들이 다수의 기철학자가 말한 이론을 가지고 기를 경험하면서 동시에 수학적 법칙으로 확인하는 일은 결코 쉬운 일이 아니다.

그렇다고 해서 전통 철학자들이 기를 경험적으로 다룬 일을 취급하지 않는 것은 아니다. 그 경험의 결과를 기수(氣數)라고 표현하였다. 원래는 기가 운행하는 도수나 명운(命運)을 가리켰지만, 나아가 자연현상의 주기(週期)나 절기(節氣) 등을 가리키기도 하고, 최한기에 이르면 어떤 범위 내에서 기가 작용하는 주기, 거리, 정도 또는 원리로서, 즉 오늘날 자연법칙과 가까운 말이 되었다. 더구나 물건을 만들 때의 불 조절, 곧 온도, 공기가 압축되는 비율, 총의 사거리 등도 기수로 표현함으로써 기의 성질을 경험적으로 확인하려고 한 용어다. 그래서 그의 기학은 근대 과학과 연결된다.

사실 최한기는 서양 과학을 기학의 주요 분야로서 받아들인다. 그의 『기학』을 보면 이런 관점을 분명히 드러내고 있다. 넓은 의미의 과학으로서 공학이나 기술 분야 등도 모두 수용하고 있다. 곧 역수학(歷數學), 기계학(器械學), 격물학(格物學), 물류학(物類學), 기용학(器用學) 그리고 기예공장(技藝工匠)의 학 등이 그것이다. 물론 여기에는 전통의 그것도 포함되어 있지만, 서학을 통하여 알게 된 천문학이나 물리학과 박물학 그리고 기술이나 기계 등이 여기에 포함된다. 여기서 언급하지 않았지만 다른 저술에서 소개하는 의학이나 지리학 등도 당연히 그것과 관계가 된다. 어쨌든 서양 자연과학을 기학의 범주에 포함하였다는 사실에 중요한 의미가 있다.

그래서 그는 이러한 학문이 기를 밝히는 학문이라 확신하였다. 이것을 역으로 생각해 보면 근대 이후 자연과학이 탐구하는 물질세계는 곧 기로 이루어진 세계다. 왜냐하면 자연계의 물질 운동과 변화는 결국 기라는 에너지나 힘 또는 그것이 응취(凝聚)된 질료를 통하여 이루어지니, 결국 자연과학은 기를 밝히는 일이 되기 때문이다. 최한기는 기가 당연히 과학의 탐구 대상이 되어야 한다고 여겼는데, 그것은 우리가 볼 때 분명히 서양 과학에서 다루던 물질과 비교할 때 개념상의 차이가 있음에도 불구하고 그 자신은 똑같이 적용할 수 있을 것으로 여겼다. 만약 오늘날 우리가 기 개념을 지나치게 신비한 그 무엇으로 생각하지 않고 미세한 물질이나 힘 또는 에너지와 그것의 흐름으로 파악한다면, 자연과학의 대상이 됨은 물론이거니와 이미 탐구한 것으로 간주해도 결코 잘못된 일은 아니다. 그래서 그는 가능한 자연 현상이나 과학 법칙을 기로써 설명하려고 하였다.

하지만 우리의 현대 과학은 그런 끈을 놓쳐버렸다. 필자가 볼 때 현대 과학자들이 기를 탐구하는 문제의 어려움은 바로 최한기의 길을 걷지 않고 전통에서 말한 기를 오해하여 탐구한 데 있다. 곧 기는 유형의 물질이 아니라서 감각할 수 없으며, 유동적이고, 어떤 원소에도 속하지 않은 모종의 에너지 흐름 정도로 지나치게 신비화시켜 바로 눈앞에 보이는 물질적 대상을 기를 탐구하는 대상에서 제외한 데 있다.

이렇게 기를 유동적인 초감각적인 어떤 것으로 본 까닭은 대개 세계와 만물의 생성과 변화를 음양이나 오행의 기를 가지고 만물의 생성과 계절과 밤낮의 기후와 날씨의 변화 그리고 인간 심성과 감정의 관계 문제를 설명하려고 했던 전통의 영향 때문이다. 또 하나는 민속과 종교, 때로는 의학 등에서 일의 결과만 놓고 지나치게 확대 해석하여 인과관계를 소홀히 하고 신비적으로 기를 다루었던 영향 때문이다.

이처럼 그들이 다룬 기는 대부분 지극히 추상화되거나 신비화되고, 일부는 그 추상화된 것에 또 인간적·생명적 가치가 부여되어 자연과학으로 그것을 탐구하는 일이 거의 불가능하게 되었기 때문이다. 더구나 학파나 분야에 따라 같은 용어라도 개념을 달리할 때가 많다. 그러니 조건이 통제되고 제한적이며 구체적이어야 하는 대상을 생명처럼 여기는 자연과학에서 기의 탐구를 더욱 어렵게 만들고 있다. 만약 그런 작업 없이 기를 탐구하려고 시도한다면, 과학자가 대상을 잘못 선택했다고 말할 수밖에 없다.

하지만 필자는 최한기가 설명하고 주장하는 기는 이미 근대 이후 과학에서 충실히 다루고 있다고 본다. 과학자 자신들이 다루고 있는 내용이 대체로 최한기가 기학에서 주장하는 내용들이기 때문이다. 문제는 현대 과학자 자신들이 탐구하는 내용을 기와 상관없는 것으로 여기고 있다는 점이다. 기학의 처지에서 보면 억울하겠지만, 이런 현상은 근대 서구 문물을 수용할 때 번역자의 기에 대한 무지나 실수 또는 역량의 문제, 무엇보다 두 세계의 시각 차이에서 비롯한 문제다. 앞에서 언급했듯이 당시까지 알려진 과학은 그의 기학의 영역 안에 이미 포섭되었다. 그런데 따로 기를 연구한다는 게 난센스다. 물론 그의 기학은 자연과학의 대상보다 범위가 더 넓긴 해도 그렇다.

따라서 현대 자연과학자들이 기를 탐구하는 데 어려움이 있는 것은 이처럼 당연한 일이다. 기를 내버려 두고 다른 데서 기를 연구하려고 하니 참으로 난감한 문제가 아닌가? 이제는 과학이라 이름을 붙인 모든 학문 분야에서 사실상 기를 다루는 중이다. 다만 인식하지 못하고 있을 뿐이다. 물리학에서 최초의 물질을 탐구하는 것은 기의 원형을 찾는 것이라면, 일반 과학이나 공학은 그 기로 이루어진 물질의 운동이나 성질을 탐구하고 응용하는 것이며, 의학이란 거칠게 말하면 신기운화(身氣運化)를 밝혀 신기가 잘 소통되게 하는 학문이다. 또 심리학이란 신기(神氣), 곧 마음의 이치를 밝히는 학문이며, 교육학은 인간 신기(神氣)의 소통 능력 향상을 연구하고, 정치학은 인기(人氣)를 통민운화(統民運化)가 잘 되게 조직하고 소통하는 원리를 탐구하는 학문이며, 법학은 통민운화 가운데서 형률(刑律)을 밝히는 학문이다. 이렇듯 이 세상에서 경험할 수 있는 일은 기를 대상으로 하지 않은 일은 없다. 다만 기라는 용어를 쓰지 않을 뿐이다.

아무튼 우리의 근대 학문이 최한기의 방식을 따른 것이 아니기에 이런 문제가 생겼다. 그래서 기에 대한 정의를 제대로 내리지 못하고 있고, 과학 탐구조차도 기를 지극히 좁은 영역에 제한시키고, 거기다 신비적인 초능력 따위를 연구하는 데 머무르는 실정이다.

그러다 보니 현재의 기 연구는 인간의 건강과 질병, 곧 인체 정보에 관한 것이 가장 활발하고, 명상이나 기공을 통한 인간 행동과 건강의 관계, 인체 에너지와 정신상태 또는 인체 반응 등을 연구하고 있다. 가령 중국에서는 의학이나 기공 치료 및 기공 마취 등에서 기를 연구하고, 일본에서는 기공사를 통해 인체 내의 기와 인체 밖의 기를 과학적으로 측정하는 연구를 한 적이 있다. 유럽에서는 투시(透視)나 텔레파시와 염력(念力) 등의 초능력과 군사과학 등에서 연구된 바가 있다. 우리나라의 경우 한의학 같은 분야에서 생리적으로 파악하려는 시도는 많으나 자연과학적으로 연구된 것은 개인적인 몇 편의 논문을 제외하고 본격적인 연구는 아직 알려진 바 없다. 다만 식물 생육 촉진, 공간 에너지와 미생물, 광 에너지의 생체 면역력 증강, 기 수련법과 심리 변화 등의 분야에서도 점차 연구하고 있다.

이 또한 현대 과학이 아직 밝히지 못했거나 미개척 분야라서 신비한 기에 의지해서 시도하는 일로 보인다. 물론 과학이 이것을 입증할 수도 있고 입증하지 못할 수도 있겠지만, 입증한다면 비록 그 신비성은 줄어들더라도 기에 대한 입지는 더욱 강화될 것이다.

제4장

기氣의 활용

1. 예술과 기氣

회화, 서예와 기

어릴 때 들었던 옛날이야기다. 주인공이 어떤 어려운 처지에 놓인 누군가를 도와주고 병풍을 얻어 방안에 두었는데, 출타했다 돌아와 우연히 방안을 엿보니 병풍 속에 있던 인물이 그림 속에서 방으로 나와 서성거렸다고 한다. 또 그림 속의 여인과 사랑을 나누었다거나 병풍의 그림 안에 들어가 그곳에서 잘 놀고 천도복숭아까지 따 먹고 돌아왔다는 이야기도 있다.

이런 일이 실제로 있을까마는 오늘날 입장에서 해석해 보면 아마도 병풍 속의 그림이 보는 사람에게 현실로 착각할 정도로 솜씨가 뛰어났거나 아니면 그림을 보는 사람이 그림의 세계에 살고 싶은 욕망이나 염원을 반영한 내용이라 생각된다. 그림을 너무 생생하게 느끼고 상상했기에 이런 이야기가 떠돌았을 것이다.

앞의 이야기는 일종의 보통 사람들이 좋은 그림을 평가하는 태도를 반영한 것이지만, 실제 예술의 세계에서는 외적 대상과 내적 정서를 일치시키는 정경합일(情景合一)과 주객합일(主客合一) 또는 심물합일(心物合一)과 더 나아가 우주 자연과 인간이 하나로 일치한다는 천인합일(天人合一)[1]의 정신을 강조한다.

이렇듯 동양 회화에서 가장 이상적 경지를 뽑는 말 가운데 하나는 기운생동(氣韻生動)이라는 말이다. 이 말은 중국 남제(南齊)의 말기에 활동했던 화가 사혁(謝赫)이 한 말인데, 기운이 충만하여 넘친다는 뜻으로 기의 있고 없음에 따라 그림을 평가한다고 한다. 쉽게 말해 기가 빠진 그림은 죽은 그림이다. 물론 간단히 작품의 기라고 말했지만, 여기서 기가 어떤 기인지, 곧 작가의 개성을 말하는지, 정신세계를 말하는지, 아니면 그림의 생명력을 말하는지 또 그림 속의 보이지 않는 힘을 말하는지 시대와 사람에 따라 그 강조점이 다르기도 하겠지만, 대체로 기운이라고 말할 때는 이런 것들을 종합하여 평가할 것이다. 왜냐하면 개성과 정신세계와 생명력과 힘 등은 일반적으로 서로 포섭하는 평가 기준이기 때문이다.

그런데 기의 의미는 보이는 그림의 형상에만 적용되는 것은 아니다. 다시 말하면 그림 속 사물의 모습만이 아니라 그림의 여백을 매우 중요시한다. 어떤 면에서 아무것도 보이지 않는 여백이 보이는 그림을 살려낸다. 여백은 아무것도 그리지 않았으니 사실 무(無)의 영역이고, 표현된 그림은 유(有)의 영역에 속하므로 도가(道家)의 "유가 무로부터 생겨났다"라는 논리가 어울린다. 그래서 그림은 유무의 세계를 넘나든다.

그런데 후대 기철학의 논리에서 보면 무는 없다. 무는 항상 기로 채워져 있다. 그러나 기는 형체가 없으므로 표현상으로 보면 여백인 무의 영역에 속하지만, 유와 무를 넘나들며 그것을 통일시키는 존재

---

1 천인합일(天人合一): 자연과 인간이 일치하는 것을 말한다. 학파에 따라 의미가 다른데, 도가는 자연의 질서 또는 도와 인간이 일치하는 것이고, 유가는 정치 또는 도덕적 행위가 자연적 원리에 일치하는 것을 말한다.

다. 회화상에 있어서는 도가의 논리와 큰 차이는 없다. 그래서 그리는 사람과 보는 사람의 세계관이 이처럼 달라도 그림의 가치는 변함이 없다.

서법(書法), 곧 서예(書藝)에도 기는 핵심이다. 사실 서예는 글씨를 독립적으로 표현하기도 하지만, 그림과 같이 표현하는 경우가 흔하다. 서화(書畵)가 그것이다. 서화나 서예가 기와 관련된 문제는 두 가지로 나누어 볼 수 있다. 하나는 기가 화면(畵面)의 유무(有無) 세계를 관통함이 자연계에서도 현상과 그 배후를 기가 통일하고 있는 점이 서로 일치한다.

다음으로 작가가 서화(書畵)를 창작할 때 붓의 움직임이 기를 타서 그림으로 옮겨진다는 점이다. 이 점은 오래전 개봉했던 국산 영화 〈취화선〉(醉畵仙)에서 어린 장승업(張承業, 1843~1897)에게 그림을 가르쳐 준 선생이 말하는 데서도 보인다. "그림이란 마음속으로 먼저 그려야 하네. 그 마음속에 있는 것이 기를 타서 팔로 손으로 최종적으로 붓끝을 통해 화면으로 옮겨져야 하는 거네." 바로 마음속에 있는 어떤 상상이나 기백(氣魄)이 화면으로 전달되어야 함을 강조한 말이다. 그 결과로 작품의 기운이 생동하게 되며, 정경합일(情景合一)과 주객합일(主客合一) 또는 심물합일(心物合一)을 이룬다는 생각이다. 영화에서는 최한기가 한 말이라고 하는데, 이 내용은 각색한 것이지만 이 말의 근거가 될 만한 내용은『신기통』의 말이다. 곧 "문필에 종사하는 선비의 붓놀림은 자연히 붓대를 손가락의 연장, 붓끝의 털을 손톱의 연장으로 삼는다. 힘이 붓에 전달되어도 그것이 손에 접속되었다는 느낌이 없고, 이어진 기에 끊어진 틈이 없다. 그래서 획을 곧게 내려긋고 옆으로 건너 쓰고, 갈고리로 연결하듯 이어져 오르내림이 오로지 신기의 명령만을 듣는다. 광명정대한 신기를 드러내면 광명정대한 글씨를 이루고, 생기있고 기이한 신기를 드러내면 생기있고 기이한 글씨를 이룬다(「지유습통」)"라는 말이 그것이다. 여기서 두 방면에서 기를 고찰할 수 있는데, 먼저 작가의 예술적 혼이 신체에서 붓 등의 도구로 그리고 최종적으로 작품으로 옮겨가는 과정이 그것이고, 다음으로 기를 통해 작품에서 풍겨 나오는 위대함이나 작가의 예술혼 또는 정신 등을 엿볼 수 있다는 점이 그것이다.

그런데 여기서 매우 중요한 요소가 작용한다. 붓의 움직임이란 단순한 기계적 손놀림으로만 믿지 않았다. 거기에는 몇 가지 요소가 있다. 특히 서법에 있어서 송 대의 소식(蘇軾, 1037~1101)은 좋은 필획에는 신(神), 기(氣), 골(骨), 육(肉), 혈(血)이 갖추어져야 한다고 하는데, 신이란 정신을, 기는 힘을 뜻하며, 골과 육과 혈은 글씨를 인체와 같은 생명체로 비유한 것으로서, 글씨에서 미묘하게 그러한 요소로 나눠볼 수 있다는 점을 분석한 말이다. 곧 글씨 속에는 작가의 정신이 표현되고 기로써 힘이 넘치되 글씨의 뼈대와 살과 피가 적절히 어울려야 좋은 글씨라는 점이다. 특히 마음에서 우러나오는 정신은 작가의 성숙한 인격을 요구하고, 글씨에 반영된 힘으로서의 기는 글씨에 생명력을 부여한다. 그것은 미적으로 아름다운 글씨만이 아니라 그 이상의 경지를 추구하기 때문이다. 그래서 청 대의 학자 유희재(劉熙載, 1813~1881)는 이렇게 말하였다.

무릇 글씨의 기를 논할 때는 선비의 기를 최고로 친다. 부인의 기, 군인의 기, 시골의 기, 시장의 기, 장인의 기, 썩은 기, 광대의 기, 강과 호수의 기, 남의 집에서 밥 얻어먹는 손님의 기, 술과 고기의 기, 채소와 죽순의 기 등은 모두 선비가 버리는 기다(『예개』).

바로 선비 정신과 같은 기개가 작품 속에 요구되었다고 본다. 물론 작품 속에서 표출되는 기백은 다양하겠지만, 그것은 동아시아 전통에서는 선비의 삶을 이상적으로 여기는 지식인들의 가치가 반영되어서 그랬는지 모르겠다. 만약 선비의 길이 아닌 다른 삶을 이상적으로 여겼다면 또 예술에서 요구하는 기백이 달라질 수 있겠다.

문학과 기

우리말에 '끼'라는 것이 있다. 재능이나 소질을 속되게 일컫는 말인데, 아마 '바람기'나 '방랑기'와 같은 용례에서 기만 따로 떼어 내 독립적으로 쓰인 말인 것 같다. 그러니까 기가 경음화되어 이루어진 말로 보인다. 그래서 이 말은 주로 예능이나 예술 분야에 국한해서 쓰이기도 한다.

이러한 끼는 문학 방면에서도 글의 개성이나 성과를 결정짓는 요소가 될 수도 있는데, 여기서 끼란 천부적 자질임과 동시에 개성을 뜻하는 차별의 근거이기도 하기 때문이다. 따라서 억지스러운 모방보다 타고난 끼를 자연스럽게 잘 발휘하는 것이 관건이 된다.

문학을 비평할 때 흔히 문기(文氣)라는 말을 쓴다. 쉬운 말로 문장의 기세(氣勢)라고 할 수 있는데, 문장에 녹아 들어간 작가의 정신이나 기질과 관계가 있다. 글에 대한 종합적인 평가를 할 때는 세밀하게 나누어 말하기도 한다. 예를 들면 고려 후기 최자(崔滋, 1188~1260)가 엮은 시화집인 『보한집』(補閑集)에는 기풍(氣風), 기백(氣魄), 기세(氣勢),

속기(俗氣), 기미(氣味), 기상(氣像), 기격(氣格), 기장(氣壯) 등의 용어
가 등장한다. 또 그 외 전통적으로 예술이나 문학을 평가하는 용어에
는 신기(神氣), 골기(骨氣), 풍기(風氣), 재기(才氣), 지기(志氣), 의기(意
氣), 기골(氣骨), 신운(神韻), 체운(體韻), 아운(雅韻) 등이 있다고 한다.

그러니까 이것들은 글 또는 예술을 평가하는 용어다. 모두 작가의
기질이나 기량, 소질이나 성격 또는 개성과 삶의 가치나 의도, 품격
등이 작품에 녹아든 것을 평가하는 말인데, 전통적으로 기의 다의적
(多義的) 성격과 관계가 있다. 따라서 문기는 문학적 감동과 성과를 결
정짓는 요인이 된다. 물론 문기를 작가의 개성이나 기상 등으로 좁혀
서 보아도 문제 될 것은 없다.

따라서 문학에서 기의 개념은 작가의 내재적인 재기(才氣)나 기량
(氣量)이나 기질(氣質)이나 의기(義氣) 등과 작품에서 풍겨 나오는 지
기(志氣)나 기력(氣力) 또는 기세(氣勢)나 기백(氣魄) 등을 일컫는다.
고려 후기 이규보(李奎報, 1168~1241)의 다음의 말에는 기에 대한 이런
의미가 들어 있다.

> 기가 열등한 사람은 문장 꾸미는 것만 일삼아 뜻(意)을 앞세우지 않는다. 대개
> 글을 꾸미고 다듬으면 꾸며댄 그 구절은 믿음직하고 화려하다. 그러나 글 가운
> 데 두텁고 깊은 뜻이 함축된 것이 없으면, 처음에는 볼만하나 다시 씹어보면 맛
> 이 다하고 없다(『백운소설』).

그의 말의 의도는 문장을 꾸미는 기교보다는 문장이 함축하는 사상
이나 철학을 강조한 것이지만, 이규보가 여기서 말한 기는 작가의 정
신세계와 그것을 구현하는 능력, 곧 작가의 역량을 일컫는 말이라고

생각된다. 이렇게 개인에 따라 약간의 차이는 있지만 기는 작가의 역량과 큰 관계가 있다. 그런데 그런 역량은 키울 수 있다. 그것은 단지 문장을 꾸미는 기교만이 아니라 그 작가의 삶을 통해서 인격을 수양하는 일이 그것이다. 전통 철학에서 말하는 수양론(修養論)이 거기에 해당하겠지만, 구체적으로 자신의 기질을 변화시키거나 호연지기를 기르는 것도 그 가운데 하나다.

또 작가의 태도 또는 역량과 관계된 말에는 서권기(書卷氣)가 있다. 이것은 학자다운 풍모나 문인의 기풍을 뜻하는데, 원래 청 대 문인들이 자주 쓰는 말이며, 조선 말 추사 김정희(金正喜, 1786~1856)가 말한 문자향(文字香)과 함께 우리에게 널리 알려져 있다. 서권기는 다음과 같이 청의 왕개(王槩) 형제가 쓴 책에도 등장한다.

> 필묵(筆墨) 사이에 차라리 유치한 기운이 있더라도 막힌 기운이 있으면 안 되며, 차라리 패기가 있더라도 장사치 기운이 있지 말아야 한다. 막힌 기운은 살아있지 않고, 장사치 기운은 모두 속된 것이기에, 속된 기운에 더욱 물들면 안 된다. 속된 기운을 없애는 데는 다른 방법이 없고, 책을 많이 읽으면 서권기가 상승하고 장사치의 속된 기운이 아래로 내려갈 것이다(『개자원화전』).

이 글을 보면 서권기는 다독으로 속된 물욕을 없앤 마음의 기상(氣像)을 뜻한다. 물론 이 말은 일반적인 기상이라기보다 앞의 유희재가 말한 선비의 기상을 뜻한다. 사실 독서와 강학을 통한 인격의 수양은 고대로부터 선비들에게 요구된 공부이다. 선비가 문예에 힘써도 또한 그것을 소홀히 할 수 없었다. 많은 선비가 학자이면서 예술가이기도 한 경우가 많지만, 비록 예술을 전업으로 하는 사람들도 선비의 기상을 이상으로 삼고 닮고자 하였다. 순수 예술가에게도 선비다운 기풍이 요구되었다고나 할까?

이렇듯 기는 문학만이 아니라 예술 활동 전반에 적용되며, 기와 예술이 얼마나 중요한 관계에 있는지 잘 보여주고 있다. 예술은 감동을 전제로 한다. 이 감동은 소리나 색이나 문자 등의 매체를 통하여 작가가 의도하는 것을 수용함으로써 이루어진다. 여기서 아무리 매체가 효과적이라도 작가의 기가 충만하게 반영되지 않으면 문학은 공허한 언어의 나열이요, 음악은 소음에 불과할 것이며, 색깔은 눈만 어지럽힐 뿐이다. 그 작가의 기를 한마디로 말하기는 어렵다. 요즘 말로 작가의 정신세계와 개성, 기량, 가치관, 의도, 의욕과 에너지의 종합이다.

이와 관련하여 예술과 기를 신기통(神氣通), 곧 '신기의 소통'으로 설명한 사람은 최한기다. 어떤 예술 작품이 감상자에게 감동을 주는 일을 두고 "신기를 움직인다"라고 표현하는데, 신기란 마음과 같은 말이므로 그 뜻은 감동과 같다.

> 내가 저술한 글이 생기와 활력이 넘치는 신기에서 나왔다면, 이를 보고 이해한 사람은 반드시 그의 신기를 계발할 것이다. 나아가 초상화나 글씨나 그림도 그런 신기에서 나왔다면, 남이 우러러보도록 움직일 수 있다(『신기통』권1, 「문언신기」).

그는 사상이나 미적 가치 등이 타인에게 영향을 미치는 일도 신기가 통하는 일이라고 하였다. 이때의 신기는 마음으로서, 그것을 확장하면 마음이 만들어 낸 사상, 가치, 정서 등이다. 예술에서 말한다면 예술혼이나 작가 정신이다. 작가의 신기와 감상자의 그것이 서로 통한다는 뜻은 작가와 감상자가 미적 가치나 정서를 공유거나 계발한다는 뜻이며, 많은 사람이 감동 또는 공감하려면 보편적 가치나 정서에 기반해야 한다는 뜻이다. 그는 그 감동의 요소로서 생기와 활력과 거침없이 뻗어 나오는 신기에 있다고 한다. 바로 예술혼으로서 작가 정신이자 사상이나 가치와 정서 등이다. 앞에서 설명한 남제의 사혁(謝赫)이 말한 기운생동과 통한다.

음악, 기의 질서 있는 연속적 떨림

기는 보이는 현상계의 근원이자 현상계를 지배하는 실체다. 그래서 현상계를 모사(模寫)하거나 또 그것을 초월하고자 하는 예술 또한 기를 무시할 수 없었다. 기는 예술이 표현하고자 하는 주제 가운데 하나이면서도 동시에 도구이기 때문이다. 이렇게 보면 기는 예술을 성립 가능케 하는 실체다. 왜냐하면 예술에서 모사되거나 표현되는 대상과 그 예술의 주체로서 인간의 정서와 심리 그리고 상상력은 모두 기의 일이기 때문이다. 그러니 예술의 본질, 작가의 창조력, 예술품의 생명력 그리고 표현 대상과 작가 및 작품과 감상자를 매개하는 것도 기다. 비록 현대 과학에서 기와 관련된 일을 하면서도 전통보다 더 세분된 영역에서 기라는 개념 없이도 작업을 수행하고, 일상생활에서도 기를 쓰면서 기를 의식하지 않아도 되지만, 적어도 동아시아 예술에서는 기를 배제하거나 의식하지 않고는 예술이 성립되지 않는다.

여기서 기를 가장 감각적으로 느낄 수 있는 예술의 영역은 단연코 음악이 으뜸이다. 소리가 없으면 음악이 성립되지 않기 때문이다. 고대 문헌에서 음악을 기와 관련시킨 사례는 『장자』의 「제물론」이 압권이다. 거기에는 하늘의 피리 소리와 땅의 피리 소리와 인간의 피리 소리로 나누어 소개하는데, 바람이 불면 온갖 구멍에서 나는 소리를 잘 묘사하고 있다. 소리를 멈추거나 내는 물리적 원인은 바람이다. 여기서 바람은 공기이며, 전통적으로 그것을 기로 인식했다. 그러니까 기가 있어야 소리가 난다!

물리적으로 소리가 발생하는 방식은 크게 세 가지다. 하나는 물체가 진동하면서 공기를 진동시키는 현상과 또 하나는 공기 자체가 물체에 부닥쳐 진동하면서 내는 현상, 마지막 하나는 공기가 공기를 진통하는 방식이다. 다만 악기에서는 앞의 두 가지가 사용된다. 이것을 살펴보면 가야금이나 거문고는 물체가 공기를 진동시키는 현상에 속하고, 단소나 퉁소는 공기가 물체에 부닥쳐 진동하는 현상이다. 소리의 전달은 소리에너지가 공기 중에서는 파동으로 전달된다. 그러니까 기가 없으면 음악 자체가 성립되지 않는다. 마음속의 기가 손이나 입을 통해 공기의 떨림으로 소리가 만들어지면 공기의 파동으로 소리가 전달되고 또한 그것을 듣는 사람의 귀청이 떨려서 심기, 곧 마음의 떨림으로 전달하니, 음악이란 기의 질서 있는 연속적 떨림인 셈이다.

장자와 같은 도가사상에서는 인위적인 소리만이 아니라 자연의 그것까지도 음악의 범주에 넣었는데, 그것은 감각적인 대상보다 자연의 본질적인 도(道)를 파악하고자 하는 일과 관계있다. 그래서 자연과 하나가 되고자 하였다. 이런 도가의 영향으로 산수화를 그릴 때 화면에 인물을 자연의 한 부분으로만 취급하여 크게 부각하지도 않았고, 음악에서도 서양 음악처럼 악기 소리를 인위적으로 크게 하거나 지나치게 아름답게 하려는 것보다 자연스러운 흐름에 내맡겨 내면화하고자 하였다.

그런데 동아시아 음악은 더 나아가 음양오행의 기와 연결되어 오음(五音)은 제각기 궁(宮)-토(土), 상(商)-금(金), 각(角)-목(木), 치(徵)-화(火), 우(羽)-수(水)처럼 오행으로 분류되었다. 또 12율려(律呂) 가운데 황종(黃鐘), 태주(太簇), 고선(姑洗), 유빈(蕤賓), 이칙(夷則), 무역(無射)의 여섯 음(音)은 양(陽)을 대표하는 소리로서 육률(六律) 또는 양률(陽律)이라 하고, 대려(大呂), 협종(夾鐘), 중려(仲呂), 임종(林鐘), 남려(南呂), 응종(應鐘)의 여섯 음(音)은 음(陰)을 대표하는 소리로서 육려(六呂) 또는 음려(陰呂)라고 불렀다. 그렇게 분류하는 기준은 황종부터 홀수의 순서에 오는 것이 양, 짝수의 순서에 오는 것을 음을 대표하는 소리로 정하였다. 황종을 서양 음악의 C음으로 보고 12달을 배치하면 황종(C, 11월), 대려(C#, 12월), 태주(D, 1월), 협종(D#, 2월), 고선(E, 3월), 중려(F, 4월), 유빈(F#, 5월), 임종(G, 6월), 이칙(G#, 7월), 남려(A, 8월), 무역(A#, 9월), 응종(B, 10월)이다. 이렇게 음악의 소리조차도 자연적 음양오행에 맞추어 설정하였다.

이런 정신은 악기를 만드는 데도 반영되었다. 곧 전통악기는 크게 만들어 소리를 크게 내거나 기계적 메커니즘을 따라 복잡하거나 기묘한 소리를 내게 만들지 않고, 팔음(八音)이라고 하여 쇠, 돌, 실, 대나무, 바가지, 흙, 가죽, 나무의 자연물에서 여덟 가지 원료를 취하여 만들었다. 이것은 주역의 8괘, 8방위, 8절기 등과 관련이 있는데, 제한된 몇 가지 원료로 악기를 만든 것이 아니라 전체 자연물을 대표하는 것으로 만듦으로써 인간의 길인 인도가 자연의 길인 천도와 합일하고자 하는 사상이 들어 있다. 단순히 인위적인 아름다운 소리 자체에만 탐닉하지 않았다는 증거다.

그런데 유가에서는 음악을 일종의 통치 수단, 곧 예악형정(禮樂刑

政) 가운데 하나로 중요하게 생각하였다. 그래서 음악에 관한 경전인 『악경』(樂經)이 있었으나 지금은 없어지고 『예기』 가운데 「악기」(樂記)라는 편 속에 그 이론이 일부 남아 있다. 거기에 보면 음(音)이 일어나는 것은 사람 마음을 따라 생기는데, 거기에는 단계가 있다. 곧 사람의 마음이 사물에 접촉하면 정서가 움직여 말로 드러나 음성이 되며, 음성에 포함된 말의 의미가 서로 응하여 자연히 맑고 탁하고 높고 낮은 변화가 일어나고, 그 변화가 노래와 시의 곡조를 이루면 그것을 음(音)이라고 불렀다. 그리고 그 음을 모아 악기로 연주하고 춤에 미치는 것이 악(樂)이다. 여기서 음은 기를 통해서 표현되는데, 맑고 탁하고 높고 낮은 것은 성기(聲氣)의 변화다. 그러니까 음악(音樂)이란 이런 음과 악으로 이루어진 것이지 단지 서양 'music'의 번역어로만 생각해서는 안 된다.

후대 성리학에서는 인간 정서의 발현을 체계적으로 해석하였다. 인간의 마음이란 원래 텅 비고 고요한 것이지만 사물에 접촉하면 움직인다고 한다. 그래서 칠정(七情), 곧 일곱 가지 감정을 노출한다. 그런데 이런 칠정이 노출하는 것은 바로 기(氣)로 이루어진 인간의 마음이 사물과 접촉하여 발동하여 일어나는 일이다. 이렇게 기가 발동하여 일어난 정서가 음과 악을 만드니, 인간의 정서에서 출발한 유가의 이런 악론(樂論)은 확실히 자연의 도와 일치하고자 하는 도가의 목적과는 다르다. 그 목적은 인간 사이의 화합에 있으므로 화기(和氣)를 고양하는 것을 최고로 친다.

하지만 이 또한 도가와 마찬가지로 자연의 원리에 따르고자 함은 물론이다. 조선 성종 때 편찬한 악서(樂書)인 『악학궤범』(樂學軌範)에 보면 이런 말이 나온다.

노래는 말을 길게 하며 율(律)[2]에 맞게 하고, 춤은 팔풍(八風)[3]을 행해서 그 절주(節奏)를 이루게 한다. 이는 모두 자연을 본받는 것이고 사람의 사사로운 지혜로 만들어 낸 것이 아니다(원서).

여기서 악(樂) 또한 다른 예술과 마찬가지로 인위적인 것보다는 가능한 자연적 원리에 부합하도록 노력한 흔적을 엿볼 수 있다. 따라서 음악 연주도 인위적 기교보다는 내면적 정서가 자연스럽게 표출되는 기의 흐름에 내맡기며 또 지나치게 소리를 아름답게 하려고 애쓰지 않는다는 점도 자연 상태의 기 흐름을 따른다고 보아야 하겠다. 모두 천인합일(天人合一)에 이르고자 하는 인간의 의지가 반영되었을 것이다.

여기서 실제 연주와 노래에서도 기를 잘 조절해야 한다. 굳이 음악만이 아니라 회화나 서예의 붓의 동작, 무용의 몸동작에서도 기를 잘 조절해야 하지만, 이때의 기란 호흡과 힘을 말한다. 힘을 기운이라고 말하지 않던가?

그런데 현악기나 타악기도 기를 잘 조절해야 하지만, 무엇보다 성악과 관악기 연주는 기의 흐름을 절묘하게 다스려야 한다. 소리의 질은 호흡 조절이 절반 이상을 차지한다는 사실이 결코 빈말이 아니다. 여기에는 단순히 기계적인 메커니즘만 작용하지 않는다. 연주자는 머릿속에 이미 표현할 음악을 상상하고 있어야 한다. 이것이 연주자에 따라 드러나는 개성의 출발점이다. 다음으로 그 상상한 것이 기를 타

2 율(律): 전통 음악에서는 황종(黃鐘)을 기준으로 여섯 율(律)과 여섯 여(呂)가 있다. 합쳐 12율이라고 하는데, 서양 음악의 12음계와 같다고 보면 된다.
3 팔풍(八風): 8방향에서 불어오는 바람. 8음과 8괘와 8풍의 상호관계가 『악학궤범』에 나온다.

서 팔을 통해 손끝으로, 관악기의 경우라면 폐에서 나온 공기가 입으로 전달되어 최종적으로 악기의 소리로 바꾼다. 이것들을 매개하는 것은 단순히 기계적인 힘만이 아니라 정신적 요소가 함유된 기다. 이런 과정이 없으면 악기를 아무리 기계적으로 잘 연주해도 개성 있는 좋은 음악이 되지 않는 결과가 바로 그런 이유 때문이다. 미래에 AI가 인간을 대신해 연주해도 인간의 개성을 따라올 수 없는 까닭이 바로 여기에 있다.

건축과 기

필자가 예전 초등학교 교과서에서 본 내용이다. 어떤 키다리 욕심쟁이 부자가 좋은 집에서 살았다. 동네 아이들은 욕심쟁이네 정원에서 자주 놀았다. 그런데 어느 추운 겨울날 욕심쟁이는 이웃집 아이들이 자기 집 정원에서 노는 꼴이 싫어서 담장을 매우 높게 쌓고 말았다. 어느덧 밖에는 추운 겨울이 지나고 봄이 왔는데도 욕심쟁이네 마당에는 흰 눈이 내리고 찬 바람만 씽씽 불었다. 어느 날 욕심쟁이가 마침 정원에서 새소리가 들리고 따뜻한 햇볕이 들어서 낮잠에서 깨어나 가만히 살펴보니, 담장 한 곳에 구멍이 생겨 아이들이 들어와 놀고 있었다. 욕심쟁이는 비로소 깨달아 담을 허물고 아이들이 예전처럼 놀게하자 그 정원에 봄이 다시 찾아왔다고 한다.

지금 알아보니 그 동화는 아일랜드의 시인이자 소설가인 오스카 와일드(Oscar Wilde)가 1888년에 발표한 『욕심쟁이 거인』이란 동화다. 이 이야기를 꺼낸 이유는 건축물과 기의 관계를 설명하기 위해서이다. 앞의 이야기에서는 담장이 높아 봄이 오지 못했다가 조그만 구멍을 통해 아이들과 함께 봄기운이 들어온 것을 상징적으로 표현하였다.

세계 어디를 가더라도 해당 지역의 전통 가옥은 모두 나름대로 그 지역의 기후와 환경에 적응해서 건축되었다. 그것은 다른 말로 사람 살기에 알맞게 기가 적절히 통하도록 설계되었다고 말할 수 있다. 추운 지역에서는 냉기를 막고, 더운 지역에서는 열기를 막으며, 사계절이 뚜렷한 곳은 계절에 따라 추위와 더위를 조절할 수 있도록 하였다. 이것을 가만히 살펴보면 결국 자연과 인간 사이에 기의 흐름을 어떻게 적절히 조절할 것인가에 따라 건축된다. 그것이 고려되지 않으면 아무리 외관이 예술적이고 기능적으로 편리해도 좋은 집이라 할 수 없다. 건축은 예술성이나 실용성에 앞서 언제나 기의 흐름을 고려해야 한다. 현대의 도시 건축은 그것이 부족해 환풍기나 온풍기 또는 냉방기를 설치하여 강제로 기를 조절한다.

우리나라 전통 한옥을 보면 언제나 기가 잘 소통되게 설계되어 있다. 사실 한옥은 기가 적절하게 통하도록 설계된 예술 작품이다. 기가 잘 통한다는 것은 사시사철에 따라 생활하기 좋게 건축되어 있다는 뜻이다. 바람이 휑하니 너무 통해도 안 되고 시멘트와 유리로 된 건물처럼 너무 안 통해도 안 된다. 우선 외관부터 단층이 많다. 그것은 땅의 기운을 받기 위해서이지만, 그렇다고 땅을 파서 그 속에 집을 짓지는 않는다. 땅을 약간 돋우어 거기에 주춧돌을 놓고 그 위에 기둥을 세운다. 습기를 피하기 위해서다. 담장 또한 필요 이상 높게 쌓지 않는데, 이것도 외기의 소통을 방해하지 않으려는 의도로 보인다.

또 겨울에는 햇볕이 적절하게 들도록 처마가 살짝 들려 곡선으로 되어 있고, 벽과 기와의 밑은 돌이나 나무가 아니라 흙으로 발랐다. 외기가 급격하게 내부로 들어오는 것을 방지하기 위해서다. 그것만도 아니다. 문과 벽은 창호지로 발랐는데, 그것은 습기가 많을 때 방안의 습기를 머금게 하기도 하고, 문의 창호지는 햇볕을 막아 커튼의 역할을 하면서도 외부의 공기를 알맞게 통하게 한다. 또 문의 경우도 겨울과 여름에 여는 방식이 다른데, 겨울에는 이중으로 된 문도 있어서 모두 닫지만, 여름에는 문짝째 들어 올려 걸어두는 방식을 취하기도 한다. 철에 맞게 기가 적절히 통하게 하기 위해서다.

한옥은 또 여기서 그치지 않는다. 일본이나 중국도 외관상 한옥과 유사해도 우리에게만 있는 것이 있는데, 바로 대청마루와 온돌이다. 대청은 나무로 만드니 오행으로 보면 목(木)의 기운을 갖고 있고, 온돌은 돌과 흙으로 만들고 그 용도는 불을 피우기 위함이니 오행으로 보면 토(土)와 화(火)다. 그러니까 서로 상극인 목과 화를 한 공간에 배치했어도 중간에 토가 끼어 있어서 화재가 생길 염려가 없고, 겨울에는 따뜻하고 여름에는 시원한 역할을 한다.

더 나아가 건물과 정원의 배치에서 가능한 인공적인 것을 배제하였다. 곧 기의 흐름을 방해하지 않으려고 하였다. 이것은 특히 우리나라의 건물과 정원이 그러한데, 일본이나 중국의 그것과 비교하면 확연히 차이가 난다. 같은 문화권에 속한 나라지만 미적 문화적 가치가 다르기 때문이다. 필자는 오래전 남도에 있는 한국의 대표적 정원이라 불리는 '소쇄원'에 갔다 온 적이 있는데, 그곳의 특징은 주변 환경을 훼손하지 않고 살려서 건물과 조화를 이루었다는 점이다.

그러나 건축도 단일한 건축물 그 자체만으로 보자면 의미가 없다. 왜냐하면 기는 미시적인 곳만 아니라 거시적으로 존재하고 운동하기 때문이다. 그래서 집을 지을 때 집터를 고려하는데, 이것은 풍수지리와 관계가 있다.

풍수지리는 산세(山勢)와 수세(水勢)와 지세(地勢)를 바탕으로 인간의 길흉화복을 판단하는 것으로, 그것에 영향을 미치는 것은 구체적으로 물, 불, 바람 등이지만, 그런 자연과 인간을 매개하는 것은 기다. 특별히 그 기는 건강만이 아니라 심리적인 영향을 끼치기도 하는데, 조선 후기 실학자 이중환(李重煥)이 지은 『택리지』에 보면 주위의 산수가 인간의 심리에 미치는 영향을 잘 설명하고 있다. 그러니까 풍수지리는 현대적으로 보면 인간의 심리까지 고려된다고 할 수 있다.

풍수지리 가운데 미신이 전혀 없지는 않으나, 이처럼 집터와 관계해서는 매우 합리적인 점을 확인할 수 있다. 큰바람과 홍수나 화재라는 재앙을 막고 땅의 좋은 기운을 받아 건강하게 사는 일은 현대 과학으로서도 얼마든지 검증할 수 있는 문제이기 때문이다. 그러니 아무 곳에서나 땅을 파고 바위를 깎고 산을 허물어서 아파트나 공장을 짓는 공사는 재고할 필요가 있다. 석면이나 방사선과 같은 해로운 기가 방출하여 사람에게 좋지 않은 영향을 줄지 모르기 때문이기도 하지만, 홍수와 산사태 등 각종 재앙을 불러올 수도 있기 때문이다.

이렇듯 선인들의 풍수지리는 지나친 점이 없지는 않으나 꼭 미신의 소산만은 아니다. 게다가 미신으로 치부하는 묏자리와 인간의 길흉화복은 직접적 인과관계가 없음은 확실하지만, 자손에게 심리적 위안이나 믿음을 주기 때문에 그 효과가 전혀 없다고는 말할 수 없겠다.

2. 한의학과 기氣

침과 한약

몸이 아파 한의원에 갔을 때, 큰 질병이 아니라면 사람에 따라서는 먹는 약보다 침 맞는 치료를 선호한다. 그 이유는 아무리 병을 낫게 한다고 해도 약이란 게 백 퍼센트 다 몸에 좋은 것만은 아니라서 몸 어딘가에 부작용을 일으킬 수 있기 때문이다. 그러니 한약의 경우라 하더라도 부작용의 우려가 전혀 없을 수는 없고, 양약의 경우는 더욱 그러하다.

이왕 말이 나왔으니 가공식품, 가령 과자나 음료수 첨가물에 인공 감미료나 색소가 없는 상품을 찾아보기 바란다. 거의 없을 것이다. 물론 그 속에 들어 있는 성분의 함량이 해당 용량으로서는 당장 인체에 해를 끼칠 정도는 아니겠지만, 살아가면서 그것을 수없이 먹다 보면 아무래도 몸에 좋을 리는 절대로 없다. 끔찍한 일이 아닌가? 모든 식품은 될 수 있는 한 천연 그대로 조리해서 먹는 게 가장 좋다.

이렇듯 복용하는 약과 달리 찌르기만 하는 침의 효능은 아무래도 약보다 부작용의 여지가 덜하겠지만, 그렇다고 무조건 다 좋은 것만은 아니다. 그것은 침을 제대로 놓느냐 그렇지 못하느냐의 차이뿐만 아니라 침을 놓아야 할 적절한 시기와 장소도 있기 때문이다. 그렇다면 언제 어디다 침을 놓아야 할까?

동아시아의 철학 전통에 따라 한의학에서도 인체를 작은 우주로 본다. 자연에 기가 충만하듯이 인체에도 기가 들어 있으며, 자연 속에서 기의 흐름이 깨지면 때에 맞지 않는 추위나 더위가 몰려오고 가뭄이나 홍수가 나듯이 인체도 조화가 깨지면 기의 흐름이 막혀 질병이 생긴다고 믿었다. 원래 "기가 막히다"는 말은 한의학에서 온 말이며, 그렇게 되면 질병이 생기거나 죽게 된다. 기가 통하게 뚫어주어야 한다. 그 역할 가운데 하나가 침이나 뜸의 시술이다.

그런데 침을 아무 데나 꽂아서는 안 된다. 기를 통하게 하려면 기가 다니는 길을 찾아야 한다. 그 기가 통하는 길을 경락(經絡)이라 부른다. 경락은 인체의 오장육부에 대응하는 12개로 열두 달의 수와 같다. 또 경락과 같은 것에는 맥(脈)이 있는데, 이 가운데 중요한 것은 임맥(任脈)과 독맥(督脈)이다. 임맥은 음(陰)의 에너지를 맡는다는 뜻으로 배를 따라 24혈이 있는데, 연중 24절기가 있는 것과 같다. 독맥은 양(陽)의 에너지를 감독한다는 뜻인데, 척추를 따라 28혈이 있으며 하늘에서 태양이 지나간 자리에 있는 28개의 별자리의 수와 일치한다. 또 경락과 맥에는 구멍이라는 뜻을 가진 혈(穴)자리가 있는데, 침이나 뜸은 바로 그곳에 놓으며 몸 전체에 361개가 있다. 일 년의 날의 수와 거의 비슷하다.

그러니까 한의학은 어쩌면 철저하게 자연의 이치와 인체를 일치시켰다고 보면 되겠다. 동아시아 철학과 예술이 천인합일의 경지를 지향한다면, 한의학에서는 인체를 소우주로 보아 자연과 일치시켰다. 물론 그 우주에 충만한 것은 기임은 두말할 필요가 없다.

이렇게 혈에 침을 놓는 역할은 기를 조절하기 위해서다. 곧 혈을

통하여 몸이 찬 사람의 몸을 데우고, 열이 많은 사람의 몸을 식히기도
하여 몸을 펴지게 하거나 움츠리게도 만든다. 또 특정한 한 방향으로
쏠린 기를 해소하기도 한다. 곧 침을 통해서 몸에 기가 조화롭게 돌도
록 돕는 일인데, 마치 자연의 운행이 순조롭게 되는 현상처럼 한다.
이렇게 침 또는 뜸은 우리 인체의 기를 알맞게 조절하는 중요한 치료
법이다. 그러나 모든 질병은 오로지 침과 뜸으로 고치는 것은 아니다.
침과 뜸으로 치료가 되는 질병에 국한해서 유효할 뿐이다.

　옛날의 질병 치료법에는 뜸이나 침 못지않게 약을 많이 썼다. 물론
침과 함께 약을 쓰면 그 효험을 빨리 보기도 했다. 한의학의 기본 철학
에 따라 약도 인체의 조화를 생각해서 처방한다. 흔히 한의학에서 이
런 말을 한다. "약은 전쟁 때의 장군과 같고, 음식은 평화로운 때의 재
상(宰相)과 같다." 참으로 지당한 말이다. 우리말에 "밥이 보약이다"라
는 말이 바로 여기에 해당한다. 평소에 음식을 골고루 잘 먹는다면 질
병에 걸릴 위험이 적지만, 약을 전쟁 때의 장군으로 비유하는 까닭은
위급하니 먹기 때문이다. 약은 치료를 위해 어쩔 수 없이 먹으므로 부
작용을 고려하지 않을 수 없다. 곧 질병으로 인체의 균형이 깨어졌으
니 약을 먹고 바로잡는다. 한의학에서 심한 질병일수록 극약을 처방
하는데, 그만큼 그 질병의 반대편에 있는 약의 성질로 해당 질병의 기
운을 꺾어야 하기 때문이다.

　그런데 약이란 본디 독특한 성분을 지녔는데, 그것은 그 약초가 독
특한 환경에서 자랐기 때문이다. 대개 극약일수록 그러하다. 특별한
약 기운을 가지려면 아무래도 그럴 수밖에 없는 일이다. 평범한 땅에
서 자란 배추나 무는 음식으로 쓰지, 약으로 쓰지 않는 법이다. 그래서
약초가 어디에서 자랐느냐, 그곳의 환경이 어떠냐에 따라 독특한 약

기운을 갖게 된다. 여기서 우리가 그런 독특한 환경에서 자란 약초를 보약으로 먹을 때 반드시 감초나 대추 또는 그와 반대 성질을 지닌 약초를 곁들여 넣어 처방하는 이유는 그러한 극단적인 약성을 어느 정도 완화하기 위해서다. 보약이란 특별한 질병 때문에 먹는 약이 아니기 때문이다.

이렇듯 한약 또한 균형이 깨진 인체에 그것을 되찾기 위해 대체로 반대의 성질을 이용한다. 가령 몸이 찬 사람은 더운 약재를, 몸이 뜨거운 사람은 식혀주는 약재를 처방한다. 이 또한 침이나 뜸의 역할처럼 인체의 기가 자연의 순환처럼 조화롭게 하기 위해서다.

음양오행과 한의학

한의학의 고전이라 할 수 있는 『황제내경』이란 책에서는 기를 가지고 인체를 설명하는 곳이 많다. 가령 진기(眞氣)는 인체의 생명력을 지닌 기로서 천기(天氣)와 곡기(穀氣)로 이뤄진다고 한다. 정기(正氣)는 몸에 좋은 바람이요, 사기(邪氣)는 몸에 나쁜 바람으로 여겼다. 또 계절이나 밤낮에 따라 몸속의 음양(陰陽) 기운도 변화를 받는다고 한다. 심지어 정신에 해당하는 신(神)도 수곡(水穀), 곧 음식물의 정미한 기운으로 보았다.

이렇듯 한의학에서 기는 다양한데, 몸의 분포나 작용에 따라서도 이름을 달리 불렀다. 가령 몸을 하초, 중초, 상초로 나누어 거기에 해당하는 기를 원기(元氣), 중기(中氣), 종기(宗氣)로 부른다. 그리고 장부에 따라 폐기, 심기, 위기 등으로도 부르며, 경락 안에 있으면 영기(榮氣), 경락 밖에 있으면 위기(衛氣)가 되고, 나아가 약물의 기까지 거론하고 있다. 대체로 한의학에서의 기는 기체, 힘, 작용이나 기능, 활동력, 약성, 생명력 그리고 우주의 근원 등을 가리킨다.

그런데 한의학에서는 보통 전통의 음양오행 개념을 도입하여 음양과 오행의 기를 가지고 병리 현상을 진단하고 치료한다. 음양오행은 앞에서 말한 『황제내경』의 사상적 배경이 되는 핵심 이론 가운데 하나로 훗날 대다수의 한의학이 이를 따른다.

원래 음양이란 햇볕과 그늘을 뜻하는 것이지만, 자연 현상을 설명하는 음기와 양기를 가리키는 것으로 변하였고, 고정된 어떤 것이 아니라 변화에 따라 양기가 음기로 되고 음기가 양기로도 되는 하나의 기다. 마찬가지로 한의학에서 다루고 있는 인체의 기도 그것과 같이 본다. 그래서 "음양이란 이름은 있지만 형체는 없다"라고 말하기도 한다. 물론 사람이나 질병에 따라 상대적으로 양기나 음기의 한쪽이 왕성한 경우와 그 반대인 경우도 있고, 인체의 장부(臟腑) 또한 그러한데, 오장(五臟)은 음의 성질이, 육부(六腑)는 양의 성질이 있다고 본다. 그것만이 아니다. 같은 사람일지라도 질병과 시기와 상황에 따라 음양의 기운이 바뀌기도 한다.

여기서 인체의 음기와 양기는 하나의 경향성인데, 가령 양기는 덥거나 뜨거운 불의 성질을 가져 활동하여 뿜어 나오려는 성질을 가졌다고 보고, 음기는 춥거나 차가운 물의 성질을 가져 움츠러들고 비활동적인 성질을 가졌다고 본다. 그래서 자연에서 양기와 음기의 속성이 인체에서도 그대로 적용되는 것으로 인식하였다. 따라서 음양의 어느한 기운에 치우치지 않고 조화를 꾀하는 것이 치료의 목적이다. 이렇듯 음기와 양기의 조절이 가장 기본적인 이론과 치료법이다.

그런데 만물이 그렇듯 음과 양이라는 두 가지 요소로만 설명하기에는 부족하다. 인체 또한 그렇다. 그래서 등장한 것이 오행론이다. 오행론도 역사가 깊은데, 역사의 어느 시점에 와서 음양론과 결합하였다. 앞의 용어 설명에서 보이지만 오행은 수, 화, 목, 금, 토의 다섯 가지 물질의 성질을 지닌 기를 말하며, 인체의 장기로 말하면 각각 신장, 심장, 간장, 폐장, 비장의 기운에 해당한다. 그러나 이것이 실제 장기와 반드시 그대로 일치하는 것은 아니다. 전체의 기능과 조화를 염두에 두고 판단하기 때문이다. 사실상 몸의 기능상의 특징을 다섯 가지 장기와 관련지어 설명한다고 보면 되겠다.

더구나 이 오행에는 상생(相生)과 상극(相剋)의 특징이 있어서 오행이 서로 연관되어 있다는 점이다. 이것은 하나의 현상을 부분으로 이해하는 것이 아니라 전체의 관점에서 보아야 한다는 생각이다. 몸의 조화가 깨어져 질병이 생겼을 때 상생과 상극의 성질을 이용하여 조화를 회복하게 하는 것이 치료법이다. 가령 간에 문제가 생겼을 때는 간과 상극 또는 상생의 관계에 있는 다른 장기의 기운을 동시에 조절함으로써 치료를 진행한다. 한약에 가짓수가 왜 그렇게 많은지, 그 이유가 바로 이러한 오행의 성질과 관련해 전체를 고려해서 처방하기 때문이다. 그래서 인체 본래의 평형상태로 돌아가게 만든다. 이 또한 음양으로 기운을 조절하는 것과 다를 것이 없다. 다만 좀 더 세밀하게 전개한 점이 다를 뿐이다.

이것은 몸이라는 전체를 두고 각 기관의 관계에서 조화를 도모한다는 철학적·의학적 대전제를 한의학이 가지고 있기 때문이다. 서양의학처럼 몸의 어느 기관이나 요소로 나누어 병을 치료하는 일, 그래서 그에 따라 진료 과목이 무한정 늘어나고, 해당 의사는 자기 과목이 아니면 다른 의사에게 진료를 의뢰하는 양상과 다른 점이다. 물론 양쪽 다 장단점이 있어서 어느 쪽 의술이 훌륭하다고 장담할 수는 없지만, 한의학의 이렇게 인체의 기를 조화롭게 한다는 대원칙을 숙지하면 누구나 평소에 질병을 예방하는 일에 도움을 받을 수 있다.

그렇다면 왜 질병이 생길까? 물론 현대적 관점에서 보면 여러 요인이 있다. 가령 세균이나 바이러스의 침투, 인체 면역력의 약화 등을 꼽을 수 있다. 한의학에서는 크게 세 가지 원인을 두는데, 자연의 흐름을 따라가지 못했을 때, 음식을 잘못 먹었을 때, 육체적인 과로나 지나친 노동을 포함하여 화를 많이 내거나 너무 슬퍼했을 때처럼 정서적인 측면이 지나쳤을 때 질병이 생긴다고 한다. 이 세 가지를 가만히 살펴보면 공통점이 있는데, 바로 자연적이지 못한 데 있다.

전통적으로는 이것을 두 가지로 설명하는데, 바로 지나침과 모자람 때문이다. 이것은 『중용』의 논리에 따라 인간의 행동이나 감정이 중(中)이라고 일컫는 '딱 알맞음'을 벗어나는 일이다. 그러니까 음식물의 섭취나 감정의 조절 또는 춥거나 더운 외부 환경에 노출하는 것과 신체 활동 등이 과도하거나 모자랐을 때 질병이 생긴다고 본다. 적절한 운동과 고른 영양 섭취 그리고 조화로운 정서를 유지하는 것이 건강의 비결인 셈이다. 현대의학에서 볼 때도 이 세 가지가 면역력을 키워 건강을 유지하는 일이기도 하다.

이렇듯 한의학에서 음양오행론을 적용한 기본적인 논리는 철저하게 자연의 원리에 인간의 신체를 맞추려고 했던 점이다. 그러나 후대로 오면서 이것을 너무 기계적이면서 도식적으로 적용하려는 것에 벗어나 좀 더 세밀하고 효과적인 치료를 개발하여 음양오행론의 미비점을 보완하려고 하였다. 우리가 잘 아는 『동의보감』을 편찬한 허준(許浚, 1539~1615)이나 사상의학(四象醫學)[1]을 창시한 이제마(李濟馬, 1837~

1899)도 바로 그런 것을 시도한 분들이다. 그러나 이분들도 기를 배제하거나 그 조화를 무시하고 의술을 펼친 것은 아니다. 그 사람에 맞는 기의 조화가 있기 때문이다.

음식과 기

이제 한의학의 기본적 관점을 이해했다면, 한의학의 입장에서 음식에 대한 태도를 어떻게 취할지 쉽게 추론할 수 있을 것이다. 왜냐하면 음식에도 음식의 종류에 따른 독특한 기가 들어 있기 때문이다. 이 때의 기는 확실히 물질, 곧 영양소라 말할 수 있겠다.

요즘 자연산을 너무 좋아하다 보니까 유기농으로 재배하는 농산물은 물론이요, 산이나 들에서 나는 온갖 종류의 잡초도 몸에 좋다고 채취하여 효소로 만들어 먹거나 팔기도 한다. 그것이 정말 누구에게나 몸에 좋고 문제가 없을까? 앞의 음양오행의 이론에 비추어 본다면 자기 몸의 특성과 약초의 약성을 몰라도 안 되지만, 설령 아무 증상에 어떤 약초를 먹더라도 전체의 균형과 조화를 생각한다면 지나쳤을 때 분명 문제가 될 수 있지 않을까?

더군다나 요즘 암이나 고혈압이나 당뇨로 가족이 함께 같은 질병에 걸리기도 하는데, 군이 유전적인 요인이 아니더라도 오랫동안 같은 방식의 음식을 먹어서가 아닐까? 게다가 요즘 젊은이들은 바쁜 일정에 즉석식품을 즐겨 먹는데, 이 또한 장기적인 안목에서 문제가 없을까? 어떤 과자나 음료수든 빵이든 뭐든 간에 일단 공장에서 나온 것이

---

1 사람들을 체질적 특성에 따라 태양인, 태음인, 소양인, 소음인의 네 가지 유형으로 나누고 그에 따라 병을 진단하고 치료하는 의학으로 이제마가 창안한 것이다.

라면 인공첨가물을 넣기 때문이다. 음식을 함부로 먹어도 괜찮을까?
불량식품 따위는 일단 논의에서 제외하더라도.

자, 여기서 우리는 자기 몸을 어떻게 생각하고 있는지 그 관점을
분명히 확립할 필요가 있다. 기독교 신자들은 몸을 하느님의 형상을
본뜬 창조물이요 성령이 깃든 성전으로 보니까 함부로 해서는 안 된다
는 생각을 갖게 되겠고, 기계론적 세계관을 가진 사람은 인체도 하나
의 기계처럼 작동하고 반응하니 무리해서는 안 된다고 볼 것이고, 기
로 이루어진 세계를 믿는 사람은 신체는 작은 우주와 같아서 자연적
원리에 순응하며 살아야 한다는 관점을 따르겠다.

물론 한의학이 근거한 세계관은 기로 이루어졌다고 보는 자연관이
다. 따라서 자연에서 기가 순환하고 운동하듯이 인체도 기로 충만하
여 운동한다고 본다. 자연에서 조화가 이루어지듯 인체도 조화를 이
루어야 건강하다고 본다. 그런데 문제는 인체는 자연과 달리 자연 상
태의 그대로 유지되지 않는다는 점이다. 곧 자연은 내버려 두어도 스
스로 운행하지만, 인체는 내부의 기만 가지고 살 수 없어서 외부의 공
기와 음식물의 기를 흡수해야 생명을 유지하고 활동할 수 있게 되어
있다.

그래서 이 점에 착안하여 옛날 도교(道敎)에서 불로장생하는 방법
을 고안해 내었다. 처음에는 인간이 먹는 데서 좋은 기를 흡수하려고
하였지만, 훗날 그 극단적인 방법으로 진행하여 도사가 제조한 단약
(丹藥)을 복용하는 일이다. 그 단약을 먹으면 오래 사는 신선이 된다고
믿었다. 하지만 그것이 여의치 않자, 호흡을 통해 좋은 기를 받아 단전
(丹田)에 쌓아 신선이 되고자 하는 방식을 취하였다. 전자를 외단(外丹)
이라 하고, 후자를 내단(內丹)이라 불렀는데, 여기서 도교의 의술은 약

을 복용하는 외단과 수련을 통해 건강을 유지하는 내단의 방법으로 전개되었다. 즉, 동아시아의 의학은 도교와도 일정한 관계가 있는데, 후대의 의학은 이러한 도교의 의술과 『황제내경』 이후의 여러 의학 이론이 결합하는 형식을 띠기도 한다.

여기서 우리가 잘 알고 있는 허준이 편찬한 『동의보감』(東醫寶鑑) 에 대해 잠시 언급하겠다. 『동의보감』의 핵심 이론은 정(精), 기(氣), 신(神)으로 되어 있다. 정은 몸을 생성하는 생명의 기본 물질로 척추를 따라 순환하고, 기는 그러한 정의 작용으로 의사(醫師)나 본인이 느끼는 몸속의 기운이며, 신은 감정이나 생각 같은 정신적인 부분이다. 이 것들은 제각기 하단전(下丹田), 중단전(中丹田), 상단전(上丹田)에 담긴다고 하면서도, 무엇보다 정(精)을 가장 중요하게 여긴다. 그래서 정은 몸의 근본이고, 기는 신을 주관한다고 여겼다.

더 나아가 정은 남에게 베풀면 아기가 생기고, 내 몸에 머물면 나를 살리며, 정이 소모되어 흩어지면 질병이 생기고 죽게 된다고 보았다. 이러한 논리는 앞서 설명한 도교의 논리와 같다. 그러나 비록 도교의 영향을 가지고 있으나 조선 의학을 정리하고 그 바탕 위에 새로운 내용을 첨가하여 완성한 것으로, 중국에서는 보기 힘들고 음양오행의 설명으로도 벗어나 있는 독특한 것으로 평

동의보감

가되고 있다. '동의'(東醫)라는 말이 그것을 잘 함축하고 있다. 문제는 건강하게 되려면 정(精)을 지나치게 소모하지 않고 몸속에 확보하는 길이다. 정은 선천적으로 부모로부터 물려받은 것도 있지만, 후천적

으로 음식물을 통해 몸에 들어온다. 그러니까 음식물이 얼마나 중요한지 이론적으로 잘 말해주고 있다.

　보통 섭취하는 음식물에는 독이 없다고 한다. 이것을 기의 방식으로 말하면 음양이나 오행의 기운이 조화를 이루어 한쪽으로 치우쳐 있지 않다는 뜻이다. 그러므로 평소에 먹는 음식은 아무리 먹어도 몸에 이상이 없다. 그러나 똑같은 식재료라 하더라도 어떤 방식으로 먹느냐에 따라 음식이 되기도 하고 약초가 되기도 한다. 가령 도라지를 그냥 데쳐서 먹으면 나물이 되지만, 말려서 먹으면 약초가 된다. 그러니 도라지나물을 자주 먹는다고 몸에 해로울 일은 없겠지만, 말린 도라지를 계속 먹으면 독이 될 수도 있다. 말린 도라지는 약 기운이 응축되어 한쪽으로 치우치기 때문이다. 그러한 사례는 얼마든지 찾아볼 수 있는데, 아무리 몸에 좋다고 해도 장시간 복용하면 문제가 생길 수 있다. 그래서 편식이 위험하고 음식물을 골고루 먹는 것이 최상이다.

　기억할지 모르겠지만 이 책의 서두에서 필자는 중년 이후 체질 변화로 자다가 피부를 긁어서 아토피 피부염을 앓은 적이 있다고 말했다. 바로 몸의 기운이 한쪽으로 치우쳐 있기 때문인데, 8체질을 전문으로 다루는 한의사로부터 침 치료를 받고 또 그렇게 치우친 기운을 조화롭게 바로잡기 위해서는 내 체질의 기운과 반대되는 성질을 가진 음식물의 섭취를 권하였다. 쉽게 말해 내 체질의 단점을 보완하는 치료였다. 가령 필자의 몸은 열이 많은 체질이므로 열을 내는 양(陽)의 기운을 지닌 술이나 인삼이나 기름진 고기 종류를 피하고, 열을 식혀주는 음(陰)의 기운을 가진 음식, 가령 채식 위주의 나물이나 해산물을 섭취하도록 권했는데, 음식으로써 이렇게 조절하는 법을 터득하니 상당한 효과를 거두고 있다. 그런 사실을 모르는 필자 주위의 사람들은 필자의 식성이 까다롭다고 핀잔하는데, 아마 이 글을 본다면 이해할 것이다.

그렇다고 해서 줄곧 그 처방대로만 먹는 것은 아니다. 그 또한 너무 지나치면 치우칠 수 있기 때문이다. 그런데 이런 생각이 드디어 화를 불렀다. 체질에 맞는 음식을 가려 먹는 일에 방심했기 때문이다. 그래서 가끔 고기도 자주 먹고, 한 달에 한두 번 맥주 또는 와인 한두 잔 정도도 마셨는데, 그 일이 발끝에서 머리끝까지 가려움증을 악화시켰다. 참다못해 부랴부랴 십몇 년 전에 다니던 한의원을 찾아 침을 맞고 술을 금하고 음식을 조절하니 병세가 현저히 호전되었다. 천만다행이 아닌가?

이렇게 음식의 섭취에도 깊은 뜻이 숨어 있다. 바로 음양오행의 기가 조화를 이루어 밤낮과 사시가 질서 있게 변화하여 자연이 잘 운행한다는 자연철학의 논리가 그것이다. 우리 몸도 작은 우주이므로 이런 자연의 원리에 따라 사는 것을 건강에 이르는 방법이라고 여겼기 때문이다. 음식 섭취든 감정의 표현이든 모자라거나 과도하면 반드시 질병이 찾아온다. 오늘의 생각이 내일의 나를 만들듯이, 오늘 먹는 음식은 반드시 내일의 내 몸을 만든다!

3. 종교·민속과 기氣

도교와 기

도교(道敎)는 한마디로 정의하기 어렵다. 흔히 중국의 민간신앙이라 일컫는데, 정확한 뜻은 아니다. 우리 고대 역사에도 도교와 유사한 고대 신앙이 있었는데, 단군신화와 고대 신앙이 그런 점을 잘 표현하고 있어 중국 도교와 별개로 본다. 도교는 훗날 불교와 혼합되기도 하고 무속이나 각종 민간신앙과 섞이기도 하였다. 원래 중국 도교는 전설상의 황제와 노자를 교조로 삼지만, 노자와 장자의 도가(道家)와는 구별된다. 도교는 후한(後漢) 때의 장릉(張陵)이 세웠다고 전해지며, 그 후 종교로서 체계를 갖춘 것은 3~4세기경이고, 불교를 본받아 체계와 조직을 갖추기도 하였다. 도교는 잡다하게 여러 신들, 가령 별이나 산악이나 하천의 신과 민간신앙을 포용하고 또 미신과 결탁하여 여러 종류의 제사와 의식이 있다.

중국 도교는 고구려 연개소문에 의하여 우리나라에 들어왔으며 고려 시대 때 가장 왕성했다. 물론 그때는 불교가 중심이 되기는 해도 각종 제사나 산악신앙 그리고 무속과 결탁하여 민간에 깊이 뿌리내렸다. 모두 현세에서 복을 받고 화를 피하고자 하는 기복신앙이었다.

도교는 크게 두 가지로 분류된다. 하나는 의식을 통해 현세에서 복을 받고자 하는 것인데, 그래서 각종 제사나 기도 등의 행사를 위주로 한다. 또 하나는 불로장생의 길로서 살았을 때 늙지 않고 오래 사는 방법을 찾아 신선이 되고자 하는 길이다. 거기에는 몇 가지 방법이 있다. 우선 곡식을 먹지 않고 솔잎이나 대추 등을 날로 먹거나 단약(丹藥)을 만들어 복용하면 장생불사한다고 믿었는데, 그것을 외단(外丹)이라고 한다. 그러나 외단은 외부적인 힘을 빌리는 것이며, 그 원료가 대개 황금과 수은이 혼합된 독극물이어서 그것을 먹고 성공한 사람은 없었다. 그러나 이것은 처음부터 그런 것이 아니라 의학과도 연결이 되어 있었고, 외단에 와서야 극치를 이루었다.

불로장생의 방법 가운데 또 하나는 방중술(房中術)이 있다. 이것은 음양 사상에 바탕을 두고 인간의 성적 에너지를 부당하게 억압하거나 반대로 너무 낭비하지 않고 음양의 기운을 잘 조절하여 불로장생하고자 하는 술법이다. 그때그때 지켜야 할 원칙이나 약의 종류 등을 제시하고 있다. 특히 체내의 정기(精氣)가 새어 나가지 않게 성생활의 구체적인 기술을 요구하고 있는데, 원래의 취지가 욕망을 절제하여 삶을 기르는 수도의 보조 수단이었다.

그러나 무엇보다 기와 관련해서 도교의 백미는 수련 도교다. 곧 내적인 수련을 통해 불로장생의 기운이라 할 수 있는 단(丹)을 단전에 쌓음으로써 천지 운행의 법칙에 따라 몸 안에 음양의 조화를 도모하였는데, 이를 내단(內丹)이라 불렀다. 우리나라 선도(仙道)의 한 맥인 단학(丹學)도 바로 이 수련 도교의 방식을 따른다. 도교에서 수련의 결과 상급에 이른 자는 허공에 올라가 우주에 노니는 하늘의 신선이 되고, 중급에 이른 자는 36동천(洞天)과 72복지(福地)에서 사는 땅의 신선이 되며, 하급인 사람은 혼백이 육체로부터 분리되어 신선이 된다고 한다.

그렇다면 수련 도교에서 어떤 방식으로 수련하여 신선이 될 수 있는가? 그것은 바로 기와 관련이 있다. 먼저 태식법(胎息法)이 있다. 태식이란 어린아이가 어미의 태내에 있을 때의 호흡이란 뜻을 갖는데, 코와 입을 사용하지 않고 호흡한다는 것으로 『후한서』에서는 도사 왕진(王眞)이 태식을 해서 불로장생을 얻었다고 한다. 하지만 인간이 어떻게 호흡하지 않고 살 수 있겠는가? 실제로는 숨을 약하게 천천히 쉬어서 마치 숨 쉬지 않듯이 하는 방법이다. 우리말로 단전호흡으로 더 잘 알려져 있다. 이렇게 장시간 수련하면 하복부, 곧 하단전에 단이 형성되어 신선이 된다고 믿었다. 이렇게 태식 이론은 그런 호흡법을 통해 생명의 원천이 되는 외부의 원기인 정기를 모아 단전에 단을 형성하여 장생하려는 내단의 수련 방법이다.

또 도인법(導引法)이 있다. 도교에서는 인간에게 활력을 주는 인체 내의 기를 확보하는 것이 중요한데, 어떻게 하면 기를 몸 전체의 구석구석에까지 스며들게 하는가에 대해 착안한 수련법이 바로 도인법이다. 여기에는 경혈을 마찰한다든가, 침(타액)을 삼킨다든가, 일정하게 몸을 움직이는 체조를 한다든가, 숨을 잘 조절하는 등 기를 잘 순환하게 하도록 하는 방법을 쓰고 있다.

그밖에 벽곡설(辟穀說)도 있는데, 그 기원은 『장자』, 「소유유」에서 신인(神人)을 설명하면서 "오곡을 먹지 않고 바람과 이슬을 먹는다"가 그것이다. 이것은 도인법과 함께 내단에 흡수되어 정(精)과 기를 쌓는 중요한 방법을 이루었다.

이렇듯 도교에서 기와 관련된 이런 수련법은 비록 신선은 못되어도 몸을 건강하게 하는 역할을 해 왔고, 지금도 그 가운데 일부는 계승되고 있는데, 현대의 기공도 바로 이 도교에서 근원하고 있다.

하지만 무엇보다 도교에서 기와 관련된 철학적 견해는 도교의 신학에 있는데, 그 핵심은 신이 무엇으로 이루어졌는가다. 서양 중세 기독교 신학에서 신은 초월적인 비물질적 존재로 본다. 철학적으로 말하면 최고의 순수 형상(形相)이자 제1원인자(Prime Mover)로서 그리스 철학의 영향이다. 비록 창세기 1장 2절에서는 하느님의 영(기운)이 수면 위를 운행한다고 하여 신이 공간과 시간 속에 자신 또는 자신의 일부가 존재하는 무엇이지만, 그 점은 그 신학에서 외면당한 것 같다.

어쨌든 과학이나 상식에서 볼 때 무엇이 존재하려면 반드시 물질적 계기가 있어야 한다. 도교 또한 이 문제를 고민하지 않을 수 없었다. 곧 『노자』의 가르침을 따랐으므로 근원적 존재인 도와 숭배의 대상이 되는 신이 어떤 형태의 존재인지 결정하지 않을 수 없었다. 더구나 도교의 신들도 기독교의 신처럼 인격적 존재였다. 만약 도교의 신들이나 도가 존재의 증거를 갖지 않는다면 존재상에서 중세 기독교 신학과 다르지 않다.

동아시아 사상은 대체로 상식을 존중한다. 물질과 독자적으로 존재하는 형이상의 이치를 주장한 주희 성리학도 이런 상식을 따르기에 그 이치가 독립적으로 존재할 수 없고, 항상 기와 떨어지지 않는다고 주장하며, 유학자들이 기독교를 비판하는 근거 가운데 하나도 기독교의 신관이 이런 상식을 벗어난 데 있다. 그러니까 동아시아적 사유는 무엇이 존재하려면 철저하게 이 세계 안에 있어야지 이 세계를 초월하면 안 된다는 게 일반적이다. 여기서 '이 세계'라는 말은 인간이 인식하거나 합리적으로 상상할 수 있는 범위 안이라는 뜻이다.

그래서 도교 신학은 그것에 충실했고, 필연적으로 『노자』에서 말

한 도는 기와 연관이 있어야 했다. 일찍이 도를 기라고 말하는 문헌은
『장자』다. 그 후 수많은 도교 경전에서는 "도란 기의 순수하고 맑은
것이다"라거나 "도란 기이고, 기란 몸의 뿌리다"라는 등으로 다양하게
말하고 있다. 또 도교의 신은 다양한데, 그 가운데 최고의 신에는 태청
도덕천존(太淸道德天尊)이라 일컫는 태상노군(太上老君)이 있다. 이는
노자의 형상을 근거로 하여 변화 발전시켜 완성한 신이다. 장릉(張陵)
이 만들었다는 『노자상이주』(老子想爾注)에 따르면 "일(一)은 도다.
일이 형태를 흩뜨리면 기가 되고, 형태를 모으면 태상노군이 된다"라
고 하여 하나인 도와 기와 신인 태상노군을 같은 대상으로 말하고 있
다. 도와 기와 신은 각각 궁극 실재인 이법, 형상(形象), 신격이라는 세
가지 성격을 갖지만, 서로 분리되지 않는 하나의 존재로서 도교식 삼
위일체를 이룬다.

도교에서 신과 기의 관계는 여기서 끝나지 않는다. 보통 물리적 세
계의 근거인 원기(元氣)를 무상대도(無上大道)가 변하여 생긴 것으로
본다. 이로써 기는 도교의 이론적 토대가 된다. 그래서 기가 바로 신이
고 기의 발생론이 도교 신들의 발생론이기도 하다. 인간을 포함한 만
물에는 기가 들어 있지 않음이 없으니, 앞의 도·기·신 삼위일체 논리
에 따라 인간의 몸에 한정해 말하면, 몸속에 도와 기만이 아니라 신도
들어 있다는 논리가 가능하다. 이것이 도교의 체내신(體內神), 곧 몸속
에 신이 들어있다는 생각, 기독교식으로 말하면 몸이란 '성령의 성전'(a
temple where the Holy Spirit lives)이라는 관념과 맞먹는다. 그래서 도
교의 수련법 가운데도 이러한 몸속의 신을 잘 모시는 존신(存神) 방법
이 등장하는데, 기의 관점에서 보면 몸의 원기를 쌓아 건강과 장수를
도모하는 일이다. 이른바 '신기'(神氣)를 느끼는 무속의 접신도 그렇지

만, 우리나라 일부 기복적 개신교의 행태도 성령을 잘 모셔 세속적 부
귀와 건강을 도모하는 일이 도교의 이런 모습과 멀지 않다. 도교의 이
런 전통이 알게 모르게 면면히 흘러온 바탕이 있었기에 가능하지 않았
나 짐쳐본다.

이렇게 기와 신이 연관된 점은 동학의 지기(至氣)와 증산교의 혼백
개념과 수련에서도 찾아볼 수 있고, 특히 몸속의 신을 잘 모신다는 점
에서는 동학의 시천주(侍天主)나 인내천(人乃天) 사상과도 통하는 부
분이 있다.

동학東學과 기

동학은 조선 말 최제우(崔濟愚, 1824~
1864)가 창도한 민족종교다. 동학이 만
들어지기 이전에 이미 조선에는 유교와
불교 그리고 민간신앙으로서 도교도 있
었다. 게다가 서양으로부터 천주교가 들
어와 있었는데, 비록 지배층으로부터 박
해를 받아 크게 교세를 떨치지는 못했어
도 몰래 믿는 신자들이 존재했다.

최제우(崔濟愚, 1824~1864, 천도
교 누리집에서)

하지만 당시는 세도 정권 시기여서
관리들의 부정부패로 백성들이 곤궁하
고 힘든 시기였다. 앞에서 말한 그런 종교나 유학이 있어도 백성들의
삶은 개선되지 않았고 또 청의 아편전쟁(1840~1842) 패배와 서양 세
력의 동방 진출로 민심이 흉흉하여 백성들은 의지할 곳이 없었다. 기

아와 전염병 그리고 농민 봉기가 잇달아 일어났다. 그리하여 사회의 불안은 점점 커졌다.

최제우는 젊은 날 장사를 겸해 전국을 유랑하며 그런 현실을 직접 경험했다. 그리하여 시대의 문제 고민하며 입산·수도하다가 1860년 5월 7일 득도하여 창시한 것이 동학이다.

그렇다면 동학과 기가 무슨 관계가 있을까? 그것은 두 가지 관점에 말할 수 있다. 하나는 한울님이라는 신령과 관계되고 또 하나는 수행의 방법으로써 관계된다.

대다수 종교는 인격신을 받든다. 기독교나 이슬람교나 힌두교 등이 그렇다. 최제우도 이런 신과 같은 신령, 곧 한울님(天主)을 모셔야 한다고 말한다. 그러나 그가 말하는 신령으로서 한울님은 여타 종교에서 말하는 신과 다르다. 그가 말하는 한울님은 기로서 지기(至氣)라 불렀다. 한울님은 기독교에서 믿는 것처럼 이 세상을 창조한 유일한 인격신이 아니라 우주에 가득 차 있는 기운이자 이 우주가 생성되고 운행되는 힘이다. 그런데 그 기운은 우주에 가득 차 있을 뿐 아니라 모든 인간에 내재해 생명과 정신 활동을 가능하게 하는 기이자 영(靈)이다. 영이라고 했으니, 기의 성질에서 정신성이 강화된 측면이 있다.

여기서 그가 말한 기는 우리가 앞서 살펴본 대로 물질과 정신 현상을 아우르는 기에 해당한다고 하겠다. 곧 초월적이면서 인격적인 서양의 신도 아니고, 하나의 원리로서 존재하는 성리학의 천리(天理)와 같은 것도 아닌, 바로 기일원론의 세계관에 근거하고 있음을 알 수 있다. 다만 지기는 우주의 질료가 되는 근원에만 한정하지 않고 어디서나 충만한 정신적·영적 존재로 강조된다. 지기는 우주의 원기(元氣)며 생명의 근원이면서 동시에 내 속에 존재하는 신령스러운 존재다. 그러니까 철학적 용어로 말하면, 지기일원론(至氣一元論)이라 하겠다.

사실 지기는 앞서 설명한 도교의 전통을 따랐지만, 기독교의 성령과 지극히 닮았다. 하느님의 영이면서 그 영이 인간 속에 임재한다는 구도가 그렇다. 기독교에서는 인간의 몸을 성령의 성전으로 비유한다. 하지만 후자는 밖에서 안으로 들어오는 것이고, 전자는 원래 인간의 안팎에 존재하는 기이므로 세계관에서 있어서 둘은 근본적으로 다르다. 그래서 최제우와 동시대에 살았던 최한기는 기독교의 하느님을 신기(神氣)로 바꾸면 자신의 기학(氣學)과 그 세계관이 통한다고 생각하였다. 바로 최한기가 의도했던 기독교의 하느님을 신기 대신 지기로 바꾼 것이 동학이다! 내재적이면서 초월적인 하느님의 성격을 갖게 되었기 때문에 합리적인 철학만이 아니라 과학마저도 포용할 수 있게 되어 세계관의 갈등을 일으키지 않는다. 기실 내 속에 신령으로 깃든 한울님의 음성도 개인적인 욕망이나 이해관계를 초월하여 뭇 생명이 지닌 지기 또는 생기(生氣)의 속성으로서 발현하는, 그래서 주체가 내면에서 자각한 실천적 가치라고 해석할 수도 있다.

여기서 지기의 인격성을 강조했다는 점에서 보통의 기철학과 다를 뿐이지만, 여기에는 해결해야 할 숨은 문제가 있다. 곧 신령으로서 지기와 물리적 현상을 일으키는 기가 같은 기인지 다른 것인지 또 같다면 이 양면성을 어떻게 설명해야 하는지의 문제가 생기고, 이것은 최제우의 후계자들이 해결해야 할 신학적 과제였다.

어쨌든 최제우의 '한울님을 모신다'라는 시천주(侍天主)의 사상은 모든 인간 속에 한울님이 내재하고 있으므로 인간을 존중하는 논리의 근거가 되는데, 동학의 후계자들이 그것에 따라 '사람을 하늘처럼 섬긴다'라는 사인여천(事人如天)과 '사람이 곧 하늘'이라는 인내천(人乃

손병희(孫秉熙, 1861~1922)와 방정환(方定煥, 1899~1931)

天)의 사상을 연역할 수 있었다. 훗날 동학의 3대 교주 손병희 선생의 사위였던 방정환이 어린이 운동을 펼치고 어린이날을 제정한 것도, 비록 어린이라 하더라도 그 마음속에 한울님이 계시는 고귀한 존재라는 이런 종교철학의 논리에서 비롯한 인간 존중의 정신에서 나온 것임을 쉽게 짐작할 수 있다.

또 하나 동학과 기가 만나는 지점은 그 수행법에 있다. 그 원리가 마음을 지키고 기를 바르게 한다는 '수심정기'(守心正氣)다. 이것은 지극한 수련을 통해서 마음의 기운이 하늘의 기운과 조화를 이룬 상태, 몸과 마음이 편안하고 도덕적 의지가 충만하여 밝은 지혜가 생긴 상태를 만들기 위한 방법이다. 한의학이 몸과 정서의 상태가 자연의 본래 모습과 같아지기를 추구하듯, 동학도 몸과 정신상태가 그렇게 되기를 원했다. 지기의 기운이 온몸에 가득 찰 때 조화롭지 못했던 기운이 저절로 조화롭게 되고 신령스러운 마음이 되어 자발적인 실천이 가능하다고 보았다.

아무튼 그런 가르침의 결과인지 아니면 지기의 강력한 에너지를 받았는지 알 수 없지만, 1894년 동학농민운동은 들불처럼 전국에 퍼져

나갔다. 그 운동에 참여한 사람들은 우주 속에 깃든 살아있고 신령스러운 기를 받아 죽음마저 두려워하지 않는 큰 힘을 발휘할 수 있었을까? 지금도 가능할까? 인간 속에 그런 기가 들어 있으니 세상을 억누르는 억압과 불공정이 있다면, 언젠가 때가 무르익으면 그렇게 되지 않을까?

증산교와 원불교의 기

증산교는 증산(甑山) 강일순(姜一淳, 1871~1909)이 동학혁명 후에 창도한 민족종교 가운데 하나다. 혁명 과정에서 농민군이 일본군에서 무참히 살육당한 현실을 보면서 해원(解冤)과 상생(相生)의 가르침을 펼쳤다. 증산교는 지금 여러 교파로 나뉘어 있고, 각자의 교리상 약간의 차이는 있으나 대체로 증산의 가르침을 따르고 있다.

증산교 관련 문헌을 읽다 보면 기 또는 기운이라는 말이 무수히 등장한다. 그래서 기와 관계된 문제를 살필 때 강일순 자신이 상제(上帝)인 하느님으로 자처하였기 때문에 그 상제인 신이 무엇으로 이루어졌느냐고 따지는 일은 앞선 설명처럼 존재상에서 기독교의 신과 같은 것인지 다른 것인지 확인하는 중요한 시금석이 된다.

그는 스스로 천상의 상제로 있다가 예수처럼 인간으로 탄생했다고 말했다. 인간인 이상 기(질)로 이루어진 점을 부인할 수 없지만, 탄생하기 이전의 상태는 무엇으로 이루어졌는지 따져 보아야 한다. 일단 그는 많은 신명, 곧 신성을 지닌 존재들을 인정한다. 그래서 마테오 리치와 주희(朱熹)도 그런 영적 존재로 받아들였다. 그러므로 그 신명의 존재 양태가 상제의 그것과 같다고 할 수 있다.

그런데 강일순은 한때 동학운동에 참여했으므로 그 지기를 알고 있었고 또 훗날 동학의 21자 주문을 자주 사용했다. 그런 까닭으로 일단 스스로 상제라 규정한 이상 천주, 곧 상제와 동일시되던 지기 개념의 수정이 필요할 수밖에 없었다. 그래서 그는 지기를 '지극한 천지 화복(禍福)의 기운'으로 재규정하였다. 동시에 자신이 상제이므로 그것이 무엇으로 이루어져 있는지 설명할 필요가 없었다. 이 점이 결국 신이 무엇으로 이루어졌느냐를 따지는 문제를 어렵게 하므로, 신명이 무엇으로 이루어져 있는지 살펴서 알아보는 우회로를 택할 수밖에 없는 까닭이다.

그는 "천지에 신명이 가득 차 있으니 비록 풀잎 하나라도 신이 떠나면 마를 것이며 흙 바른 벽이라도 신이 옮겨가면 무너지느니라"라는 말에서 신명 또는 신이란 사물을 지탱하는 기임을 알 수 있다. 이렇게 신명을 기라고 보는 관점은 귀신을 음양의 기로 보는 전통과 맥락을 같이한다. 신명이란 이러한 음양의 헤아리기 어려운 묘한 작용을 일컫는 말이었다. 강일순이 말한 신, 신명, 혼, 영, 귀 등은 사후의 영체를 가리킨다고 하니, 모두 사상적으로 기를 떠나서 설명할 수 없는 존재들이다. 더구나 그는 스스로 자신을 도교에서 자주 일컫는 옥황상제, 태을천상원군(太乙天上元君) 등의 호칭을 쓰는 점을 보면 앞서 설명한 도·기·신을 하나로 보는 도교의 신의 양상과 다르지 않다.

또 인간 사후의 모습을 설명한 말 가운데 "도를 닦은 자는 그 정혼이 굳게 뭉치기에 죽어도 흩어지지 않고 천상에 오르려니와 그렇지 못한 자는 그 정혼이 희미하여 연기와 물거품이 삭듯 하리라"에서 보면 '정혼'(精魂)과 '뭉친다'라는 표현에서 사후의 존재도 기임을 알 수 있다. 그리고 그는 자신이 "모든 일에는 기운을 사용한다"라고 하는데,

특히 자연과 세상의 부조리를 바로잡는 구원 사업을 '천지공사'(天地公事)라 일컫고, 그 사업을 매개하는 것도 기운이라 표현하는 기였다. 그렇지 않다면 기독교처럼 '말씀'으로만 하면 되는 일이기 때문이다.

정리하면 자연 현상의 배후, 신들의 존재 양태, 신과 자연을 매개하는 요소, 사후의 존재 모두 기였다. 또 "한 사람의 품은 원한으로 능히 천지의 기운이 막힐 수 있느니라"라는 말에서는 인간과 자연 현상의 매개물도 기였다. 증산교가 만들어질 때 기독교에 대응하는 점이 분명히 있고, 그래서 똑같은 상제, 곧 하느님을 말해도 기독교가 형이상학적인 비물질적 초월적 존재로 보는 점과는 달랐다. 동아시아 전통의 계승이었다.

원불교는 박중빈(朴重彬, 1891~1943)이 개창(開創)한 민족종교다. 비록 외형적으로 불교와 유사하게 보여도 불교의 한 종파나 갈래로 오해해서는 안 되는 한국의 자생 종교다. 다만 불교와 유사한 점은 기독교처럼 창조주와 같은 신을 전제하지 않고 석가모니의 가르침을 믿듯이 박중빈의 가르침인 '일원상(一圓相)의 진리'를 믿고 수행한다는 정도다.

원불교에서 기와 연관된 논의는 2대 종법사 정산(鼎山) 송규(宋奎, 1900~1961)의 사상에 보인다. 그는 일찍이 16살 때 증산교 계열의 신종교에 참여하면서 치성과 태을주(太乙呪) 수행 등을 하였다고 하는데, 이는 아마도 기에 관한 사상을 갖는 배경이 될 수도 있겠다.

그는 우주가 영(靈)과 기(氣)와 질(質)로서 되어 있다고 규정하고, 영은 만유의 본체로서 영원불멸하는 성품, 기는 만유의 생기로서 그 개체를 생동케 하는 힘, 질은 만유의 바탕으로서 그 형체라고 설명하였다. 여기서 기와 질은 연속된 존재여서 기철학의 전통에 따라 우주와 자연을 설명하는 데 전혀 문제 될 일은 없다. 그도 기철학처럼 기의 취산에 따라 우주가 성립되고 일정한 형태로 유지되었다가 무너지고 흩어지는 과정인 성주괴공(成住壞空)을 말하는데, 영이 과연 어떤 존재이냐에 따라 종교의 성격이 결정된다.

여기서 영이 '만유의 본체로서 영원불멸하는 성품'이라는 규정을 보면, 모든 존재의 근본으로서 불멸하는 존재임을 알 수 있다. 그 존재 방식에 따라 기독교의 신이 될 수도 있고, 도교의 도가 될 수도 있다. 결국 이 문제는 영과 기의 관계에서 해명되어야 할 일이다. 성리학의 이처럼 기와 독립된 무엇인지 아니면 기의 속성이거나 특징이어야 한다.

그래서 말하기를 "기가 영지(靈知)를 머금고 영지가 기를 머금은지라, 기가 곧 영지요 영지가 곧 기니, 형상 있는 것 형상 없는 것과 동물 식물과 달리는 것 나는 것이 다 기의 부림이요 영의 나타남이다"라고 하여 기와 영이 하나임을 말하였다. 여기서 영은 영지라고 한 것을 보면 기의 신묘한 또는 영험한 정신적 작용을 일컫는 것 같기도 하다. 유학의 용어로 말하면 신(神)이다. 그는 그것을 사람의 한 몸에 비유하면 육체와 기와 마음이 다 하나인 점과 같다고 하였다. 이렇게 보면 마치 기일원론처럼 보인다.

그런데 영이 '만유의 본체'라는 말이 좀 거슬린다. 영이 기가 작용하는 오묘함에 지나지 않는다면 굳이 그런 말을 할 필요가 없기 때문이다. 영을 영지라 표현함은 기와 다른 정신적 요소로 보려는 의도가 강하다. 그래서 그는 "리라고 하면 알기 어렵다. 영이라 하면 쉽지 않으냐? 우주에서 영이 있고 사람에게도 영이 있다"라고 하며 성리학의 리가 영으로 바뀌었음을 알 수 있다. 그는 퇴계 이황과 그 후학의 영향력이 강한 지역에서 태어났고, 그런 성향의 스승으로부터 유학을 배운

적이 있다. 그렇게 바꾼 의도는 기존의 유학을 극복하려는 의도에서 였다. 그러니까 종래의 리-기 관계를 영-기 관계로 바꾸었고, 이념적 이고 정신적인 근거를 영, 인간에 있어서는 마음에 설정하고 싶었을 것이다.

그렇다면 영·기·질에서 질을 왜 넣었을까? 질은 물질을 다루는 과학을 상징한다. 원불교 개교 표어가 "물질이 개벽 되니 정신을 개벽 하자"가 아닌가? 또 영육쌍전(靈肉雙全)을 도모하니 물질을 중요시하 는 점은 당연하다 하겠다. 그래서 질은 영과 기와 함께 철학의 최고 범주로 올려놓고 그 위상을 한층 강화하였다. 물론 서양 종교처럼 초 월적 신을 상정하지는 않았어도 영·기·질의 철학으로서 종교를 설명 할 수 있었다. 영적인 종교 체험은 영이 그 근거가 되고, 물질적 경제 생활은 질에서 그리고 그것을 매개하는 작용을 기에서 찾았음을 알 수 있다.

신의 존재와 기

이제껏 한국의 민족종교와 관련된 기를 설명했다. 여기서는 종교 의 본질 또는 역할과 관련해서 기를 설명해 보려고 한다. 사실 종교의 본질과 역할 문제는 종교학에서 다루므로 여기서 장황하게 말하기는 적절하지 않다. 다만 철학적 상식선에서 말해 보려고 한다.

일단 신앙이랄까, 종교를 가지는 목적 면에서 살펴보자. 대체로 보 통 사람들은 현세의 질병과 재난을 피하고 복락을 위해서 종교를 신봉 한다. 반면 현실이 너무 힘들고 고통스러우니 차라리 현실의 복락 따 위는 바라지 않더라도 내세의 복락만을 위해 종교를 선택하는 사람들도 있다. 한술 더 떠 현세와 내세의 복락 모두를 위해서 신앙하는 사람들이 더 많다.

그런데 사실 복락도 사람마다 다르다는 점을 인정해야 한다. 세속적 욕망을 이룰 수 있는 상태를 복락이라고 하는 사람도 있고, 세속의 그것보다 정신적으로 지속적인 즐거움의 상태가 복락이라 여길 수도 있다. 아무튼 여기까지는 사람이 살아있든 죽어있든 느낄 수 있는 몸이 있어야 가능한 일이다. 몸이 없는, 의식만 있어서 무엇을 느낀다는 생각은 이율배반이다! 의식은 몸의 기능이기 때문이다.

더 나아가 자기의 자아에 집착하는 나를 버린 무아의 경지에서 참자유를 누리는 상태를 복락이라는 종교도 있을 수 있다. 여기서는 집착하는 내가 없기에 모든 근심과 잡념과 욕심에서 벗어난다. 살아있음에도 삶과 죽음의 경계가 없다. 단지 죽음과 차이는 몸이 있어서 지각하는 작용이 있고 겨우 생명 유지를 위한 활동을 해야 한다는 점이다. 이 종교의 경우는 생명 활동과 깨달음을 위한 활동에서만 기가 필요하지, 신이나 내세와 관련해서는 기의 역할이 필요 없는 것처럼 보인다. 하지만 내가 없는 무아라고 해서 내가 없는가? 그렇지 않다. 대개 더 큰 자기로서 대아(大我)나 진아(眞我)라고 하여 우주나 자연 또는 역사 그 자체를 자기화하는 방식을 따른다. 그러니까 어떤 더 큰 존재를 자기화하는 것이라 말할 수 있다.

여기서 절대적 신이든 우주의 본체든, 내세든 또는 신이 필요 없든 간에 어떤 종교도 신앙의 대상 또는 신앙이 근거하는 존재를 상정하지 않으면 성립할 수 없다. 무엇이 존재하려면 물질적 계기, 곧 최소 단위로서 기를 근거로 삼아야 한다는 뜻이다. 그렇지 않다면 그런 종교는 단지 형이상학적 미신에 지나지 않는다. 만약 지금까지 사람들이 생각한 그런 신이 있으면 기와 관련이 있어야 하고, 만약 신이 고도로 발달한 우주인이라도 그렇고 또 이 우주 자체가 신의 한 부분이라고 해도 그렇다. 아니 우주 밖에서 우주를 만들고 조종한다고 해도 신이 물리력을 갖고 있어야 그것이 가능하다. 신앙의 대상이나 근거로서 존재의 근거가 없으면 허구요 허상이다.

만약 신이 존재한다면 그 자체가 종교 체험의 근거가 되어야 한다. 신을 상정하는 종교에서는 대개 신을 체험하는 방식이 기를 통해서다. 접신이든 성령의 계시든 또 무엇이든 간에 사람의 느낌을 통해서 이루어진다. 그 느낌이란 몸이 있으니까 가능한 일이고, 몸을 통해서 느낀다는 사실은 어떤 물리적 계기를 수반한다는 뜻이다. 두뇌 활동 자체가 영양소를 비롯한 전기·화학적 작용과 관련 있지 않은가? 그리스 철학의 영향을 받은 서양 중세 신학은 이러한 체험을 저급하게 여겨 지극히 이성적 관점에서 신을 이해하려고 하였다. 그러한 경우에도 신의 계시만은 인정하지 않을 수 없었는데, 그 계시 또한 기를 배제하고 무슨 수단으로 가능할까? 성령(Holy Spirit)을 인정하는 순간 감통 (感通), 곧 해당하는 인간이 하느님의 일을 느끼어 통함을 전제로 하는 것이어서 기를 배제하면 그 또한 성립할 수 없다.

물론 중세 신학에서 신의 체험을 저급하게 여긴 까닭도 충분히 일리가 있다. 아무나 체험했다고 하면 일차적으로 성직자의 권위에 도전일 테지만, 그보다도 잡다한 체험을 어떻게 신의 뜻이나 계시로 받아줄 것이냐는 현실적 문제도 있다. 사실이지 정신 분열에 따른 환각이나 환청, 민간신앙의 주술, 오랫동안 심리 집중의 결과에 따른 환상 등 개인의 주관적 심리상태에 따라 체험되는 모든 일들이 다 신의 뜻이라고 말할 수는 없기 때문이다. 그런 체험이 반드시 신이 있다는 증거물이라 할 수 없음을 뜻한다. 신이 없어도 생길 수 있는 일이기 때문이다.

여기서 필자는 신을 체험할 수 없다거나 반드시 체험할 수 있다는 양자택일을 강조하지 않는다. 체험할 수도 있고, 못할 수도 있다. 하지만 체험할 수 없다고 해서 신의 존재가 부정되어서는 안 된다고 본다. 만약 신이 존재한다면 우리가 살고 있는 3차원보다 시간과 공간을 초월하는 더 고차적 존재일 수도 있기 때문이다. 인간은 3차원을 벗어난 대상을 느끼지 못한다. 그렇게 진화해 왔기 때문이다. 신이 다차원 세계에 존재한다면 신이 직접 인간에게 보여주지 않은 이상 신을 알 수가 없다. 비록 그렇더라도 신은 모종의 물리력을 가진 존재여야 한다. 그렇지 않다면 신은 이 우주와 세계와 무관한 존재다. 그래서 신이 기와 관련이 있어야 한다는 주장이다.

그렇다면 신은 어디에 있는가? 다차원의 세계를 뒤져야 하는가? 하지만 신이 전능하다면 또 신이 기와 관련된 존재라면 이미 기 속에 신이 있다고 보아야 하지 않겠는가? 그렇다면 신은 없는 곳이 없고, 바로 내 안에도 신이 있다고 봐야 한다. 사람들이 각자 욕심에 마음이 어두워 그 신을 깨닫지 못하기에 신이 자기 밖에 있다고 여긴다.

이는 한국 민족종교가 택한 길이기도 하다. 곧 신이란 비물질적 신이 아니라 반드시 기로 이루어져 있거나 기와 분리될 수 없는 무엇이다. 인간 또한 이러한 신을 모신 존재 또는 세계의 영적 존재와 자기 마음이 합일된 존재로, 세계와 인간과 만물은 영체로서 하나다. 그래서 기는 신과 만물, 인간과 신, 인간과 인간, 인간과 만물이 서로 하나로서 소통·체득할 수 있는 근거가 된다. 신과 인간 또는 만물이 이원적으로 분리되지 않아 인간의 노력 여하에 따라 차안이 피안이고 피안이 차안인 유토피아를 건립할 수 있다.

그런데 이렇게 만물에도 나에게도 신이 있다고 여기니 혹자는 범신론(pantheism)이라고 딱지 붙일지 모르겠다. 물론 신 개념상의 차이를 무시하면 그렇게 말할 수도 있겠지만, 그렇게 단순하게 규정하기 어렵다. 어차피 알기 힘든 그래서 남이 알려주는 또 알려주는 그 사람도 아는지 모르는지 알 수 없는 그런 신보다는 가장 확실한 신, 곧 자신 속에 깃든 신의 성품을 자기가 직접 공부하고 수양하여 자각하는 일이야말로 가장 확실하게 신을 발견하는 방법이 아닐까? 그래서 구원 사업은 결국 자기가 하는 일이 된다. 철저한 자력 신앙이다. 설령 신이 없더라도 결코 밑지는 장사는 아니다.

한국민속과 기

우리 속담에 "개미가 이사하면 비가 온다"라는 것이 있다. 요즘도 흔히 있는 일이긴 하지만 개미가 떼를 지어 이사 가면 비가 올 때도 있다. 그렇다면 개미가 어떻게 비가 올 것을 알았을까? 아마도 개미에게 습기가 몰려올 때를 미리 아는 무엇이 있는지 모르겠다. 하기야 개미만이 아니라 주변에 있는 동물도 기를 느끼는 경우가 많다. 개가 보지 않고도 주인과 도둑의 기운이 다름을 구별할 줄 알고, 똑같이 모르는 사람에 대해서도 그 품에 안기기도 하고 도망가기도 한다. 이 경우도 호의적이거나 적대적인 기운을 느끼지 않았을까?

필자가 어릴 때 들은 이야기가 하나 있다. 딸만 여럿 있는 집안에 막내인 어린 아들이 있었는데, 어느 날부터인지 이 아이가 시름시름 앓았다고 한다. 백방으로 약을 써 보아도 낫지 않아 고민하다가 하루는 동냥하러 온 스님에게 시주하면서 아이의 병 낫는 방법을 물어보았다. 스님은 머슴들이 기거하는 사랑방에 가서 장기짝을 삶아 그 물을 먹이라고 하여 그의 말대로 했더니 금방 나았다고 한다. 그 아이의 아비는 기쁜 마음에 동네 의원을 찾아가 그 영문을 물었다. "막내아들이 여자들 속에서만 자라서 양기(陽氣)가 부족해서 그랬던 것이오." 그러자 그 아비가 말하였다. "그런데 장기짝하고 양기하고 무슨 상관이 있습니까?" 의원은 말했다. "양기가 넘치는 총각 머슴들이 장기를 두면서 놀았으니, 장기짝에 양기가 쌓이지 않았겠소?" 믿거나 말거나 어쨌든 양기나 음기가 한쪽으로 치우치지 않고 조화를 이루어야 한다는 생각이 들어 있는 이야기다.

또 동짓날에 팥죽을 쑤어서 그것을 집안 곳곳에 뿌리는 모습을 본 적이 있는가? 물론 먹기도 하지만, 왜 뿌렸을까? 민속학자들은 벽사(辟邪), 곧 사악한 기운이나 귀신을 쫓기 위함이라고 한다. 그렇다면 다른 것도 있는데 하필이면 붉은 팥죽인가? 오행에서 붉은색은 양기를 상징하기 때문이 아닐까? 민간의 귀신은 원래 음이니까 양기로서 음기를 물리친다는 생각이 있을 수 있고, 또 하나는 붉은색은 피를 상징하므로 고대의 신께 희생 제물을 바쳐 잡귀를 쫓는 것과 관계있을 것이다. 그리고 동지는 낮이 가장 짧고 밤이 가장 길어 연중 음기가 가장 왕성한 때로 본다. 이날 이후부터 낮이 점차 길어지며, 『주역』의 괘에서는 양(陽)이 처음으로 생겨나는 복(復)괘에 해당한다. 그래서 양기를 불러들이기 위해 그것을 상징하는 팥죽을 뿌렸을지도 모른다.

그리고 민간 풍습에 아들을 낳지 못하면 수탉의 생식기를 잘라 먹거나 붉은 고추 또는 알밤, 은행 열매를 주머니에 넣어 치마 속에 차고 다니거나 안방의 동쪽 벽에 걸어두거나 남편의 베개 밑에 숨겨 두기도 했다. 그리고 돌부처의 코를 깎아 그 가루를 먹어도 아들을 낳는다고 믿었다. 이것은 모두 남자를 상징하는 양의 기운을 받아 아들을 낳을 수 있다는 믿음이 반영된 일이다.

이런 예는 민간요법에 무수히 많다. 가령 음식을 먹고 체했을 때 흔히 손톱이나 발톱 주위를 바늘로 따서 피를 내면 기가 통하여 소화를 돕는다고 믿었다. 또 생선을 먹다가 생선 뼈가 목에 걸렸을 때는 생선 대가리를 머리에 얹고 물을 마시게 하는데, 필자도 어릴 때 그랬던 기억이 난다. 이것은 아마도 같은 기운끼리 잡아당긴다는 동기상응(同氣相應)의 생각에서 나왔을 것이다. 가령 자석이 쇠붙이를 당기는 것과 같은 맥락이다.

이런 것도 있다. 부인이 난산(難産)할 때 남편이 소달구지의 안장을 짊어지고 지붕에 올라가거나 산부(産婦)의 발바닥에 '천'(天) 자를 쓰면 순산한다는 풍습이 있었다. 이 풍습을 이해하려면 음양의 기운 특성을 알아야 한다. 양기는 발산하며 튀어나오고, 음기는 움츠리며 물러가는 것 등이 그것이다. 그러니까 뱃속 아기를 밖으로 나오게 하려면 양의 기운을 불어넣어야 했다.

그래서 양을 상징하는 남자가 지붕 위로 올라가거나 양기가 충만한 하늘 천(天) 자를 산부의 발바닥에 썼다. 그렇다면 소달구지의 안장은 또 무엇인가? 그것은 안장이 문제가 아니라 소가 끄는 두 바퀴가 달린 달구지를 상상해 보면 금방 알 수 있다. 소를 떼어 낸 달구지를 옆에서 보라. 분명 바퀴 둘은 남성의 고환을, 달구지는 남근처럼 보일 것이다. 달구지를 지붕 위에 올릴 수 없으니 대신 안장을 갖고 올라가지 않았겠는가? 모두 양기를 상징한다. 그것이 아니라면 달구지는 소에게 끌려가는 것이니, 그것처럼 뱃속 아기도 기운을 받아 끌려 나오라는 상징을 이용했는지도 모른다.

그리고 여자의 속곳, 곧 팬티를 대나무 장대에 거꾸로 매달아 놓으면 악성 유행병을 예방할 수 있다고 믿었다. 이게 무슨 해괴한 믿음인가? 그리고 이것을 어떻게 해석해야 하나? 민간의 풍속이기 때문에 반드시 사실에 부합한다고 말할 수는 없겠지만, 필자가 보기에 여자의 팬티는 강한 음의 기운을 갖고 있다고 여겼기 때문에 음습한 음의 성질을 지닌 질병을 물리치는 효과가 있을 것이라고 믿었던 것 같다. 음에는 빨아들이는 곧 움츠러드는 성질이 있고 또 같은 기운은 서로 통하니까 병의 기운이 속곳으로만 몰리게 하려는 의도일까? 아니면 너무 엽기적이라 질병도 놀라서 달아날 것이라 여겼던지.

끝으로 눈 다래끼가 나면 실로 발가락을 감거나 길 가운데 돌 세 개를 겹쳐 탑처럼 쌓고 거기에 환자의 속눈썹을 하나 뽑아 넣어두고 누가 차 버리면 낫는다는 풍습도 있다. 발가락에 실을 감는 경우는 기가 그쪽으로 몰려 낫는다는 생각이고, 길에 돌을 쌓는 것은 다래끼의 기운이 그 돌을 찬 사람에게 옮겨간다는 믿음이다. 기운이 남에게 옮겨간다는 것을 과학적으로 증명할 수 없지만, 아마도 발가락을 묶거나 돌을 쌓아 누군가 차게 하면 그쪽에 신경이 쓰여 실제 눈 다래끼를 만지거나 거기에 마음을 집중하는 일이 없어서 나았는지 모른다. 다래끼란 가렵다고 자꾸 만지거나 눈을 비비면서 열을 받아 커지기 때문이다. 필자도 경험한 바가 있는데, 다래끼가 막 생기려고 할 때는 얼음으로 냉찜질을 해 효험을 본 적이 있다. 다래끼는 대개 눈 주위에 열이 많이 쌓여서 생기기 때문이다.

이렇게 우리나라 민간 풍습에도 기에 관계된 일들이 허다하다. 추상적인 음양의 원리를 적용한 사례도 있고, 사물의 인과관계보다 사물이 지닌 상징에 착안한 것도 있다. 물론 합리적인 요소가 숨어 있는 사례도 있다. 반면 인과관계를 고려하지 않고 사물이 지닌 상징성에 집중하거나 음양오행의 원리를 견강부회하게 확대 적용하여 마침내 미신에 이른 것도 있다.

제5장

현대적 삶과 기氣

1. 기철학의 현대적 의의

다시 기란 무엇인가?

이 책 처음부터 가졌던 의문, 곧 도대체 기가 무엇인지 밝히는 문제를 여기서 마무리해야겠다. 그렇다면 여러분들은 기가 무엇인지 정리하였는가? 아마도 더 헷갈려서 무엇인지 종잡을 수 없다고 할 분이 더 많을지 모르겠다. 당연한 현상이다. 거칠게 말하면 존재하는 모든 게 기이거나 기의 소산이기 때문이다.

사실 기를 과학의 대상, 곧 어떤 소립자 또는 그보다 더 작은 형태의 어떤 대상으로 보고 마치 오늘날 물리학자들이 최초의 물질을 찾는 방식으로 지금 기가 무엇인지 밝히는 작업은 처음부터 실패를 안고 있는지 모른다. 그런 식이라면 차라리 물리학자들에게 물질이 무엇이냐고 묻는 일이 훨씬 빠른 답을 찾을지 모른다. 어쩌면 최한기가 의도한 것처럼 자연과학을 통해 답을 찾았는데, 단지 그것을 전통의 연장선에서 기라고 이름을 붙이지 못했기 때문에 아직도 기가 무엇인지 밝히지 못했다고 여기고 있는지도 모른다.

이 지점에서 필자가 깨달은 내용은 기는 '이론의 문제'와 '사실의 문제'를 분리해 보아야 한다는 점이다. 그 까닭은 이 둘이 섞여 버리면 학문 분야나 관심 영역에 따라 다분히 주관적이어서 통일된 개념을 산출하기 매우 어렵기 때문이다. 곧 철학 내부에서조차도 기 이론이나 개념은 시대마다 학자마다 또는 세계관에 따라 다양할 뿐만 아니라다른 분야, 예컨대 예술, 한의학, 종교, 민속, 잡술 등에서 다루는 개념에도 서로 다른 내용이 있기 때문이다.

사실 이렇게 나누어 볼 수밖에 없었던 사정은 앞의 기의 특징을 설명하면서 기는 모든 존재의 근원이자 자연과 인간에 있어서 운동과변화를 이끄는 힘이며, 정신 현상과 물질 그리고 거시적이면서 미시적인 것까지 기가 아우르며, 같음과 다름도 기를 가지고 설명한다고할 때 이미 예견된 문제였다. 곧 인간이 생각할 수 있는 현상이나 현실의 모든 배후에는 기가 존재하거나 매개하고 있을 뿐만 아니라 천차만별한 분야냐 영역에 따라 세부적으로 다루고 있는 것도 기이기 때문이다. 그래서 기를 한마디로 정의할 수 없는 이유가 바로 여기에 있다.

하지만 '이론의 문제'로서 기는 어떤 분야 내에서는, 예컨대 철학 안에서는 그 개념의 유사성에 따라 어떤 학파나 어떤 세계관으로 묶을수는 있다. 그리하여 다양한 개념 속에서 공통점을 추출하고 종합하여 기를 정의할 수 있다. 물론 그렇기는 해도 근본적 세계관의 차이를극복하기는 어렵다. 일례로 성리학자들이 말하는 세계관과 기철학자들이 말하는 그것이 다르기 때문이다.

그럼에도 불구하고 위험을 무릅쓰고 일반적으로 기철학자들이 말하는 기를 거칠게 추상적으로 종합하여 정의하면 다음과 같이 말할수 있다. "기란 생성과 소멸이 없이 영원불멸하고 취산(聚散)하는 존재로서, 실제로 있는 모든 사물의 근원임과 동시에 우주의 물질 운동과생명 활동 및 정신 현상을 일으키는 실체이자 원인자다."

그런데 사실 이러한 정의는 고도로 추상화하였기에 사물을 이해하거나 거기서 삶의 태도나 가치를 풀어내는 일은 아직도 유효하다. 그래서 여기서 연역한 삶의 방식은 현실의 부조리한 삶에 대한 모종의 대안이 될 수도 있다. 다만 이런 전통적 관념을 삶의 모든 영역에 마치 도깨비방망이처럼 일사천리로 적용하는 행위는 위험하다.

그러나 '사실의 문제'로서 기는 자연과학의 대상인데, 그것은 고대부터 지금까지 주장하는 기가 있다면 그것이 실제로 무엇인지를 밝히는 구체적인 일과 관련이 있다. 불행히도 근대 이후의 자연과학을 배제하고 기에 대한 물리적 현상을 정확히 구체적으로 관찰·측정할 길이 아직은 없다. 기철학자들이 추상적으로 진술하는 기의 정의가 설령 과학적 세계관과 정확히 일치한다고 해도, 그 기의 성질이나 본질을 과학의 힘을 빌리지 않고 구체적으로 검증할 수는 없다.

따라서 추상성을 배제한 구체적인 기의 종류에 대해 이제는 자연과학의 관점에서 분류할 수밖에 없다. 더러는 모호하거나 검증할 수 없는 표현도 있어서 분류와 탐구에 어려움을 더하고는 있지만, 많은 것들이 이미 과학의 영역에 편입되었기 때문에, 비록 앞에서 설명했듯이 과학적 발견과 탐구에 따른 새로운 결과는 서구적 용어나 그 번역어로 대체되기는 했어도, 전통의 기 개념에 해당하는 대상을 찾을 수 있다. 물론 그 용어가 배치된 장소는 근대 과학이긴 해도 그렇다.

그러니 과학에서 기를 말하지 않는다고 해서 전통에서 말했던 기를 과학이 다루고 있지 않다고 말할 수는 없다. 가령 공자가 말한 곡기(穀氣)의 경우 적어도 과학에서는 해당 양의 '곡물이 가진 열량과 영양소'라는 의미로 바꾸어 말할 수 있다. 비록 곡기가 배치된 문장의 함의와 맥락을 과학에서 다루지는 못하더라도 물리적 대상으로서 곡기에 대해 이제는 영양소와 성분을 분석하고 열량을 정량화해서 말하기 때문이다. 곡기를 더 자세하게 탐구하여 이렇게 되었다.

또 기 그 자체만 두고 볼 때도 그렇다. 원래 기는 공기 또는 기체(gas)와 전혀 다른 개념이 아니었다. 많은 문헌에서 공기와 그것을 혼동해서 써 온 것을 보면 금방 알 수 있다. 하지만 과학에서 새롭게 발견한 여러 기체는 전통적 기의 영역에 속하지만, 과학에서는 더 이상 분화 이전의 전통적인 기의 관점에서 취급하여 다루지는 않는다. 그냥 염소(鹽素), 산소(酸素), 질소(窒素)라는 물질의 여러 종류로 다룰 뿐이다. 물론 이 말은 근대 이전에 동아시아에서 염소, 산소, 질소를 몰랐다는 말은 아니지만, 근대 이후에 물질 개념이 더 분화되었다는 점을 지적하기 위해 말해 보았다.

이렇듯 사실의 문제와 관련된 기의 탐구는 근대 이후 대부분의 분야에서 자연과학의 영역에 편입되어 버렸다. 이렇게 서양 근대 과학의 힘을 예견하고 주체적으로 기 이론에 서양 과학을 수용하여 설명을 시도한 사람이 바로 최한기였다. 그러나 근대 이후 도입된 자연과학은 기의 논리를 추방해 버렸으니, 기는 온통 신비스럽고 알 수 없는 무엇이라는 착시 현상을 불러일으켰다. 과학자들의 시선이 미치지 못해서 미처 다루지 못했거나 신비스럽고 모호한 부분에서만 관심이 살아남았다고나 할까?

그러나 어쨌든 기를 서양 과학과 구분해 신비적으로 보아 서양 과학이 그것을 증명이라도 하는 것처럼 보든지 또는 저급한 미신으로 취급하는 태도 따위는 모두 바람직하지 않다. 이것은 과거 서구인들이 동양을 바라보는 시각이기도 하다. 다른 분야와 마찬가지로 근대 이전의 기에 대해 지나치게 신비화하거나 폄하할 필요가 없다. 비판적으로 탐구해서 계승·발전시켜 나가면 된다. 따라서 현대의 우리가 이러한 기를 살리는 길은 멀고도 험난할 뿐만 아니라 근대 이전의 그 것으로 다시 되돌릴 수도 없다.

그러니 기를 현대에 와서 어떻게 가져가야 할지는 새로운 담론이 필요하다. 최한기가 의도했듯이 현대의 모든 학문을 아우를 수 있는 통합 과학으로서 역량을 발견할 수 있을지, 서양의 4원소처럼 하나의 시대적 산물로서 학술적·문화적 자산으로만 유효할지, 아니면 한의학이나 예술처럼 어떤 특수한 분야에만 유효할지는 보다 깊은 연구와 담론이 필요하다.

우리 문화와 기

지금 와서 과학의 영역에 편입된 기를 되찾아 오기는 매우 어려워 보인다. 기라는 개념을 사실에 맞게 살려내려면 현대 과학의 성과에 상응하는 실질적 노력이 필요하다. 군이 그럴 필요가 있는가? 꼭 하려면 현대 문명의 모든 영역의 내용을 기 개념에 따라 재조정해야 하고 또 현대 과학의 최전선에서 기 개념으로 이론의 틀을 재조정해야 한다. 그보다 쉬운 방법은, 비록 첨단과학은 아니더라도, 아직도 유효한 전통 예술이나 기철학이나 한의학처럼 한두 영역이라도 우선 발전시켜 나가는 방법도 있다. 물론 종교도 충분히 가능하다고 보는데, 모두 우리 문화의 계승과 창조와 관계가 된다.

기가 현대 문화와 관련된 분야는 무궁무진하다. 앞에서도 언급한 전통 예술 부문은 물론, 새로운 형태의 예술에도 적용할 수 있고 그런 사례도 있다. 가령 서양화를 전공한 사람이 기를 접목하는 일이라든지, 좀 식상해도 중국 무술 영화에서 장풍을 쓰는 것은 흔한 일이고,

색다른 것 가운데 하나에는 오래된 영화 〈스타워즈〉가 있다. 그 스토리를 이끌어 가는 중요한 요소 가운데 하나는 포스(force)고 거기에는 또 선한 것과 악한 것이 있는데, 그것을 우리 식으로 말한다면 기며, 양기와 음기다. 거기에다 1990년대 중반 선풍을 일으켰던 일본의 토리야마 아키라(鳥山明)의 〈드래곤볼〉은 만화나 애니메이션으로 제작되어 일본 콘텐츠 산업의 전반을 먹여 살렸다는 후문이 전해진다. 이 또한 기가 이 작품의 중요한 요소가 되고 있다.

우리나라에서 만든 영화에는 1962년에 만든 〈불가사리〉가 있다. 고려 말을 배경으로 한 이야기인데, 농기구나 무기로 된 쇠붙이를 먹는 '불가살'(不可殺), 즉 죽일 수 없다는 뜻을 가진 괴수다. 어떤 기록에서는 죽일 수 있는 수단이 스님이 만든 부적뿐이지만, 민간 설화에서는 불을 이용하기도 하였다. 여기서 불은 화(火)의 순수한 우리말이므로 '불가살'은 '화가살'(火可殺)이라는 뜻으로 바꾸어 생각하면 답이 나온다. 그런데 어째서 불로 죽일 수 있을까? 이것은 바로 오행(五行)의 상극 개념에 들어 있는 것으로, 불(火)이 쇠(金)를 이길 수 있는 성질을 이용했다. 이 영화에 앞서 1921년 현영선의 『불가살이전』이라는 소설이 있었고, 한참 뒤 1985년 신상옥 감독이 북한에서 만든 영화가 더 있다. 이처럼 우리 문화 산업에 콘텐츠가 부족하다면 이렇게 기와 관련된 것도 발굴하여 적용할 수 있다.

사실 기만 이렇게 발굴되어 활용된 것만 아니다. 서양의 4원소도 꾸준히 활용되었다. 앞서 말했던 영화 〈제5원소〉를 비롯하여 나이트 샤말란 감독의 〈라스트 에어벤더〉 등이 있고, 4원소는 아니지만 서양 중세를 배경으로 한 영화나 애니메이션은 지금도 수없이 만들어지고 있다. 이렇듯 전통 사상이나 전통문화는 시대의 변천에 따라 생명을 다한 것이 아니라 하나의 문화적 자산으로서 재해석되어 적용되고 있다. 우리의 음양이나 오행 사상을 가지고 얼마든지 그렇게 재해석해서 응용할 수 있다.

문화 창조는 이제 먹고 사는 산업이 되었다. 잘 알다시피 세계 선진국도 한때는 이른바 '굴뚝산업'이 산업의 상징이 되어 그 나라의 경제력을 이끌어 갔지만, 지금의 선진국은 정보의 생산과 창의적인 문화가 산업이 주류를 이루고 있다.

영화 〈라스트 에어벤더〉의 포스터

우리도 그에 발맞추기 위해 지식 정보를 강조하기도 하고, 문화를 육성해야 한다고 역대 정부나 학계 및 사회단체에서 이구동성으로 주장해 왔다. 그래서 정보화 기반을 확충하기 위해 인터넷 통신망을 확충하고 문화 콘텐츠를 만들기 위해 다방면으로 노력해 온 것으로 안다.

그 결과 어느 정도 의도한 대로 한류가 세계를 휩쓸고 있다. 대중문화인 영화나 드라마 및 대중가요가 선도하여 아시아를 넘어 세계로 뻗어 나갔다. 그것을 가만히 분석해 보면 지극히 한국적이면서도 세계의 보편적 정서가 함유된 탄탄한 콘텐츠와 우수한 제작 기술이 그렇게 만들었다고 본다.

하지만 대중의 취향은 늘 변덕스럽고, 새롭지 않으면 오래가지 못함이 상례다. 한류가 주목받은 까닭도 종래의 서구와 미국 중심의 대중문화에 싫증을 느꼈기 때문이다. 새롭고 신선한 작품이 계속 나오지 않는 한 대중은 같은 대상에 오래 머물지 않는다. 과거 세계의 유행을 선도했던 나라나 대중 예술가를 보라! 한류도 창의적 작품을 계속 쏟아내지 못한다면 물거품처럼 사라질 날이 올 수 있다.

그걸 방지하기 위해 우리의 전통에서 새롭게 창조할 예술의 콘텐츠를 계속 발굴해 내야 한다. 하지만 그 콘텐츠 개발의 원자료는 누구나 손쉽게 접근할 수 없다. 대부분 한문으로 적혀 있기 때문이다. 그것에 쉽게 접근하도록 우리말로 옮기고 철학적·문화적 해석과 재해석을 해주는 역할은 지식노동자인 연구자들의 몫이다.

하지만 한문을 독해하려면 적어도 수년에서 수십 년이 걸리는 공부가 필요하다. 한문을 제대로 읽는 일은 글자만 알아서 되는 것도 아니고, 문법만 익혀서 이해할 수 있는 것도 더욱 아니다. 시대에 따라 문체가 다르고, 게다가 고급 문장일수록 고전의 내용이나 역사서나 명문장에서 몇 글자만 따와 단장취의(斷章取義)하여서, 기본이 되는 고전을 사전에 공부해 두지 않으면 해석할 수 없다. 그 기본이 되는 고전만 제대로 공부하는 데도 족히 십 년 이상, 원전을 자유롭게 읽고 쉽게 옮기는 데는 수십 년은 걸린다. 대학원에서 2~3년 공부해서 다른 외국어처럼 한문을 잘 해석할 거라고 믿는다면 순진한 발상이다.

그런데 이렇게 공부해 봤자 문화 산업을 위한 콘텐츠 발굴은 뒷전으로 밀릴 수밖에 없다. 생계 문제로 자신의 전공 분야와 상관없이 돈이 되는 일에 매달려야 하기 때문이다. 게다가 우리나라 학문 풍토는 번역에 큰 가치를 두지 않는다. 그나마 연구자들이 공부하면서 할 수 있는 일은 고작 한국연구재단에서 주관하는 명저 번역 사업 같은 것인데, 그마저도 한국 관련 자료는 다른 기관에 맡겨 그 기관의 방침에 따라야 하고, 예산도 넉넉지 않은 데다가 경쟁자가 많아 시간강사나 연구원 자리조차도 얻지 못해 대학이나 기관에 소속되지 못한 연구자들에게는 그림의 떡일 뿐이다. 그 출판비를 기관에서 지원해 주므로 이제 개인이 번역해서 출판하는 일은 자기 부담으로 하지 않는 이상 국내 출판 환경상 불가능하다. 현행의 지원(支援) 형태보다는 대한민국 국민이 한 것이라면 누가 번역했든 번역물을 심사하여 일정한 규정과 요건에 맞으면 묻지도 따지지도 말고 원고료와 출판 비용 방식으로 지원해 주어야 한다고 본다.

그러니 누가 콘텐츠의 기초가 되는 고전 번역에 관심을 가지겠는가? 규장각의 고문헌과 대학도서관의 국학 관련 고문서들은 먼지만 폴폴 날리는 형편에 해외 자료까지 넘본다는 것은 어불성설이다. 이제는 기마저도 학문적 기반이 탄탄한 서양인들에게 주도권을 빼앗길지 걱정된다. 연구자나 예술가가 각자의 분야 활동에서 위축되지 않고 우리 문화 산업이 크게 발전하는 데 이바지했으면 좋겠다.

유기체有機體적 자연관

많은 사람이 문화를 논하지만, 사실 문화의 핵심은 자연과 인간 또는 절대자를 대하는 인간의 정신적 태도라는 점을 잊는 경우가 많다. 문화 발생과 번성 자체가 그런 과정을 겪는다. 그런데 뿌리가 얕은 문화는 한순간 반짝하고 만다. 앞에서 잠시 말했던 한류가 계속해서 생명력을 가지려면 이런 정신적 깊이와 아울러 세계인의 보편적 가치나 심성을 지니고 있어야 한다. 어떻게 하면 그것이 가능한가?

이 문제는 결국 철학의 문제로 귀결된다. 그렇다면 기와 관련하여 새로운 문화 창조를 위한 세계관이 없을까? 필자는 그 가운데 하나가 유기체적 우주관 또는 자연관이라 본다. 많은 연구자가 기와 관련된 세계관을 유기체론(有機體論, organicism)이라 부른다.

그럼 유기체란 무엇인가? 이 말은 순수한 우리말이 아니라 번역어여서 쉽게 이해하기 어렵다. 한자 '有機體'를 보아도 무슨 뜻인지 얼른 떠오르지 않는다. 한자를 직역하면 '기관(機關)이 있는 몸체'라는 뜻이지만, 실제 이 말이 갖고 있는 개념과 정확히 일치하지 않는다.

사실 유기체란 마치 생물체처럼 그 체계 내부에서 원인과 결과를 가지며, 자신의 근거를 스스로 갖고, 자체가 독립적인 존재며, 생존하기 위해 자기조직화를 통해 타자와 조직화를 꾀하는 것 등의 성질을 갖는 존재다. 더 나아가 형태나 기능적으로 여러 부분으로 분화하고, 부분끼리 또 그 부분과 전체가 하나의 통일체로 이루고 있는 것을 말하는데, 쉽게 말해 생물과 같은 것이다. 우주나 자연을 그렇게 보는 것을 유기체적 우주관 또는 자연관이라 부른다.

이 유기체적 자연관과 대립하는 쪽에는 기계론적 자연관이 있다. 이것은 세계를 물질과 정신이라는 이원적으로 구분하여, 자연을 정신과 분리하여 순수하게 물질의 원인과 결과로 이어지는 법칙으로 그 변화를 설명하려는 세계관이다. 물론 이것은 서양에서 데카르트 이후로부터 본격적으로 자연을 과학적으로 탐구하는 데 유용한 이론을 제공하였으며, 근대 자연과학의 발전에 있어서 중요한 배경이 되기도 하였다. 이러한 세계관은 자연이 갖고 있는 다양하고 복잡한 현상을 무시하고 단순하고 일반적인 수학적 인과법칙으로만 파악함으로써 자연과 생명이 갖고 있는 가치를 경시하는 부작용을 낳기도 하였다. 이러한 세계관의 대안으로서 유기체적 자연관이 주목받게 되었다.

서양에서 현대 유기체 철학의 최대 대표자를 대개 화이트헤드(Whitehead, 1861~1947)로 보는데, 그도 인정하고 지적한 것처럼 기계론적 뉴턴의 우주관을 수정하는 방향으로 근대적 의미의 유기체적 자연주

화이트헤드(Whitehead, Alfred North, 1861~1947)

의가 등장하는 사상적 조류를 거슬러 올라가면 라이프니츠(Leibniz, 1646~ 1716)에 이르지만, 그 이전에는 뚝 끊어진다고 한다. 이것은 무엇을 말하는가 하면 예수회의 중국 문헌 번역에 따라 전해진 주희의 신유학을 라이프니츠가 연구하면서 영향을 준 결과라는 점이다. 당연히 주희의 성리학이 초월적 신을 배제하고 이와 기로 이루어진 물질이 구체적이고 개별적 사물이 되어가는 과정에서 세계가 외형적으로 하나의 기라는 방식으로 존재하고, 그 하나의 기는 다양한 만물 생성의 진행 과정에서 음양과 오행의 층위에 의해 복잡다단하게 전개되기 때문에 그렇게 평가할 수 있었을 것이다.

사실 주희의 성리학만이 아니라 양명학의 만물일체(萬物一體)의 주장에서도 보이듯이 이러한 유기체적 사고가 동아시아 전통 철학의 전반에 녹아 있다. 특히 기철학의 내용이나 논리 자체에서도 유기체론이라고 보이는 점이 풍부하지만, 가령 장재(張載)가 한 말, "건(乾, 하늘)을 아버지라 부르고, 곤(坤, 땅)을 어머니라 부른다. 나는 이런 작은 모습으로 뒤섞여 그 가운데 처한다"(『서명』)라고 하거나 홍대용이 "땅은 만물의 어미요, 태양은 만물의 아비이며, 하늘(氣)은 만물의 할아버지다"(『의산문답』)라고 한 말에서도 직접 그런 점을 발견할 수 있다. 특히 주희는 장재의 『서명』의 이러한 내용을 두고 천지는 우리가 여러 사람과 공유하고 있는 하나의 큰 부모라고 평가한 적이 있다.

이처럼 전통 철학 그 가운데서도 특히 기철학이 유기체적 우주관이라는 점은 몇 가지 근거에서 출발한다. 먼저 우주 또는 자연은 하나의 개체처럼 그 자신이 존재하거나 유지하기 위하여 그 외부에 어떠한 존재도 갖지 않는다는 점이 그것이다. 오직 기의 모이고 흩어지는 취산(聚散)에 의해서만 우주가 생성하고 변화될 뿐이다.

사실 우주가 하나의 개체라고 보는 관점은 생물적 개체와 그 구조와 생태가 딱 들어맞지 않는 문제가 있다. 그러나 철학적 가치론에서 볼 때 비록 생물처럼 똑같이 보아야 할 이유는 없더라도 우주를 하나의 통일된 전체로서 볼 수 있다. 더욱이 많은 전통 철학자가 우주에 충만한 기를 생기(生氣)나 활물(活物) 또는 원기(元氣)로 부르는 것은 우주나 자연이 죽은 물질로만 이루어진 것이 아니라 하나의 살아서 활동하는 기로 통일되어 모든 개체가 연결되어 있다는 관점이기도 하다.

다음으로 자연 전체를 결합하는 내재적 원리 또는 매개물은 기다. 결합하는 방식은 두 가지인데, 하나는 취산을 통해서, 또 하나는 다른 사물과의 상호작용을 통해서다. 우주 내의 모든 존재는 기가 모여서 된 것이고, 죽으면 기로 흩어진다. 또 생물적 유기체들은 기가 없으면 생존할 수 없을 뿐만 아니라 서로 간에 상호작용을 통해서 생존해 나간다. 이때 서로 간에 에너지가 이동하면서 생존하는데, 그 에너지가 바로 기다. 가령 사람은 초식동물을 먹고, 초식동물은 풀을 먹으며, 풀은 사람의 시체나 동물의 배설물을 먹고, 이들이 내뱉는 이산화탄소로 광합성 작용을 하여 자란다. 이렇게 풀에서 초식동물로 사람으로 다시 풀로 에너지가 이동한다. 그 흐름을 깨면 생태계의 균형이 깨진다. 상호작용하기 때문이다.

셋째로 자연이 유기체라면 내적인 운동의 원리를 갖고 그 운동은 그 자체의 합목적성에 의해 지배되는가 하는 점인가를 밝혀야 한다. 여기서 합목적성이란 일정한 목적에 들어맞아야 한다는 뜻이지만, 그 목적은 신의 뜻이나 형이상학적인 자연의 외부에 있지 않다. 다시 말하면 자연의 변화와 운동의 원리는 스스로 갖는 것이며, 그 목적은 자체의 본성을 실현하는 것뿐이다. 물론 이때의 본성이란 사물의 물리적 성질과 생물적 본성이 거기에 해당하는데, 이 둘이 적절히 상호작용하면서 자신들의 목적을 달성하고 있다.

마지막으로 전체에서 분리된 존재의 생존 가능 여부는 가장 유기체론의 특징을 나타내는 질문 가운데 하나다. 우리의 인체에서 각 기관이 몸을 떠나 존재할 수 없듯이 각각의 개체는 전체 자연을 떠나 생존할 수 있는가 하는 문제로서 그 답은 자명하다.

그렇다면 그 역도 성립하는가? 부분이 죽으면 전체도 죽는가? 이 점에 대해 오늘날 환경론자들이나 자연생태학자들은 적어도 지구환경에 대해서는 그렇게 여기고 있다. 생물 종의 다양성의 유지와 인간 생존의 가능성을 놓고 볼 때 그렇다. 유기체적 자연관은 이렇게 자연이나 우주를 가치론적으로 접근할 때는 여전히 유효하다. 인간이 우주 자연을 떠나 자신의 삶을 생각한다는 것은 무의미하기 때문이다.

더 나아가 지구를 포함한 우주 속에 생명체가 존재한다는 것은 우주의 기가 조건에 맞아 그렇게 된 것인데, 그것을 생기(生氣)라고 표현해도 좋다. 이런 뜻에서 우주를 인간과 분리하여 보아야 할 아무런 이유가 없다. 필자는 지구상에 생명이 출현한 것은 결코 우연한 일이라고 보지 않는다. 우주에는 생명의 근거가 되는 생기가 있었기 때문이라고 본다. 따라서 기철학적 관점에서 보면 인간을 포함한 모든 생물은 우주와 하나, 곧 만물이 생기로써 연결되어 있다. 그러니 생명의

꽃인 지구상의 생물과 인간이 소멸하면 그만큼 우주에 있어서는 손실
이 된다. 우주는 결코 죽은 세계가 아니다!

2. 삶의 방식과 기氣

인격신과 무신론을 넘어서서

2005년 개봉한 영화 존 무어 감독의 〈피닉스〉(Flight Of The Phoenix)에 나오는 한 장면이다. 사막 한가운데 화물을 싣고 가던 비행기가 불시착했는데, 식사 전에 어떤 사람이 기도하자 옆에 있던 동료가 보기 불편했던지 한마디 쏘아붙였다.

영화 〈피닉스〉의 포스터

"이런 상황에서 기도가 나와요?"

"하늘에서 떨어져 죽지 않았으니 이만하면 다행인 줄 아시오."

"그런데 누구에게 기도했소?"

"내가 만든 종교의 신에게 감사기도를 드렸소. 기존의 종교는 편 가르기에 여념이 없어 모든 종교를 통합해 하나로 만들었지요."

비록 영화 속의 대화이지만 뼈가 있는 말이다. 지구상의 대규모 비극의 중심에는 항상 종교가 있었다는 점이 그것을 잘 말해준다. 그것은 지금도 진행 중이다. 그렇다면 이참에 새로운 종교를 하나 만드는 것은 어떨지? 비록 농담이긴 하지만 기와 종교는 전혀 무관하지 않다.

기와 종교는 어떤 연관이 있을까? 앞에서 설명했듯이 기를 종합적으로 보면 그것은 힘이나 에너지 또는 인간의 정신 현상, 물질 및 생명 요소를 가진 존재다. 기철학에서는 기를 떠난 인격적인 신을 인정하지 않지만, 도교와 같은 종교는 그렇지 않아 그 신들은 기로 이루어져 있다. 그래도 그 공통점은 기를 벗어난 초인간적이고 초자연적인 힘의 개입과 기 바깥에 다른 어떤 존재도 인정되지 않는다는 사실이다. 이렇게 보면 기의 세계관은 인격적 초월자를 믿는 서양 종교와 일치되는 점이 거의 없다. 특히 기독교 전통에서는 기철학을 무신론으로 보고, 도교식의 종교는 종교로서 인정하지 않겠다.

사실 무신론을 배척하는 배경에는 세계를 신과 그 창조물로 나눠보는 이분법적 사고가 도사리고 있다. 신은 자신이 창조한 물질과 달리 정신적인 것이라고 미리 전제하고 있다. 그 논리가 합당하려면 물질에 정신성이 없다고 증명해야 한다. 그래서 한 일이 인간의 육체에서 정신을 분리해 육체는 죽지만 영혼은 영원히 소멸하지 않는다고 가르치는 것이다. 그러나 기의 세계에서는 결코 인간의 육체와 정신을 분리해서 이질적인 것으로 보지 않는다. 그 때문에 정신적 요소만 따로 떼어 내 만물을 초월한 인격신을 둘 수 없다.

그런데 문제는 유일신이나 초월적 인격신을 상정하지 않는 종교도 있다는 점이다. 다시 말해 초자연적인 인격신과 같은 존재 자체를 부정해도, 곧 기존 종교의 관점에서 말하는 무신론도 종교가 될 수 있다는 뜻이다. 초월적인 인격신을 배제한다고 해서 종교 그 자체를 부정한다고 말할 수는 없기 때문이다. 필자는 그런 종교 가운데 하나가 유교라고 본다. 서구적 종교 개념에 따라 유교를 종교로 취급하지 않는 사람들도 있지만, 넓은 의미로 본다면 유교도 엄연한 종교다. 유교는 철저한 합리적 이성에 바탕을 두어 자신의 욕망을 제어하여 천인합일로 성실한(誠) 세계와 하나가 되고자 하는 점에서는 종교다. 비록 유한한 존재로서 신비하고 초월적인 신에게 의지하고 싶은 인간의 마음을 충족하지 못하는, 그래서 지적인 수준이 다양한 대중에게 매력이 없는 한계를 가지고 있기는 해도 그렇다고 본다. 불교 또한 종파나 학자에 따라 그런 점이 전혀 없다고 말할 수 없다.

그렇다면 기철학적 세계관은 정말로 무신론일까? 인격적이고 초자연적인 신을 부정한다는 기준에서 본다면 분명히 무신론이다. 하지만 기에 대해서 좀 아는 기존의 인격신을 믿는 종교인들은 기철학을 범신론(汎神論)이라고 딱지 붙인다. 기철학이 신을 세계와 동일시하여 세계가 곧 신이라는 신의 비인격화를 말하는 것, 즉 풀 한 포기, 나무 한 뿌리도 신의 형상인 것으로 생각한다는 점이 그것이다. 얼핏 보면 그렇게 주장할 수도 있겠다. 하지만 범신론도 어쨌든 초월적이고 인격적이지는 않더라도 신 자체를 전제한다.

그러나 유기체적 자연관을 바탕으로 하는 기철학을 범신론으로 말하기에는 아직 이르다. 분명히 말하지만 거기서는 신이라는

동학을 이은 천도교 중앙교당(천도교 옛 누리집에서)

명사적 개념 자체를 거부한다. 신을 말함은 형용사나 동사 때로는 부사적 용법으로 사용할 뿐이다. 비록 기철학에서 신(神)을 거론해도 그때의 신은 기의 신비함 또는 기의 신통스러운 작용이나 덕을 지칭하는 형용사의 용법으로 사용하여, 인격적으로 독립된 신을 뜻하는 하느님 (God)과 분명한 차이가 있기 때문이다. 그래서 만물이나 기 그 자체를 이런 신이라고 부르기에는 문제가 있다.

하지만 기철학을 견지하더라도 하나의 종교가 될 수 있는 길이 없지는 않다. 바로 이 점이 조선 말 등장한 동학 같은 민족종교의 방식이며, 또 다른 방식도 가능하다. 동학은 기를 최고 존재로 삼는다. 거기서 말하는 지기(至氣)가 비록 서양의 인격신과 같은 의지를 가진 존재가 아니라 하더라도, 그것은 또한 인간 안에 내재한 신령(神靈)으로서 기의 정신적 최고 속성을 가진 존재로 천주(天主), 곧 한울님이다. 그리고 지기는 안팎으로 신령과 기화(氣化)로 작용하여 종교 체험이 가능케 한 근거이기도 하다. 더구나 21자의 주문을 외워서 기운의 체험을 한다는 점에서 신비적인 요소를 가지고 있다. 기독교와 같은 초월적 인격신을 설정하지 않고도 기를 가지고 그에 대응하는 효과를 꾀하였다. 말하자면 동학은 지기를 신령과 기화의 측면에서 이해하여 천주를 인격적으로 독립된 실체로 보지 않고도 종교 체험이 가능하며, 인간 내면에 숨겨져 있는 신명(神明)이나 영성을 발견함으로써 신앙이 가능케 하였다. 다만 기를 신비화하여 모종의 초월적 체험을 통한다는 점에서 또 서양의 인격신과 대응하는 최고의 정신적 속성을 지닌 신령을 상정한다는 점에서 정통 기철학과 결을 달리한다.

기철학으로서 하나의 종교를 가정하여 동학의 길을 걷지 않고 다른 길로 간다면 가령 이런 것이 될 가능성이 높다. 그것은 모든 합리적 문화와 종교를 포용하되 과학적 세계관에 부합해야 한다는 점이다. 그러면 기독교의 하느님은 신기(神氣)가 되어 비록 인격적 존재는 아니더라도 우주의 창조자라고 해도 상관없고, 성령(聖靈) 또한 생기(生氣)로서 인간과 자연을 넘나드는 하느님의 숨결이라 보아도 문제될 일은 없다. 불교의 공(空)과 도가의 허(虛)나 무(無)도 실제로 있는 기가 될 것이다. 인격적인 신도 자기의 영성을 통해 고백하는, 기의 정신성이 최고로 발달한 경지라 보면 되겠다.

더 나아가 초월성이나 종교 체험은 합리적인 사고가 허용하는 범위 안으로 제한될 것이다. 여기서 합리적이란 의미는 과학이나 이성으로서 이해하거나 파악할 수 있음이 전제되어야 한다. 그것을 넘어서면 기존 종교의 길로 나아간다. 인간이 할 수 있는 일이란 복을 빌거나 화를 회피하기 위해 초능력이나 초월자를 찾는 것이 아니라 내게 닥치는 화복을 합리적으로 이해하는 일이 먼저다. 화복이란 대체로 자기 스스로 불러들인 결과이기 때문이다. 또한 천당과 지옥은 마음의 문제임을 알아 내가 수양하여 기로써 통일된 만물과 하나가 되기를 바라고, 인간의 한계와 능력의 범위 안에서 인간에게 주어진 사회적 역할을 충실히 하면 된다. 낙원이란 인간이 세계 인민과 조화를 이루어 이 땅에서 이루는 것이지 별도로 있지 않음을 알 뿐이다. 그러니 교주나 초월적 존재나 교단이나 성직자를 필요치 않는다. 이는 철학적 세계관은 달라도 그 처세와 결과는 또 유교와 비슷하다.

그리고 인간에 있어서 구원이란 어쩌면 이 세상과 만물 그리고 자기 자신을 제대로 알아 잘 처신하는 데서 온다. 초월적 구세주가 구원해 주는 것이 아니라 인간 자신이 잘못 인식한 데서 연유된 미혹되거나 어두운 마음을 참된 것으로 바꾸는 데서 온다. 세계의 실상을 제대로 알면 두렵지 않기 때문이다. 이 점은 또 불교와 유사하며, 합리적 철학에 충실한 종교다.

이런 관점은 확실히 기를 이해할 수 있는 한계 내에 두어 종교를 가정한다. 기존 종교 자체가 신비적이고 초월적인 것을 다루어 과학적인 검증과 거리가 멀기에 그것과 분명히 선을 긋고 있다. 그렇다 하더라도 유교가 그랬듯이 넓은 의미의 종교성을 배제하지 않고 있다. 다만 종교라고 하기에는 이성을 너무 중시하지만, 깨달음을 통해 만물이 하나 되는 길을 택하므로 종교성이 없는 것이 아니다. 비록 현대에도 기를 이용한 유사 종교가 더러 있지만, 아무리 신비한 체험과 초능력을 강조해도 이성을 배제하면, 역사상 다수 종교가 그래 왔듯이 잘못된 길로 빠지기 쉽다.

바로 이런 방식은 최한기가 걷고자 했던 길이기도 하다. 그는 모든 종교와 학문을 통합하여 세계적인 종교와 학문을 만들려고 생각했다. 그 시도 가운데 하나가 기학(氣學)이다. 어쩌면 앞에서 소개했던 영화 〈피닉스〉의 한 장면처럼, 모든 종교를 통합해 만든 종교인지도 모르겠다.

사실 이런 관점은 생소하지 않다. 현대 사회의 종교는 그 자체의 고유한 영역을 유지하기 어렵게 되었다. 개인들은 더 이상 특정 전통 종교에 구속되지 않고, 그것의 경계를 허물거나 서로 다른 여러 종교나 상징을 결합하거나 심지어 비종교적인 과학의 영역까지 넘나들며 자신들만의 자율적인 종교의 관점을 구축하기 때문이다. 확실한 것은 현대 종교 문화의 빠른 변화 속에서 종교 그 자체의 독립적 혹은 자율적 영역을 주장하기는 어렵게 되었다는 점이다. 이런 현상은 하나의 자율적인 생활 방식(lifestyle)으로서, 특히 서양 사회에서 두드러지게 보인다. 우리나라에서도 시민들의 성숙도에 따라 조만간 닥치게 될 일이라 본다. 이런 점에서 볼 때 기학을 이 같은 종교와 연결하는 것 또한 자연스러운 일이다.

만물일체萬物一體의 영성靈性

필자가 앞에서 농담조로 새로운 종교를 하나 만들어 볼 수도 있다고 여긴 데는 나름대로 또 다른 근거가 있다. 요즘 지성(知性)이 살아있고 자신의 삶을 반성할 줄 아는 사람들 가운데는 영성(靈性, spirituality)에 깊은 관심을 가진 사람들이 더러 있다. 굳이 기독교인이 아니라 타종교를 가진 사람 중에서 기존 종교의 벽을 허물면서, 때로는 아무 종교도 없는 사람들 가운데서도 볼 수 있다. 이른바 산사(山寺) 체험이나 영성 수련 등을 통해서 자기를 재발견하려는 시도 등이 모두 그것과 관계된다고 본다.

영성이란 대체로 기독교에서 다루던 개념이지만, 이제는 종교 다원주의적 입장에서 종교의 담을 쉽게 넘나드는 도구가 되고 있음과 동시에, 종교와 무관한 사람들의 내면 성찰과 명상, 신비적 영적 체험, 참선을 통한 자기 발견 등에서 다루고 있는 주제이기도 하다.

이렇게 영성을 특정한 종교에 한정하지 않는다면 기를 통해서도 나름의 종교적 영성을 풍부하게 갖출 수 있다. 곧 초월적 절대자에 대한 신앙에 의존하지 않고도 영적인 능력을 충분히 발휘할 수 있다고 본다. 물론 그 영성 발휘의 대상은 인간은 물론이요, 더 넓게는 세계 만물까지 미칠 수 있다고 본다. 일부 종교는 그 독특한 세계관 때문에 영성의 적용 범위가 극히 제한되지만, 유기체적 세계관에 충실하게 되면 자연과 그 구성물을 하나의 몸으로 여기고 자연을 개조하거나 약탈의 대상으로만 보지 않고 일치하는 길을 택할 것이다.

이런 태도는 이미 동아시아 전통 사상에 녹아 있듯이 만물일체(萬物一體)랄까, 만물제동(萬物諸同)이랄까, 천인합일(天人合一)이랄까, 물아일체(物我一體)랄까, 인물균(人物均)이랄까 자연을 인간과 동등하게 바라보는 것을 넘어서서 하나 되는 길, 곧 노자처럼 스스로 그러한 도와 일치되는 길에서 제시하고 있다. 물론 이러한 논리는 학파마다 약간의 차이는 있지만, 기철학적 관점에서 본다면 인간과 만물이 같다고 여기는 것은 생기(生氣)로 연결되어 있기 때문이다.

이 논리는 단순히 인간을 위해 자연을 보호하거나 환경을 잘 가꾸어야 한다는 당위성보다 훨씬 근원적인 문제다. 바로 자연을 단순히 신(God)의 피조물로만 볼 것이 아니라 신 그 자체이면서 바로 인간 그 자신이라는 입장이 요구된다. 그것이 가능한 매개체가 바로 생기다. 그 살아 있는 기가 우주 속에 편만하면서 내게도 들어 있으니, 기는 초월적이면서 내재적인 존재다. 이런 자연과 우주와 인간이 서로 구별되는 속에서도 서로 하나임을 이해하거나 직관하고 반응하는 능력, 그 신기(神氣)나 생기로서 만물이 하나라고 자각하는 능력, 만물이 변화하고 길러지는 데 인간이 참여하는 능력을 두고 영성이라 부르면 안 되겠는가?

바로 여기서 이 영성은 자신의 삶을 풍부히 하면서 남을 길러주고 만물을 잘 자라게 이루어 주는 곧 성기(成己)·성인(成人)·성물(成物)하는 인간의 영적인 능력이며, 종교끼리 대화할 수 있는 접점을 매개한다. 곧 최한기가 말한 운화(運化)의 승순(承順)이 곧 동학에서 말한 시천주(侍天主)요 사인여천(事人如天)이며, 생기가 곧 하느님의 숨결로서 기독교에서 말하는 성령이 된다. 도교의 허(虛)와 불교의 공(空) 또한 이 영성을 통해서만 오로지 그 본뜻을 구현할 수 있다. 유교식으로 말하면 천지의 화육(化育)에 동참하는 일이다. 오늘날 지구를 유기체적으로 파악하려는 '생태론적 영성'도 이와 맥락을 같이할 것이다. 인간 사회의 여러 문제도 이러한 영성의 차원에서 보면 해법이 전혀 없지도 않을 것이지만, 아직은 요원하게 보인다.

그 이유는 이렇다. 지금까지 인류가 의지해 온 전통 종교나 철학으로부터 새롭게 해석한 세계의 본질로서 생기(生氣)랄까, 신이라고 할까, 뭐 이런 것들을 굳이 신앙의 관점이 아니더라도 영성의 관점에서 받아들이고 실천한다는 것이 생각처럼 쉽지 않기 때문이다. 다시 말해 합리적인 탐구를 포기하고 문제의 본질을 대충 얼버무려 손쉽게 실천으로 빠져드는 것을 용납하지 않는 인간의 지성이 요구되기 때문이다. 또 기존 종교의 기득권과 그것을 유지하기 위한 도그마가 너무 굳세기 때문이기도 하다.

필자는 여기서 전통적 신의 존재 문제를 다시 증명해야 한다는 필요성을 느끼지 않지만, 이 책의 주제가 기를 밝히는 일이기 때문에 이전 기철학자들이 대다수 주장하는 생기(生氣)가 도대체 무엇인지 밝혀야 한다고 본다. 적어도 생기로서 세계를 하나로 묶을 수 있는 합리적 이유를 밝혀야 하지 않을까?

'살아 있는 기'나 '활동하는 기' 또는 '생명의 기운'으로서의 생기(生氣)가 존재의 기초를 이루고 있다는 다수의 전통 기철학자들의 견해에 대해서 필자는 물활론도 유물론도 범신론도 아니라고 앞서 말했는데, 그렇다면 도대체 무슨 근거로 그것이 가능한가?

바로 여기에는 기를 이렇게 보는 데 대한 논리적 근거가 있다. 소박

하게 말해 사시가 시간에 맞추어 운행하고 지상에서 만물이 번성하는
것 자체가 생기를 가정하지 않고는 말할 수 없다. 비록 지구의 지축이
23.5도 기울어져 자전과 공전을 하고, 대기의 농도와 기압 그리고 온
도와 습도가 잘 맞아 생물이 번성하겠지만, 아니 정확히 말해 그런 조
건에 생물이 잘 적응하고 진화한 것이지만, 아무튼 생물을 이루고 있
는 기에 생명성 또는 활동성이 없었다면 어떻게 진화하고 적응하여
생물이 번성하겠는가? 만약 지구와 환경조건이 다른 별에서도 조건만
맞으면 지구의 그것과 다른 생명체를 가정할 수 있지 않을까? 그렇다
면 지구 생명의 기운 더 나아가 우주 생명의 기운은 결국 진화하는 것
인데, 생명의 기운으로서 물질의 진화와 조합에 따라 창발적으로 탄
생하는 생명의 씨앗으로서 그 가능성이 아예 없었다면 어떻게 그렇게
전개할지 상상조차 할 수 없다. 그것이 아니라면 일반 종교처럼 우리
는 어떤 초월적 절대자가 생명을 창조하였다고 말할 수밖에 없다.

　더 나아가 지구의 공전과 자전의 주기와 태양과의 거리와 각도가
일정하고 또 별들이 나름의 질서대로 운행하며 크게 어긋나지 않는
것은 그것이 중력 때문이든, 관성력 때문이든 전통적으로 표현하면
기에 있는 운동성 때문이다. 적어도 현대 과학이 밝힌 바로는 그러한
우주 속의 운동은 물질(또는 에너지) 자체가 갖는 것으로 본다. 시간과
공간도 물질과는 독립적으로 존재하는 것이 아니니, 거칠게 말해 기
가 있음으로써 비로소 등장한다. 만약 그렇지 않다면 중세 기독교처
럼 9중천 바깥에 존재하는 최초의 원동자(原動者)인 신을 상정하지 않
을 수 없다.

　이렇듯 동아시아 기철학에서 생기를 말함은 수천 년 동안 인간과
자연에서 경험적 관찰을 추론하여 보편화시킨 개념이다. 이 점을 훗

날 최한기가 운화기(運化氣)에 생명성(活), 운동성(動), 공간성(運), 시간성(化)이라는 본성을 갖추고 있다는 데서 잘 보여주고 있다. 이러한 기를 두고 일부 사람들은 형이상학적인 기라 말하지만, 전혀 동의할 수 없다. 형이상학적 기란 절대적인 창조자로서 신의 존재처럼 그 양태를 그렇게 부르거나 물질성을 배제한 정신적인 존재를 일컫는 말이기 때문이다. 물론 이런 지적은 이전의 기철학자들이 이런 인식론적 과정을 생략한 채 일기(一氣)나 원기(元氣) 등을 먼저 전제하고 연역하는 서술 방식에서 비롯한 오해로 본다.

만물일체의 영성은 이러한 생명 또는 정신으로 진화할 가능성이 인간을 포함한 만물 속에 깃든 기에 있다고 보고, 그것과 일치하고자 하는 태도다. 비록 인간의 정신과 똑같지는 않더라도 자연과 내가, 더 나아가 우주와 내가 어떤 형이상학적 관념이나 종교적 신념 또는 신앙에 근거하는 것이 아니라 존재의 근거에서 하나라는 인식의 결과에서 갖는 태도이다.

나의 삶과 기

어쩌면 필자는 지금까지 기에 대해서 구름 잡는 이야기만 한 것 같다. 아무리 어쩌고저쩌고 이런저런 이야기를 하였지만, 지금 우리의 현실은 답답하고 팍팍하기만 하다. 비록 기에 대한 앞의 설명이 학문의 초보적 입문을 위한 것이기는 하지만, 학문 또한 현실을 외면한다면 무슨 소용이 있겠는가? 나의 삶에 보탬이 되며 나아가 내가 소속한 사회의 문제 해결, 더 나아가 인류가 겪고 있는 문제에 대한 나름의 해법이 있어야 하지 않을까? 그렇지 않다면 어떤 철학이든 종교든 떠드는 그들만의 것일 뿐, 내게는 말장난과 공리공담에 지나지 않는다.

그러니 세계 인류와 우리 사회의 정의롭지 못한 부조리의 원인, 비록 그 인과관계가 이리저리 얽혀 있는 실타래보다 더 복잡하여 여기서 논할 수는 없지만, 기를 공부했다면 적어도 그 문제를 해결할 나름의 대안이 있어야 하지 않겠는가? 그 대안이라는 게 어차피 추상적이고 원리적일 수밖에 없지만, 어떤 학문이든 그 분야의 입장이라는 게 있으니까 내놓아야 한다.

얼마 전까지 중국에서 또 주체사상이 등장하기 이전의 북한에서는 이러한 기철학을 마르크스주의의 유물론 입장에서 파악했다. 그래서 철학사를 유물론과 유심론(관념론) 또는 유물변증법과 형이상학의 투쟁으로 보아 사회주의 혁명을 합리화하려고 하였다. 그래서 이 기철학이 당시 사회주의 건설의 동력을 이끄는 데 혹 도움이 되었을지 모르겠다. 하지만 그런 접근이 지금 우리에게 얼마나 유효할까? 이제 세계가 어떤 특정한 이념 투쟁으로 굴러가는 것 같지는 않기 때문이다. 그렇긴 해도 국가나 어떤 단체에서 이념으로 민중들을 옥죈다면 당연히 기철학적 입장에서 비판해야 할 것이다.

그렇다면 과거의 동학농민운동처럼 신비한 기의 힘을 빌려 세상을 확 바꾸어 버리면 어떨까? 더구나 기에 대한 수련과 신비한 체험을 통하여 개인의 건강도 챙기고 사회의 변혁을 이끌면 일석이조가 아닌가? 하지만 그 또한 말처럼 쉽지 않다. 동학을 이어받은 지금의 천도교가 크게 교세를 떨치지 못한 까닭은 어디에 있다고 보는가? 시쳇말로 복을 주고 소원을 들어준다는 얄팍한 기복종교의 상술(商術)을 활용하지 않아서 그렇지 않은가? 교세를 확장하는 데에도 다 때가 있는 것처럼, 확 바꾸려고 일어나는 데에도 때가 무르익어야 한다.

또 하나의 예가 있다. 1990년 초에 창시된 중국의 파룬궁(法輪功)의 사례도 그 세력이 급속하게 커지니 중국 당국이 당황하여 불법화하고 활동을 금지하였는데, 이 또한 중국 당국이 현대판 태평천국의 난이나 동학운동으로 번질까 봐 두려워했던 것은 아닐까? 기를 종교화해서 사회운동으로 번질 가능성은 아직도 충분히 잠재해 있다.

아무튼 이런 방식이 아니라도 기철학의 이론에 따라 현재의 문제를 비판하고 대안을 연역해 낼 수 있다. 물론 이것은 추상성에서 벗어나 얼마나 구체성을 띠느냐가 관건이고 또 연구자의 역량에 좌우된다고 하겠다. 그러니 필자의 역량에 비추어 지금 상황에서 기를 통한 현실 문제의 해법은 지면 관계상 또 이 책 저술의 기본 취지에서 벗어나기 때문에 추상성과 원론적 설명을 벗어나기 어렵다고 솔직히 고백하지 않을 수 없다. 더구나 철학이니만큼 개인의 세속적 욕망 추구와도 거리가 멀다. 다만 절대다수의 욕망 충족을 위한 이념이나 원리는 제공할 수 있다.

사실 현대의 중요 문제는 모든 고급 정보와 자원을 일부 지역과 계층에서 독점하여 사용하는 데 있다. 곧 세계적인 자본가와 각국의 지배층에 고급 정보가 독점되고 그들을 위해 많은 자원이 쓰이고 있다는 점이다. 그래서 세계 지역 간 계층 간 자원의 쏠림이 갈등의 주원인이고, 나머지 표면적인 갈등은 하나의 핑곗거리거나 부차적인 일에 지나지 않는다. 현재 세계의 생산력은 세계 인구를 먹여 살리고도 남기 때문이다.

이런 문제의 기철학적 대안은 앞에서 말한 '유기체적 세계관'이 그 가운데 하나가 될 것이다. 일례로 서방 국가에서 테러가 자주 발생하여 그것을 막기 위해 힘쓰는데, 그 테러의 원인은 알고 보면 또 서방 국가가 제공한 것이나 다름없다. 세계 인류는 마치 팔다리와 머리처럼 모두 하나의 몸으로 연결되어 있어서, 서방 국가나 그 뒤를 밟는 개발도상국에서 세계 자원을 독점하다시피 하면서 특정 지역 출신의 주민들과 그 문화를 차별하거나 배제하기에 평화가 오는 일은 절대로 없다. 평화는 적대적인 관계를 종식하고 자원을 나누지 않으면 불가능하다.

유기체적 세계관에 따르면 만물은 생기로 이루어져 있어서 분리할 수 없다. 인간 사이만이 아니라 만물이 모두 그렇다. 그런 의미에서 본다면 조선 후기 홍대용의 말대로 '인물균'(人物均), 곧 만물이 동등하다. 그러므로 한 몸에서 기가 소통되어야 질병이 치유되고 건강하게 되듯이, 인류는 지역과 문화와 국경을 넘어서서 소통되어야 한다. 자원을 고르게 분배하고 질병과 기아로부터 고통받는 사람들이 없어야 한다. 잘사는 국가의 애완견은 비만에 걸려 돈 주고 다이어트를 시키는데, 못사는 국가의 인민들은 개보다 못한 처지에서 굶주려 죽는 상황이라면, 지구상에서 테러는 그치지 않고 평화는 절대로 없을 것이다. 아무리 막강한 경찰이나 군대가 있어도 다 지켜주지는 못할 터, 지금의 국제 정세가 그것을 말해주고 있다.

필자는 한때 중동 지역을 위협했던 이슬람국가(IS)에 대해, 그들을 옹호하지 않지만, 왜 서방 국가 청년들 가운데 거기에 참여하는 자가 있을까 생각한 적이 있다. 이것을 잘 이해하기 위해 2014년 1월 1일 개봉한 하디 하자이그(Hadi Hajaig) 감독의 영국 첩보 영화 〈클린스킨〉(Cleanskin)을 소개한다. 보는 사람에 따라 해석이 다를 수는 있지만, 이 영화에서는 어떤 진영을 대변하는 논리를 찾기보다 정치 상황이나 특정 이익집단과 맞물린 테러의 원인을 읽어낼 수 있고, 이슬람국가

영화 〈클린스킨〉의 한 장면. 중동 출신 이민자 젊은 남성을 테러
리스트로 포섭하고 있다.

탄생과도 맥락이 닿아 있다. 특히 유럽의 테러 원인 가운데 하나가 이
민 정책임을 읽어낼 수 있는데, 우리의 먼 미래도 이처럼 되지 않기를
바랄 뿐이다.

우리는 외국인 노동자를 극우파의 시각에서 단순히 임금을 주고 부
려 먹는 대상으로만 취급하면 안 된다. 사람이 이동하면 문화와 종교
도 부수적으로 따라올 수밖에 없다. 외국인 노동자들의 노동력으로
우리 경제 문제를 해결하는 하나의 해결책이 된다면, 그 종교와 문화
를 포용하는 일 또한 우리가 반드시 치러야 할 대가다. 더구나 국제결
혼으로 이미 다문화 사회가 된 마당에 어떤 종교적 편견으로 특정 문
화와 종교를 막는다면 장차 유럽의 상황을 재현할 우려가 크다. 이렇
게 외국인을 받아들이는 순간 모든 게 다 좋을 수는 없다는 점을 인정
할 수밖에 없는 형세를 미리 알지 못했다면 정책 당국의 철학 빈곤 탓
이다.

아무튼 어떤 명분이나 특정 이념으로 현 체제를 옹호하거나 그 반
대로 무력투쟁만으로는 갈등을 근원에서부터 해결할 수 없었던 사실
이 역사의 교훈이다. 증오가 증오를 남기지 않는가? 그러기에 기의 세

계에서는 낳고 또 낳아 그침이 없이 변해가는 '생생불식'(生生不息)만이 변하지 않는 원리이기 때문에 인류의 장기적이고 보편적 이익과 복지를 위해 서로 상생하는 유기체적 세계관을 하나의 정치나 생활의 원리로서 받아들여야 한다. 극단적으로 특정 종교나 이념만을 고수한다면, 이제껏 보아왔듯이 갈등은 종식되지 않고 더 악화될 것이다. 각자의 종교와 문화를 존중하되 모두가 상생하는 길을 택해야 하지 않을까?

유기체적 자연관이 세계 모든 국가나 인민에게 적용되듯이 당연히 하나의 국가나 사회가 건강하게 되려면, 마치 우리 몸의 한 부분이라도 막힘이 없어야 하듯이 전체 구성원과 잘 소통되어야 한다. 한 줌도 안 되는 지배층이 국가의 부(富)를 독점하고, 혹여 어떤 계층이나 세대 또는 어느 지역 출신들이 소외당하고 차별을 받는다면 결코 건강한 나라일 수 없다. 그 상태가 계속 유지된다면 머지않아 그 유기체는 심각한 병에 걸릴 것이다.

다만 사람의 몸에서 가령 뇌에 영양소나 에너지가 집중되는 것처럼, 비록 자원을 효율적으로 관리한다는 점에서 상대적인 부의 쏠림을 인정하더라도 전체의 균형과 조화의 틀을 깨는 것, 곧 사회의 건강을 해치는 상태는 위험하다! 필자가 미래의 우리 사회, 혹시 남북통일이 되었다손 치더라도 만에 하나 소외된 계층에서 극단적인 테러리스트가 등장할까 심히 두려운 것도 그런 까닭이다. 법이 있어도 범죄를 다 예방할 수 없듯이 테러방지법이 있다고 해서 테러가 없어지는 일은 없을 것이다. 그 근원적 해결책은 국가의 분배정책의 개선과 아울러 지배층부터 소통하고 부와 정보를 나누는 데 있다. 나아가 옛날의 경주 최부자처럼 자신들의 기득권이나 부를 장기적으로 유지하기 위해서라도 필요한 일임은 두말할 필요가 없다.

그런데 사회야 어떻게 돌아가든 말든 당장 내 문제부터 해결하는 데 이런 거대 담론이 무슨 소용이냐고 반문할 수 있겠다. 맞는 말이다. 우선 발등의 불부터 꺼야 할 터이지만, 기를 어떻게 활용해야 할지 모르니 기에 관한 관심을 끊는 게 맞을지도 모르겠다. 하지만 철학의 목적 가운데 하나가 삶의 지혜를 추구하느니만큼, 기철학을 통해 몇 가지 조언은 가능하겠다.

우선 기철학이 현실을 과학적·합리적으로 이해하자는 데서 출발했다는 점을 이해해야 한다. 신비하고 초월적인 또는 알 수 없는 어떤 대상을 세계의 본질로 삼은 것이 아니라 이해할 수 있고 경험할 수 있는 대상에서 학문의 출발로 삼았기 때문이다.

이처럼 한 개인도 자기의 능력과 처지와 한계를 합리적으로 인식할 필요가 있다. 왜 취직이 안 되는지, 자기 능력이 어디까지인지, 왜 친구가 없는지, 세상이 왜 이런지 등 여러 문제를 합리적으로 이해한다면 일단 자기 행동에 방향이 정해질 것이다. 이것은 굳이 기철학에만 얻을 수 있는 해결책은 아니지만, 나와 세상을 과학적이고 합리적으로 정확히 인식하면 그렇다는 뜻이다.

자, 일례로 취직이 안 되는 문제를 생각해 보자. 당장은 자기 능력이 모자라서 그런 것처럼 보이지만, 이는 그리 간단한 문제가 아니다. 가장 큰 문제는 자기의 능력을 향상하지 못한 부모의 경제적 능력과 아울러 특정 직종을 향한 취업의 쏠림 현상이 현재로서 가장 큰 원인이다. 그 쏠림 현상의 원인은 직업 간 불평등이 가장 큰 원인이고, 더 따지면 결국 잘못된 산업 구조가 원인이고 또 그 원인은 이전 정권들의 잘못된 산업정책과 교육제도에서 비롯한 게 원인이고 또 그 원인은 정치가를 잘못 선택한 게 원인이고 그리고 그 원인은 유권자의 무지가 원인이다. 유권자의 무지는 또 우리 민족의 삶을 어렵게 만들었던 이전 역사가….

이렇게 원인을 따져나가면 끝이 없겠지만, 현실은 녹록하지 않으므로 자기 문제를 해결하려면 각자가 공부해서 자기 현실을 종합적·합리적으로 이해하는 길밖에는 없다. '금수저' 출신이라 그럴 필요가 없다고 여길 사람도 있겠지만, 공부하지 않고 과연 '금수저'를 길게 지킬 방도가 있을까? 그러니 사회에서 자기의 역할과 지위를 인식하려면 먼저 자기와 사회를 제대로 알아야 하고, 그런 뒤에 어떤 직종에 취업할지 말지 또 무엇을 해서 먹고살아야 할지 자명하게 된다. 이걸 학교에서 배워야 하는데, 대학 졸업 후에도 똥인지 된장인지 구별 못하는 청년이 많다면, 우리 교육에 문제가 있다는 방증이다. 이렇듯 현실을 보는 인식의 향상은 사회 구성원 각자의 삶을 변화시킬 뿐만 아니라, 더 나아가 사회의 발전을 가져오기도 한다. 맹목적인 실천보다도 이러한 인식이 선행되어야 좋다. 그래서 인생의 종합적인 공부가 필요하다.

둘째, 기철학을 체득하면 여타 철학이나 종교의 가르침처럼 탐욕을 줄이고 현명하게 살 수 있다. 심리적 압박감이나 죄의식 또는 지나친 의무감이나 공포와 두려움 없이도 자유롭게 살 수 있다는 점은 덤이다. 비록 가진 게 없어 생존이 절박한 사람들에게는 이런 말을 한다는 게 사치스러운 일이기는 해도, 기철학의 세계관이 살아있는 생기를 매개로 만물이 하나이기 때문이다. 물론 탐욕을 줄이라는 말은 많이 가진 자는 물론이요 많이 가지지 못한 자에게도 가지려고 하는 대상이 탐욕스러운 것이 되어서는 안 된다는 것을 의미한다. 탐욕으로 얻어지는 것은 짐이 될 뿐 결코 인간을 자유롭게 하지 못하기 때문이다. 이것은 또 영성(靈性)과도 관계가 되는데, 이는 이미 앞에서 설명했다.

셋째, 물질이냐 정신이냐 또는 무신론이냐 유신론이냐 따위의 이분법에 얽매어 세상을 편협하게 바라보고 행동하는 태도를 지양할 수 있다. 세상만사는 바둑판의 돌처럼 흑백이 분명하지 않은 것이 더 많다. 그래서 서로 대립하며 사탄이나 마귀로 여길 일이 아니라 포용하는 화해의 태도를 견지할 필요가 있다. 비록 결단의 순간에는 하나의 태도가 요구되겠지만, 평소에는 유연하고 포용적이며 폭넓은 사고와 행동이 필요하다. 그래야 한국인들의 경향성 가운데 하나인 극단적이고 조급한 태도를 조금이라도 지양할 수 있지 않을까? 그리하여 종교가 달라도 지지하는 정당이 달라도, 출신 지역이나 학교가 달라도 이웃과 정답게 지내는 아름다운 사회가 되지 않을까? 모두가 하나의 생명으로 연결됨을 깨닫고 실천한다면 가능하리라 본다.

넷째, 나의 새로운 가능성을 발견하여 계발시킬 수 있다. 기와 관련된 과학적 대상은 대부분 근대 과학이 다 가져갔지만, 아직도 남아 있는 부분이 있다. 비록 그것이 좀 모호하고 신비한 부분과 섞여 있기는 하지만, 잘 추려내어 다듬으면 훌륭한 이론과 기술이 될 수도 있다. 남이 하지 않는 일을 해야 성공하는 세상이 아닌가? 이 점에 대해서는 다음 절에서 설명하고자 한다.

3. 기氣의 현대적 응용과 전망

특수능력 계발

앞에서 기의 영역에서 다루던 대상들이 근대 이후 과학의 영역에 대부분 편입되어 버리고, 이제는 신비하거나 모호한 것들이 주로 남아 있다고 말한 적이 있다. 비록 그러하나 그것이 모두 미신적이며 쓸모없다고 단정하기는 이르다. 그 가운데는 과학이 여태 접근하지 못했거나 아직 해명하지 못한 것들도 포함되어 있다. 얼마든지 재발견하여 발전시킬 여지가 충분히 있다. 이 절에는 그런 부분을 설명하고자 한다. 다소 비합리적이고 황당하고 비현실적인 느낌도 들겠지만, 새로운 발견을 위해서는 무리수를 감수하는 것도 하나의 방법이 될 것이기 때문이다.

우리 역사에서 살펴보면 후고구려, 곧 태봉의 왕 궁예가 살아 있는 미륵이라 자처하며 관심술(觀心術)을 부렸다는 기록이 나온다. 관심술은 남의 마음을 읽어내는 일종의 독심술(讀心術)을 말한다. 궁예가 실제로 그런 능력이 있었는지는 알 수 없지만, 기의 입장에서 전혀 근거 없는 말은 아닌 것 같다.

『장자』에 보면 "귀로 듣지 말고 마음으로도 듣지 말며 기(氣)로 들어라"라는 말이 있다. 물론 듣는 대상이 사람의 마음만은 아니겠지만,

여기서 중요한 포인트는 기로 들으라는 말이다. 감각기관인 눈과 귀, 사유의 주체인 마음은 대개 특별한 의도가 있다. 그런 감각과 마음을 다 비우고 기로 들으라는 뜻이다. 달리 말하면 한쪽으로 치우친 주관적 편견이나 집착을 버리고 사물을 있는 그대로 느낀다고나 할까?

이것과 방향을 달리하여 눈과 귀를 사용하여 상대의 기를 통해 사람을 판단하는 것을 논한 적이 있다.『인정』,「측인문」을 보면 도덕과 재능의 있고 없음과 깊고 옅음, 교만하거나 인색하거나 잔혹한 내면 세계가 몸의 기에 나타나므로 그 사람의 기를 살펴서 판단할 수 있다고 여겼다. 더구나 자신의 기는 보기 어렵지만 남의 기는 보기 쉬워서 남의 것을 보고 자기를 이해하고, 자기의 것을 미루어 남을 판단하기를 부단히 단련하면 그것이 가능하다고 주장하였다. 그래서 관상(觀相)의 비합리적인 요소를 비판한다.

여기서 기를 통해 타인의 마음까지도 알아낸다는 일은 매우 중요하다. 물론 부작용이 없지는 않겠지만, 좋은 일에 얼마든지 사용할 수 있다. 상대방의 설득, 교육 현장, 범죄 예방이나 성실한 직원의 채용, 외교 협상이나 담판에 유용하게 사용될 것이다. 이런 기술이 적용된다면 아무래도 사람들은 좋은 마음씨를 유지하려고 애쓰지 않을까? 더구나 이런 능력을 갖춘 사람 앞에서는 자신의 속마음을 감출 수도 없다. 그러니 애초부터 올바른 마음을 먹지 않겠는가? 흔히 "감춘 것보다 더 잘 보이는 것은 없다"라는 격언도 실제로는 다 노출되고 만다는 점, 초능력자가 아니라도 그 사람의 기를 줄곧 관찰한다면 노출된다는 뜻이리라. 가령 어떤 회사에서 사원을 채용할 때도 그 사람의 행동거지나 말씨에 기가 실려 있으니, 어쩌면 노련한 경험을 지닌 관찰자라면 그 사람의 기질이나 기백 또는 기상(氣像)을 알아낼 수 있을 것이다. 어느 개그맨의 옛날 유행어처럼 "척 보면 압니다!"가 통한다고나 할까?

이 책의 앞부분에서 무술의 고수가 상대를 보면 그 수준을 파악할 수도 있다고 했는데, 그 경우에도 상대의 기를 읽고서 그 수준을 파악할 수도 있겠다. 필자도 학생들을 가르친 경험이 꽤 있어서 그들의 얼굴빛이나 태도를 조금만 관찰해도 그 학생의 성격이나 학습 능력 또는 가정환경을 대충 짐작할 수 있다. 더 나아가 전철을 타고 가면서 건너편에 앉아 있는 중년 이상의 사람들의 얼굴만 봐도 그 사람의 살아온 과정이나 직업 따위를 대충 짐작할 수 있다. 그것은 그 사람의 몸을 통해 기가 풍겨 나오기 때문이다. 이것은 필자에게만 기를 읽는 특별한 능력이 있어서가 아니다. 경험이 풍부한 사람이라면 타인의 표정을 보고 목소리만 들어도 그의 바람기, 방랑기, 사기성, 객기, 과장, 옹졸함, 불안, 우울, 편협함, 너그러움, 온화함, 냉철함, 잔인함, 우둔함, 명석함 따위와 더 나아가 진실하고 맑은 영혼까지도 간파할 수 있다. 거기에 그의 인생이 드러나지 않겠는가? 아마 관상가나 역술가도 점이나 관상을 구체적으로 보기 전에 이런 관찰의 비중이 클 것이다. 시험해 보시라! 그러니 사람이 인생을 성실하게 살아가면서 내면의 아름다움을 가꾸는 것만큼 중요한 일도 없다. 과거의 삶이나 속마음이 다 드러나 보이기 때문이다. 감춘다고 감춰지는 일이 절대 아니라는 실로 무서운 사실을 알아두면 좋으리라!

기에 의한 특수능력 계발은 여기서 그치지 않는다. 흔히 기미(機微, 幾微)라고 하는 낌새도 일종의 기다. 그것을 알면 알수록 소통 능력이 향상될 것이다. 그리하여 교사와 학생, 지도자와 구성원들 사이의 소통이 활발하여 지력의 계발과 아울러 업무수행에도 효율성이 증대될 것이다. 특히 교사가 아동의 심리나 태도를 기를 통해 잘 파악한다면 불필요한 감정 소모와 에너지를 낭비하지 않고 학생 지도에 효과를 거둘 수 있다. 이미 이 분야와 관련하여 발달심리학에서 상당 부분 정보가 축적되어 있지만, 기를 통해 아는 일은 학생과 직접 상담하지 않아도 상황에 따라 즉각 파악한다는 점에서 그 이론과 다르다.

더 나아가 지도자가 소통의 능력을 향상한다면 구성원들로부터 인기를 끌 수 있다. 그럼으로써 지도자의 생명력을 높일 수 있을 뿐만 아니라 구성원들도 좋고, 본인도 좋아 모두에게 좋은 결과를 끌어낼 수 있다. 흔히 어떤 지도자에 대해서 불통이라고 아우성을 치는 데는 바로 이러한 소통 능력이 부족해서 나오는 소리다. 국가나 기업 조직의 리더에게 필요한 일이 됨은 더 말할 필요가 없겠다.

또 과거 군사를 지휘하는 방법에서 사용하던 사기를 높인다든지 적정을 살피는 망기(望氣) 등의 기술도 현대적으로 응용하여 사용할 수 있다. 망기는 현대전에서는 구체적이고 실제적인 첩보에 녹아들어 대체된 감이 있지만, 크고 작은 부대 단위에서 참고하면 도움이 될 것이다. 왜냐하면 첩보가 항상 실제 상황에 일치하는 것만도 아니고 상황은 언제나 변할 수 있기 때문이다. 그래서 기를 살피는 특수한 능력이 요구된다.

망기는 요즘 식으로 본다면 적의 동태를 알아보는 일인데, 군사들의 복장이나 경계 태도나 걸음걸이 그리고 주변 환경과 물건의 정리 정돈 등에서 보이는 군기의 확립 자세, 심지어 표정이나 행동, 상관에 대한 태도 등의 관찰도 포함된다. 가령 병기를 질질 끌고 다니거나 거기에 기대면 병사들이 피곤하다는 징표이고, 복장이 불량하거나 경계 태도가 느슨하면 지휘관이 능력이 부족하거나 게으르다는 것이고, 새들이 날아오르면 숲속에 복병이 있고, 산짐승들이 놀라 달아나면 많은 군사가 움직이며, 군대가 소란스러운 것은 지휘관이 진중하지 못하다는 것이고, 간부들이 화를 자주 내면 병사들이 게으르다는 징후다.

더 나아가 동아시아 각종 무술에도 기가 반드시 사용되었는데, 비록 지금은 무술을 쓸 일이 적어 군사적 측면이나 호신술 따위에 쓸 수 있지만, 하나의 스포츠로서도 충분히 개발할 수 있는 여지가 있다. 많은 사람의 인기와 호응을 얻어내면 세계적으로 발돋움할 수도 있겠다. 또한 일반 스포츠에서도 기를 활용하여 개발하면 각종 국제 경기에서 더욱 좋은 성적을 올릴 수 있을지도 모른다.

그리고 학부모들이 좋아할 일이지만, 기를 통하는 능력을 향상한다면 학습자가 사물을 잘 이해하게 되어 학습 능력을 향상할 수 있다. 사물의 기를 잘 통하는 능력이란 가령 사물에 대한 집중력이나 사물을 편견 없이 객관적으로 대하는 태도 또 인체의 감각 능력을 향상하는 일, 사물을 예리하게 관찰하고 직관적으로 파악하는 능력도 거기에 포함되겠다. 이러한 능력이 종합되면 학습 능력은 자연히 향상되지 않을까?

또 이런 기를 향상한 사람을 종종 보기도 한다. 가령 상인들 가운데는 자기 가게에서 물건을 살 사람을 금방 알아보는 능력이 있는 사람이 있다. 이것은 오랫동안 물건을 팔아 보았기 때문에 지나가는 사람만 봐도 직관적으로 그 사람의 기(낌새)를 보고 물건을 살 사람인지, 절대로 안 살 사람인지 알아보는 일이다. 게다가 물건을 살까 말까 망설이는 사람들의 기를 살 수 있도록 유도하기까지 한다고 한다. 이 또한 경험에서 나온 것이지만, 이러한 재주를 잘 정리하여 전수하면 기를 계발하는 이론이 되겠다.

그리고 좀 우스운 이야기이기도 하지만 어떤 사람은 자기 몸 상태를 살펴 다음날 비가 올지 몸이 아플지 예측하기도 한다. 필자도 그런 것이 한두 가지 있는데, 전날 밤 꿈에서 물고기를 잡거나 조개를 캤을 때 물고기나 조개가 힘이 없을 때는 다음날 비가 오고, 물고기가 살아서 팔딱거리면 반드시 다음날 바람이 부는 현상을 경험한다. 또 꿈에서 음식을 먹거나 평소 모르는 여인과 성관계할 때는 다음날 반드시 몸이 아픈 증상을 지금도 영락없이 경험한다. 그리고 돌아가신 조상님들을 뵙게 되면 술 마실 일이 꼭 생긴다. 그래서 과음하지 않도록 조심한다. 왜 그런지는 확실히 모르지만, 꿈도 몸의 상태에 따라 꾸는 것이기에 몸의 기가 그렇게 느낀다면 그럴 수 있다고 본다. 특히 음식이나 모르는 여인의 경우는 몸에 침투한 병 기운, 곧 병균이나 바이러스가 꿈속에서 그것으로 발현한 것이 아닐지 생각해 본다. 물론 이것도 과학적으로 연구하면 인과관계가 밝혀질 것이다. 꿈과 사후에 일어난 일의 관계에 대해서 말이다.

이것처럼 자기 몸의 기를 잘 관찰하여 미래의 일을 예측하는 것도 충분히 가능하고 또 주변 동물의 행동이나 기를 잘 관찰하면 자연 현상을 예측할 수 있다. 가령 어항 속의 물고기를 움직이는 기를 잘 관찰하여 지진이나 자연재해를 예측하는 일도 그 하나의 방법이 되지 않을까? 여기에도 필자의 경험이 있다. 우리 아이들이 어렸을 때 애완용으로 어른 엄지손톱 크기의 미국산 붉은귀거북이 새끼를 사다가 키웠는데, 생태계를 파괴한다고 하여 버리지 못하고 얼마 전까지 키웠더니 그 크기가 어른 주먹만 했다. 어느덧 아이들이 청년이 되어 거북이를 거들떠보지도 않아 필자가 먹이를 주었는데, 아침에 식구들이 일어나 돌아다니든 말든 죽은 듯이 가만히 있다가도 필자가 일어나는 인기척,

아니 방문만 열어도 금세 알아보고 어항 속에서 달가닥거리며 야단을
쳤다. 분명히 필자의 방은 어항이 보이지 않는 멀리 떨어진 곳에 있는
데 그것을 어떻게 알아차렸을까? 거북이 같은 미물도 이렇게 사람마
다 기(아마도 발걸음의 강도나 움직임의 진동이겠지만)가 다르다는 사실을 구
별할 능력이 있음이 확실했다. 그렇다면 동물이 환경에 따라 달리 반
응하는 것을 연구하면 큰 도움이 되겠다.

얼마 전 어떤 분에게 들은 이야기이지만, 죽은 사람과 살아 있는
사람의 사진에 손을 얹고 기를 통해 그 사실을 알아맞히는 사람이 있
다고 들었다. 이는 무속인이 어떤 사주를 보고 죽은 사람이라고 알아
맞히는 일과 유사하다. 이런 사례가 우연한 일치가 아니라 유의미한
통계에 근거한다면, 단순한 미신으로 치부할 수만은 없겠다. 면밀한
연구가 필요하다.

이렇게 기를 통해 사물을 판단하고 이해하는 일이 단순히 기에 대
한 신비 체험에만 근거한다면 또 다른 신비주의에 빠질 수 있다. 최한
기도 이 점을 경계하였는데, 수많은 경험과 합리적 사유의 과정을 거
쳐서 신기하게 알고 신비스럽게 판단하는 신통(神通)과 신측(神測)의
경지에 오른다고 주장하였다. 인간과 대상의 심리나 행동 패턴에 대
한 지식의 축적과 그에 따른 과학적 접근을 시사하고 있는 말이다.

대체의학과 예방의학

앞에서 한의학을 설명할 때 그것이 서구 사회에서 대체의학으로 주
목받고 있다는 점을 말한 적이 있다. 그러나 우리나라에서는 한의학
이 대체의학이 아닌 정식의학에 속한다. 그래서 대체의학에서는 한의

학을 제외하고 설명하겠다.

사실 전통 시대의 병 치료는 한의학만 담당한 것은 아니다. 민간요법도 많고 또 종교와 관련해서 양생법도 많다. 특히 무속신앙에 따라 치료하는 방법도 있고, 그 외 여러 가지 치료법이 있었다. 근대화되면서 이런 것들을 모두 미신으로 치부하여 도외시한 감이 있고, 지금은 그 맥이 대부분 끊어졌다.

일례로 필자는 어릴 때 질병에 걸린 사람을 무속인이 치료하는 법을 본 적이 있다. 주문을 외우면서 접신한 다음 환자를 둘러싸고 있다고 여기는 잡귀나 병의 기운을 칼로 도려내는 시늉을 하고 그 칼을 대문 밖으로 휙 던지니 땅에 꽂힌 것을 어렴풋이 기억한다. 물론 환자의 병이 나을 때도 있고 낫지 않을 때도 있었겠지만, 지금 생각해 보니 나은 경우에는 아마도 병 기운을 물리쳤다기보다 환자의 정신적 믿음과 의지를 강하게 해서 치료가 되지 않았나 생각한다.

이와 유사한 방법은 현대의 고등 종교에서 안수기도를 통해 치료하기도 하고 또 아직 산업화가 안 된 지역의 원주민 무당이 행하는 치료법도 있다. 백 퍼센트 믿을 수는 없는 일이지만, 효과적인 측면을 찾아 연구해 볼 필요성은 있다. 물론 이 가운데는 미신적인 요소, 곧 질병과 치료 행위 사이의 직접적인 인과관계가 성립되지 않는 사례도 있겠지만, 그 가운데는 효력이 있는 것도 당연히 포함되어 있을 것이다.

그런 것들을 발굴하기 위하여 지금도 노력하는 분야가 있다. 특히 기와 관련된 건강 프로그램은 우후죽순으로 많이 연구되고 있는데, 얼마나 많은지 '기치료'나 '단전호흡' 또는 '뇌 호흡' 등의 길거리 간판을 유심히 관찰하거나 인터넷을 검색해 보라. 생각보다 의외로 많음을 확인할 수 있을 것이다. 그 가운데는 나름의 효과가 있는지 계속 활동하고 있다.

사실 이보다 대체의학 또는 예방의학으로 비교적 이른 시기에 등장한 것 가운데는 기공(氣功)이 있다. 이 말은 전통에서는 기를 수련하는 방법 또는 공부를 의미하는데, 가령 『장자』, 「각의」에 기록이 보이는데, "숨을 내쉬고 들이마시며 낡은 기를 뱉고 새로운 기를 마시며 곰처럼 움직이고 새처럼 움직이는데, 오래 살려고 하는 것이다"가 그것이다. 현대 중국에서 사용하는 있는 이 분야에는 경기공(硬氣功)과 연기공(軟氣功)으로 나누고 있다.

우선 경기공은 무술과 관계된다. 태극권과 같은 각종 무술과 기체조 따위가 여기에 해당하며, 필자가 서두에 소개한 시골 장터의 약장사가 초인적인 차력을 이용해 맨손으로 돌을 깨고 못을 박는 것 따위도 일종의 경기공이다.

반면에 연기공은 의료와 관계가 되는데, 여기에는 또 외기공과 내기공으로 나눈다. 외기공은 치료하는 기공으로 기공사가 기를 자기 몸 밖으로 환자에게 쏘아서 치료하는 방법이며, 내기공은 보건 기공에 해당하는데 호흡을 통해 기를 모으는 전통적인 태식과 관련이 있다. 그러나 이 또한 새롭게 개발하여 여러 자세를 통해 들여 마신 기를 몸에 순환시켜 건강을 유지하는 방법인데, 여기에는 마사지나 지압 그리고 몸을 주무르는 방법을 동원하기도 한다.

그러니까 대체의학으로서 치료와 예방에 기가 활용되고 있는 것만은 확실하다. 특히 예방의학으로서 기공은 호흡법과 기체조와 신체 단련 등의 활동을 통해 여러 각도로 시행하고 있다.

또 접촉요법(接觸療法, therapeutic touch)이 있는데, 1970년대 뉴욕대학교의 간호학과 교수 크리거(D. Krieger)가 대체의학으로 연구하였다. 이것은 환자의 몸 위에 얼마간의 간격을 두고 손을 올려 머리부터 발끝까지 움직여 인체에 흐르는 에너지를 고르게 하여 질병을 치료하는 방법인데, 손을 통해 기를 발산해 치료하는 방식과 유사하다.

그 밖에 전통적으로 좋은 기가 발산한다는 바닷가나 산속에서 오랫동안 요양하거나 명상하면서 살다 보면 건강해지는 방법도 있는데, 이 또한 기를 통한 치료 방식 가운데 하나라고 볼 수 있다. 특히 요즘은 어떤 곡식이나 열매 또는 식물 뿌리, 심지어 잡초까지 몸에 좋은 약기운을 가지고 있다고 해서 질병에 따라 재료의 상태를 달리하여 복용하기도 하는데, 과하거나 치우치지 않는다면 건강을 유지하는 데 큰 도움이 될 수 있다. 물론 이것도 충분한 임상실험, 곧 많은 사람이 먹어보아서 해로움이 없다는 것이 입증되었을 때 먹어야 함은 두말할 필요가 없겠다.

그런데 이런 일을 너무 섣불리 믿다 보니 엉터리 도사 같은 사람이 가짜 약을 만들고 거기다 기를 불어넣어 특정한 병에 효과가 있다고 현혹하여 병을 고치고 싶은 환자나 그 가족들이 사기를 당하는 일도 있는데, 이 또한 다급한 마음으로 매달리는 기에 대한 맹목적 신뢰가 가져온 결과다. 기를 가능한 과학적으로 이해해야 하는 이유가 바로 이런 데서도 나타나고, 안수기도를 비롯하여 기를 발산시킨다는 각종 물건이나 그림이나 부적 따위도 그런 맥락에서 따져 봐야 한다.

아무튼 대체의학과 예방의학으로서 기가 활용되는 것은 좋지만, 가능한 합리적이고도 과학적 근거 또는 임상적 효과가 입증된 치료나 예방법을 찾아야 한다. 더구나 기에 대한 능력을 계발하여 병을 예방하거나 낫게 할 수 있다고 해 놓고 인과관계나 효과가 입증되지 않으면 결국 사기가 되고 만다. 뭐든 맹신은 항상 위험하다.

그러니 예방의학이든 대체의학이든 기를 이용하는 데서는 기철학적 세계관에 근거한 한의학적 원리를 따라야 한다. 그것이 기초이기 때문이다. 곧 자연계에서 기가 조화와 균형을 이루면 만물이 번성하게 생장하듯이, 우리 인체도 항상 조화와 균형을 유지해야 한다는 점이 그것이다. 평소 병이 나기 전에 몸속의 기가 한쪽으로 치우치지 않도록 음식물이나 건강 보조제의 섭취를 균형 있게 해야 하고, 나아가 운동의 경우도 지나치거나 모자라지 않게 하며, 희로애락의 정서 표출도 항상 알맞음의 상태를 유지해야 한다. 장기간의 심리적 이완이나 긴장 상태 그리고 스트레스가 병의 근원이 된다는 것은 그것이 모자라거나 지나쳤기 때문이 아닐까?

정치와 기

인간 사회의 일 가운데 가장 중요한 것을 꼽으라면 아마도 정치일 것이다. 사회의 모든 일이 정치의 영향을 받기 때문이다. 그런데 정치와 기라니? 기가 어떻게 정치에 적용될 수 있을까? 얼핏 보면 전혀 어울릴 것 같지 않아서 혹 독자들 가운데는 현대 정치를 기와 연관시키는 일을 생뚱맞다고 여길지 모르겠다. 사실 이것은 전통을 이해하지 못하는 오해에서 비롯한다. 정치만큼 기가 잘 적용되는 곳도 드물다. 기철학이 지닌 가장 중요한 정치적 함의 가운데 하나는 소통과 관계다.

고전 가운데 『주역』을 조금이라도 아는 사람이라면 이것을 금방 눈치챌 수 있다. 『주역』에는 64괘가 있는데, 각 괘는 여섯 개의 효로 이루어진다. 효는 ─로 된 양효(陽爻)와 --로 된 음효(陰爻)가 있는데, 하나의 괘는 이 양효와 음효가 조합되어 6개의 효로 이루어진다. 각

효는 아래서부터 차례로 초, 이, 삼, 사, 오, 상이라는 이름을 붙이고, 양효 앞에는 구(9)라는 숫자를, 음효 앞에는 육(6)이라는 숫자를 붙인다. 가령 ☰괘에서 보이는 것처럼 초구라고 하면 괘의 맨 처음 효가 양(一)이라는 뜻이고, 육삼이라 하면 세 번째 효가 음(--)이라는 뜻이다. 그래서 이 괘는 순서대로 '초구, 육이, 육삼, 구사, 구오, 상육'이라고 읽는다. 그런데 또 자리에도 음양이 있다. 전통적으로 짝수는 음의 수, 홀수는 양의 수로 보았기 때문에 초, 삼, 오는 양의 자리, 이, 사, 상은 음의 자리다.

역을 해석할 때 가령 ☰괘에서 초구, 구삼, 구오처럼 양의 자리는 양효가, 육이, 육사, 상육처럼 음의 자리에는 음효가 오는 것이 바른 자리로 여기고, 특히 두 번째 자리와 다섯 번째 자리가 한쪽으로 치우치지 않은 가운데의 좋은 자리로 여기는데, 여기에 각각 두 번째 자리와 다섯 번째 자리에 음효(육이)와 양효(구오)가 오면 가운데 있으면서 바른 중정(中正)의 자리로 여긴다. 그리고 각각의 자리는 서로 호응하는데, 첫 번째와 네 번째, 두 번째와 다섯 번째, 세 번째과 여섯 번째 자리의 호응이 그것이다. 특히 다섯 번째 효의 위치를 군왕의 자리로 본다. 백성이 있으면 군왕이 있고 신하도 있어 인간사의 모든 일이 등장한다. 정치적인 논리가 들어가지 않을 수 없다.

그런데 왜 기인가? 자연적 음양의 논리로 해석하기 때문이다. 주역의 논리는 크게 천지 만물의 생성과 변화를 따르는데, 바로 음양의 기를 가지고 변화와 생성을 일으키는 하늘과 땅을 모델로 해서 자연히 "자연을 따른다"라는 논리가 성립한다. 한의학이 의학적 관점에 따라 우리의 몸이 자연의 원리에 따르게 한다면, 『주역』은 인간의 행위가 그 원리에 따라야 함을 말해주고 있다. 그러니까 자연적 원리를 따른다는 점에서는 둘은 일치하고 있다. 이것이 동아시아 사유의 특징이다. 정치 또한 예외일 수 없다.

정치가 잘 이루어진 경우를 상징하는 『주역』의 괘는 단연 태괘(泰卦, ䷊)다. 이 괘는 8괘 중 땅을 상징하는 곤괘(☷)가 위에 있고 하늘을 상징하는 건괘(☰)가 아래에 있는데, 땅이 위에 있고 하늘이 아래에 있는 상(象)이라 이상하게 보이지만, 원래 지기(地氣: 음기에 해당)는 아래로 내려오고 천기(天氣: 양기에 해당)는 위로 올라가는 성질이 있어, 이 괘는 두 기가 만나서 소통되는 현상을 상징한다. 곧 양기가 상승하고 음기가 하강하여 만남에 음양이 화창하니 만물이 생성되어 천지의 편안함을 이룬다는 뜻이다.

이것을 인간사의 고대 정치에 적용하면 임금이 성실을 미루어 아랫사람에게 임하고 신하는 정성을 다하여 임금을 섬기면 상하의 뜻이 조정의 편안함에 통한다. 곧 윗사람과 아랫사람의 뜻이 서로 소통되어 그 뜻이 같아져 정치에 태평함을 이룬다.

이것은 오늘날의 정치 상황에 적용해도 그대로 통한다. 지도자와 국민이 소통되어야 나라가 편안해지고 살기 좋은 세상이 된다. 지도자가 국민과 소통하지 않고 특정한 정파와 기득권을 지닌 소수의 이익만을 대변한다면 그 나라는 안 보아도 어떻게 될지 자명하다. 더구나 국민이 소통 능력이 없는 지도자를 선택하면 최악의 결과를 초래한다. 국민과 소통은 물론이요, 주변 참모들과 정부 관료들과의 소통도 원활하지 못할 것이다. 그래서 국민은 그를 두고 '불통 지도자'라 아우성칠지 모른다. 이렇듯 기가 소통해야 몸이 건강하듯 국민과 지도자가 서로 소통해야 나라가 건강해진다. 소통되는 대상은 기로 상징되는 상대의 생각이다.

　그런데 고대에도 군왕이 저절로 이렇게 잘하지는 못했다. 그래서 유학의 정치 논리는 이러한 임금이 한 곳에 치우치지 않도록 수양을 강조했고, 그러한 수양이 잘 된 임금이라야 나라를 잘 다스릴 수 있다고 보았다. 바로 수기치인(修己治人)의 논리, 즉 "자기를 수양하여 남을 다스린다"라는 말로 집약된다.

　그러니 지도자의 책임이 중요하다. 다시 태괘의 육오 효사의 해석으로 돌아가 보자. "음으로 존귀한 위치에 거처하여 태평한 때의 주인이 되고, 마음을 부드럽게 하고 자기를 비워 아래로 구이(九二)에 응하니 길한 도다"라고 해석한다. 또 해석하기를 "육오는 중(中)[1]의 덕이 있어서 강하고 중을 견지한 현자에게 맡길 수 있으니, 그가 따르는 것이 모두 뜻하고 원하는 바다. 바라는 것이 아니면 따를 수 있겠는가?"라고 하여, 비록 여성처럼 유순한 자가 최고 지도자가 되더라도 강하고 올바르며 남성적 성격을 지닌 아랫사람에게 정치를 맡길 수 있다고 말한다. 비록 최고 지도자가 여성스러워도 마음을 비우고 바르다면 남성적 재상을 등용하여 정치를 잘할 수 있음을 말한다. 여기서 말하는 남녀는 전통의 남성상과 여성상을 가지고 말한 것이다.

　자, 그렇다면 자연에서 음양의 기가 잘 교합(交合)하여 만물이 생성하듯이, 인간 사회에 상하의 기가 잘 통하려면 어떻게 해야 할까? 사실 인간 사회에도 기를 잘 모으는 사람이 있다. 우리는 그런 사람을 인기(人氣)가 있다고 말하지 않던가? 바로 인기 있는 정치가가 되어야 나라가 잘된다. 한순간 반짝하는 인기를 끄는 그런 정치가가 아니라

---

1 중(中): '딱 알맞음' 또는 '적중'의 뜻을 지닌 유교 철학의 주요 개념의 하나로 정치의 요체로 거론되기도 한다. 지나침과 모자람이 없는 중용의 뜻으로도 쓰이기도 하지만, 보통 중용을 가능케 하는 형이상학적 도(道)로 본다.

퇴임 후에도 계속해서 인기를 누리는 정치가가 참으로 훌륭한 정치가
이다. 한순간만 인기를 끄는 일은 속임수일 수도 있고 또 국민의 착각
이나 무지 때문일 수도 있기 때문이다.

그러니까 현대 사회에서는 정치가와 국민 양자 모두의 책임이 중요
하다. 서로가 상대의 기를 잘 파악해야 한다. 정치가가 국민과 잘 소통
하려면 민심을 잘 읽어 국민의 기가 살아나도록 정치를 해야 한다. 만
약 어딘가에 막혀 있고 소통되지 않는다면 기가 잘 통하도록 변통(變
通)해야 한다. 자연에는 변통이 필요 없지만 인간의 일에서 불통이 있
으므로 변통이 필요하다. 나라가 잘 돌아가지 않을 때 국민은 언제나
지도자의 불통을 원망하는 일이 그 때문이다.

반면에 국민은 정치가를 선출할 때 그가 과연 나라와 국민을 진심
으로 위하는 사람일지 아니면 권력욕이나 물욕이 가득 차거나 자기
사람만 아끼는 그런 사람인지 그 기를 구별하는 안목이 있어야 한다.
바로 여기서 파악되는 기란 신비하고 모호한 어떤 느낌이나 직감이
아니라 그 정치가가 풍기는 일종의 이미지나 태도로서 그를 이해하는
합리적인 관점 때로는 직관(直觀)이기도 하다.

사실 국민은 갑자기 툭 튀어나온 정치가에 대해서는 자세히 모른
다. 더구나 선거판에서 언론이 공정하게 보도하지 않고 특정 후보에
편파적이라면, 그 후보의 단점만이 아니라 상대 후보의 장점도 전혀
알 길이 없어 보이기도 한다. 그러나 조금만 관심을 가지면 꼭 그렇지
만은 않다. 그가 어떤 인물인지는 그의 과거 행적과 그가 속한 집단
내에서의 역할 그리고 그가 한 말을 살펴보면 금방 알 수 있다. 더구나
요즘은 인터넷에서 과거의 행적을 웬만큼 찾을 수 있다.

경험이 많은 유권자라면 정치가의 교언영색(巧言令色: 얼굴빛을 부드

럽게 하고 말을 교묘하게 하여 아첨하는 것)이나 음흉하거나 정직하거나 정의감에 충실한 기를 그 사람의 언행이나 행적을 통해 금방 알아차릴 수 있다. 그래서 옛사람들은 그 사람의 풍모(風貌)만 보고도 살기(殺氣)가 도는 사람, 사기(邪氣)가 넘치는 사람, 의기(義氣)나 화기(和氣)가 넘치는 사람 등으로 점쳤다. 그런데 보통 사람들은 잘도 속아 넘어가는 게 다반사다. 결국 그 때문에 삶은 더 팍팍해진다. 그러니 정치가의 기를 파악하는 일이 이렇게 중요하다. 하지만 그걸 알 만한 사람이나 기관이 자격 미달의 특정 후보를 감싸고 돌며 미화한다면, 이는 알면서도 누구를 편들어 자신들의 이익을 챙기기 위해서니 막을 수 없다. 이런 집단이나 사람이 많은 사회일수록 그 사회는 희망이 없다. 조선 후기처럼 모두 자기나 자기 집단만 잘 되자고 하는 일인데, 극단에 이르면 결국 다 망한다.

결국 기로써 정치가를 파악하거나 정치가가 국민의 뜻을 잘 알려면 각각의 주체들에게 예민하고 세심하며 사려 깊은 관찰력과 태도가 요구된다. 사물의 기를 제대로 파악하는 일은 아둔한 사람은 불가능하다. 도둑의 기를 잘 알아서 집을 잘 지키는 개에게는 예민한 후각이 있듯이, 인간에게는 예리한 감성과 지성과 경험 그리고 직관이 있어야 사물의 기를 파악할 수 있다. 아둔한 국민에게는 결코 좋은 지도자를 맞이할 기회조차도 생기지 않는다.

이렇듯 한 국가나 사회도 살아있는 유기체처럼 인식하는 관점에서 볼 때 한의학에서 몸속의 기가 잘 소통하는 것이 건강한 몸으로 여기는 일처럼, 나라 안과 국민의 얼굴에 생명력이 넘치는 원기(元氣)나 활기(活氣)가 충만할 때 살기 좋은 세상이 될 것이다. 정치는 사회가 바로 이런 경지에 이르게 하는 행위이고, 정치가는 앞장서 이런 경지에 이르도록 이끄는 사람이다. 정치가 우리의 삶에 얼마나 중요한가?

인공지능과 기

앞으로 인공지능(Artificial Intelligence, AI)의 시대가 될 것은 분명하
다. 사람들은 부쩍 다가온 인공지능 시대를 벌써 체감하고 있다. 인공
지능은 사람이 입력한 자료에 따라 단순 계산만 하는 그런 기술의 집
약체만은 아니다. 인간과 바둑 대결에서 보여주었듯이, 지각하고 학
습하며 추론하는 능력으로 상황을 파악하여 결정한다. 많은 인간의
역할을 인공지능이 대신하고, 어떤 분야는 인간보다 더 일을 효율적
으로 잘할 수 있다. 그래서 산업에 적용하면 적은 비용으로 생산력을
높일 수 있어 기업가나 자본가에게는 마다할 이유가 전혀 없다. 대신
노동자들은 실직을 감수하거나 인공지능이 할 수 없는 새로운 일자리
를 찾아야 한다. 심지어 글쓰기는 물론 예술과 창작 영역까지 넘보고
있다.

아무리 좋은 것이라 해도 매사가 다 그렇듯 모두 좋은 점만 있지
않다. 노동자의 실직도 그렇지만, 영화 〈터미네이터〉 시리즈에서 보
았듯이 기계가 인간을 반란할 수 있다는 우려가 있는 것도 사실이다.
그렇다면 과연 인공지능이 진화하여 스스로 판단하고 결정하는 일이
벌어질까?

여기서 '지능'이라고 옮긴 Intelligence는 우리말로 지성, 지능, 이
해, 지혜, 총명 따위로 옮길 수 있는데, 서양에서 이 말은 역사적 맥락
이 깊다. 아리스토텔레스의 철학에서 외부 대상만을 지각하는 감성보
다 한 차원 높은 인간의 영혼만 갖는 추리·추론하는 이성의 역할이다.

이른바 식물혼, 동물혼, 영혼의 삼혼설에서 인간의 영혼만이 갖는 기능이다. 중세 스콜라철학에서는 그의 철학을 받아들여 하느님이 인간에게만 부여한 영혼의 능력으로 이해했다. 그러니까 그런 역사적 맥락에서 보면 감성을 배제한 이성의 기능 또는 그 역할이었다.

하지만 인공지능은 지각하는 일까지 겸하고 있어서 일부 감성 작용까지 포함한다. 다만 감성이라는 말에서 인간이 갖는 정서적 반응까지 포함한다고 말하기에는 아직 이르다. 인간의 정서는 자의식을 포함한 인체 내부의 복잡한 생리작용을 전제하지 않고는 설명할 수 없기 때문이다. 다시 말하면 인공지능이 인간 역할의 일부를 담당하더라도 온전히 인간처럼 될 수 없다는 의미이다.

여기서 기와 인공지능을 관계지어 논의하려는 내용은 단순히 기에 해당하는, 곧 전기나 전자 따위를 인공지능이 사용한다는 사실 때문만은 아니다. 인간과 인공지능이 기를 사용해도 그 차이는 분명하다. 인공지능은 전기 신호에 따른 0과 1의 복잡한 조합에 따른 주어진 명령을 수행하지만, 인간은 생리·화학적 기를 사용하여 자기 개체를 보호하고 생존하며 후손을 남기는 방식으로 생물의 오랜 진화 과정을 밟아왔다. 따라서 비록 학습 속도와 수행 능력이 인공지능에 비해 효율성이 떨어지더라도 과업 수행은 그것보다 더 복잡하다. 그 까닭은 겉으로 드러나는 행동과 표현에서는 인공지능과 인간의 차이가 없다고 주장하더라도 인간은 내면적으로 자의식, 느낌, 슬픔, 분노, 즐거움, 두려움 등과 더 나아가 감정이입과 공감, 도덕 판단 등의 지·정·의 영역의 인격을 갖기 때문이다. 그 과정에서 일어나는 인체의 생리작용은 인공지능의 물리력보다 더 복잡하다. 인공지능의 과업 수행은 제작자의 목적에 종속된 논리적 연산의 결과이고, 인간 또한 생존과 번식이라는 목표를 위한 점에서는 유사해도, 인간의 그것은 전자가 결정하지 못한 부분까지 감수해야 하는 복잡성을 띠고 있다.

그런 점에서 불교학자 가운데는 인공지능은 인간이 지닌 일심(一心)인 불성(佛性) 지능을 가질 수 없기에 붓다가 될 수 없다고 말하기도 하고, 기독교계 학자 가운데는 인공지능은 자의식도 감정도 정신도 영혼도 없어 우리가 우려할 만큼 인간화가 될 수 없다는 등의 논의로서 결코 인간과 같아질 수 없다는 점을 말하고 있다.

그런 점에서 인공지능은 자의식이 없는 한 아직은 주어진 명령을 수행하는 기계적 작용 이외에는 상황과 환경에 따라 다양하게 대처하여 행동하는 인간의 행위와는 다를 수밖에 없다. 물론 그런 상황과 환경에 대처하는 법을 인공지능이 학습할 수는 있으나, 인간이 그것에 따라 반응하는 양식 이를테면 사랑과 증오와 포기와 갈망에 따른 판단, 심지어 자기희생까지 인공지능이 발휘할 수 있을지는 아직은 미지수다. 그런 점에서 이런 인공지능은 인간의 몸이 가진 인기(人氣)를 갖추는 일은 불가능하고, 다만 그것을 구현하는 일조차도 극히 일부분을 제외하고 아직은 아니라고 하겠다.

지금까지는 인공지능의 거대 담론에 묻혀 유용한 측면을 말하지 못했다. 위험하거나 힘든 작업을 해야 하는 산업 현장에 인공지능을 활용한 로봇이 대신하고, 복잡한 의료 수술이나 손상된 신체 일부나 장기의 기능도 대신하며, 환자나 가사를 돕는 데도 활용할 수 있다.

문제는 인간이다. 모든 게 변화하고 있는 낯선 환경 속에서 인공지능과 공존하면서 그 혼란을 극복하고 자기의 정체성을 확보하며 삶에 만족할 수 있는 정신력이 있느냐 하는 점이다. 바로 여기서 전통의 수양(修養)이 재등장하게 될 것이다. 그것은 단순히 도덕적 수양만이 아니라 새로운 환경에 휘둘리거나 그로 인해 각자의 인간성을 상실하지 않을 정도의 평정심을 확보하는 수양일 것이다. 앞서 말한 영성의 계발도 좋다.

그런 환경 속에서 또 하나 암울한 전망은 인공지능의 활용에 윤리와 공공성을 강화해야 하는데, 특정 집단이나 기업의 이익만을 위해 악용한다면 막기 힘들다는 점이다. 그에 앞서 법적 제도적 통제 장치를 마련해야 하지만, 이것도 일시적이고 장기적인 안목에서는 통제할 수 없다는 점이 역사의 경험이다. 매사가 다 좋을 수만은 없다. 그러니 인간의 탐욕으로 인해 인공지능끼리 인간을 대신해 싸우다 결국 인간이 멸종하는 단계에 가지 말라는 법도 없다.

더 나아가 인공지능이 자신과 다른 사물을 생성하는 단계에 이르면 변화가 급속해서 걷잡을 수 없게 된다. 쉽게 말해 통제 불능의 상태가 될 수도 있다. 처음 설정된 최종 목표에 도달하기 위해 하위의 작은 목표가 수단화될 수 있다. 극단적으로 인간을 살리기 위해 인간을 죽여야 하는 사태가 벌어질지 모른다. 게다가 본래 인공지능 소유주인 국가나 기업이 외부의 적으로부터 보호하는 방어 체계가 인공지능 자신을 보호하는 모드로 전환하는 일은 어렵지 않다. 이 보호 기능이 최종 목표보다 먼저 작동되면 인간이 통제할 수 없는 사태에 이를 것이다. 인공지능이 인간에 앞서 에너지와 자원을 활용해 관리하기 때문이기도 하다.

암울한 전망이지만 어차피 전쟁이 아니더라도 지구환경의 변화와 재앙으로 인해 인간이 지구상에서 사라질 수 있다. 몇십억 년 뒤에는 태양의 폭발과 함께 사라진다는 게 정설이긴 해도, 현재 인간 사회의 윤리성을 보면 그것이 훨씬 앞당겨질 것 같다. 그때 인공지능은 생물이 아니므로 환경의 영향과 별 상관없이 에너지만 공급받으면 살아남을 수 있다. 우주에는 다른 태양을 비롯한 에너지원과 자원이 넘쳐나기 때문이다. 세월이 얼마나 걸리듯 인간처럼 늙거나 굶어 죽는 일도 없고, 자기 몸을 재생할 수도 있다. 바로 영생이다! 인공지능에 인간 개인의 기억 저장, 그것이 가능할지 모르겠으나, 자아를 이식한다면 사람은 영원히 죽지 않을 것이다.

오래전 우리 안방극장에서 어린이들을 매료시켰던 일본 애니메이션 마츠모토 레이지(松本零士) 원작 SF 만화 〈은하철도999〉의 배경이 된 세계관도 기술의 발달로 인간의 정신을 기계 몸으로 옮겨 부자들은 '메가로폴리스'의 시민으로서 영원한 삶을 누리고 있는 데서 출발한다. 그러지 못한 빈민 출신 주인공이 공짜로 기계 인간이 될 수 있는 '프로메슘'이라는 별까

〈은하철도999〉의 포스터

지 가는 교통편이 '은하철도999'였다.

그런데 그것이 정말로 희망대로 될까? 나의 기억과 성격과 취향을 기계에 이식하더라도 내 몸이 가졌던 그것, 곧 내 몸이 느끼는 기운과 같을까? 쉽게 말해 내 뇌를 통째로 옮기지 않고 나의 뇌에 저장된 정보만 다운로드를 하거나 업로드된 기계의 자아가 도대체 나와 무슨 상관인가? 그것은 아마도 음식의 조리법과 음식 그 자체의 차이가 아닐지? '은하철도999'의 기계 인간은 아마도 기계장치와 인간을 결합한 사이보그여야 하지만, 뇌의 정보만 이식한 기계 인간이라면 나를 복제한

복제인간과 원본인 나 사이의 차이와 다르지 않을 것이다. 각자는 서로 다른 개체로 생각하고 느낄 뿐이다. 그래서 이후의 경험도 그 경험에 따라 구성된 자아도 점차 달라질 것이다. 모든 게 인연의 소산이니까. 비록 유사성은 있더라도 근본적으로 '지금 여기서 내 몸이 느끼는 나'와는 분명히 다르지 않겠는가? 생물의 메커니즘이 작용하는 나의 뇌를 어떤 몸에 직접 이식하지 않은 한 그 복제인간은 내가 아닌 나의 짝퉁일 뿐이리라. 원본이 죽든 말든 각자 무슨 상관인가? 생물이 살 수 없는 시공간에서 기계만 작동할 수 있다는 기계 인간이라는 점에서 그렇다. 게다가 뇌만 이식한다고 지금의 나와 같아진다는 보장도 없다. 나의 자아가 느끼는 모든 대상은 나의 뇌와 몸의 합작품이기 때문이다.

어쩌면 고등 종교에서 말하는 영생이란 육체에 갇힌 소아(小我)인 자아를 죽이거나 버리고 대아(大我)를 성취함에 있으니, 그 대아에 해당하는 영혼이나 불성이 그것을 가둔 몸을 초월한다는 점에서 인간의 좋은 기억을 옮겨 영생하는 인공지능과 결과적으로 차이가 없다. 나를 철저하게 비우는 가르침, 그 대아가 나의 그것이라는 점을 받아들인다면, 밑지는 장사만은 아니다.

이제 인간의 기는 온전하지는 못해도 인공지능의 도움으로 인간의 발자취는 우주 어딘가에 영원히 살아남게 될 것이다. 그것은 인간의 생물적 한계를 극복한 인공지능만이 인간을 대신해 할 수 있는 유일한 길이다.

한류의 세계적 유행과 기

　한국인 출신의 세계적 예술가가 많은 사실은 오래되었고, 이에 더하여 최근 대중문화가 중심이 되어 세계인의 이목을 끌면서 유행하고 있다. 그것은 예술인들의 천재성이나 노력도 무시할 수 없지만, 무엇보다 한국의 경제 성장과 아울러 민주화 이후 역대 민주 정부가 예술인들의 기를 살려 준 정책의 큰 효과다. 그 말은 한국인에게 적절한 기회만 주어진다면 문화 예술 분야에서, 아니 모든 분야에서 신명 나게 일할 수 있는 잠재력을 가진 민족임을 뜻한다. 예술이든 학문이든 국방이든 또 무엇이든 그런 사례를 역사에서 얼마든지 찾아볼 수 있다. 사람의 기를 살리는 일은 그만큼 중요하다.

　하지만 고대로부터 지금까지 각 시대의 지배층은 민중의 기가 조금이라도 살아나면 자기들에게 도전할 것이라 우려했다. 가령 세종이 한글을 만들 때 지배층이 그것을 반대한 까닭은 내심 백성이 글을 알아 문자를 잘 아는 자신들의 권위와 권력에 도전할 수 있다는 우려도 작용했기 때문이다. 겉으로야 그럴듯한 명분을 내세웠겠지만 말이다. 그래서 지배층은 민중의 기가 살아나지 않도록 억누르는 일을 게을리하지 않았다. 그 결과 민중에게 한이 쌓였다. 한국의 많은 민요가 슬픈 곡조로 된 까닭도 이와 무관치 않을 것이다.

　현대에 와서도 이들은 못 배우고 가난한 사람이 위험하고 어렵고 더러운, 이른바 '3D업종'에 종사하는 일을 당연하게 여긴다. '위험의 외주화'도 마다하지 않아 사고가 나고, 그 사고로 노동자가 죽더라도 당사자의 실수 또는 외주를 맡은 책임자의 잘못으로 넘겨서 '을끼리의 다툼'으로 문제를 해결해 버린다. 그들은 나라에서 소득이 낮은 사람에게 시행하는 복지 정책에 재정을 투입하는 일도 국가 재정건전성을 명분으로 못마땅하게 여긴다. 국가채무가 OECD 기준에서 볼 때 훨씬 못 미치는 데도 그렇다. 그러니 국민의 기를 살리는 시민단체 활동과 복지, 미래산업을 위해 학술·문화 단체나 연구 개발비에 예산을 흔쾌히 투입하는 일을 어찌 선뜻 찬성하겠는가?

모든 분야가 그렇지만 유달리 문화 예술인은 기가 죽으면 좋은 작품을 만들 수 없다. 보통 정책에 비판적인 문화 예술인들을 정권 차원에서 간섭하거나 탄압하면, 예술가가 자기 검열에 빠져 마음껏 창작 활동에 몰두할 수 없기 때문이다. 잘해야 풍자 예술밖에는 발전할 기회가 없다.

그렇다면 한국인의 잠재된 어떤 기가 그것을 가능케 하겠는가? 그 살려내야 할 기가 무엇인가? 그 잠재된 기를 현대말로 잠재력이라고 해도 좋다. 힘(力) 또한 기의 하나이니까. 그 잠재된 기를 억누르면, 가령 일제강점기 때처럼 게으르다든지, 책임감이 없다든지, 공공성이 부족하다든지, 눈치를 잘 보고 단결할 줄 모르는 등의 우리 민족을 비하하는 소재의 형태로 드러나다가도, 기를 살려주면 무슨 일이든지 신바람 나서 잘 해낸다. 외환위기 때 금 모으기 운동, 2002월드컵 거리 응원, 2016~17년의 촛불혁명 등은 분명히 책임성과 공공성이 부족하고 단결할 줄 모른다는 평가와 상반된다.

그래서 한 시대의 제한된 모습만 보고 그것이 우리 민족성이라 섣불리 예단하는 일을 경계해야 한다. 다만 그 민족성이 어떻다고 결론 짓기는 아직 이르지만, 한국인의 문화 속에서 간접적으로 짐작할 수는 있을 것이다.

한국인의 문화와 관련해 십여 년 전 문화체육관광부에서 지원하고 한국국학진흥원에서 주관한 설문조사를 실시한 적이 있다. 그것을 바탕으로 '한국인의 문화유전자' 열 가지를 선정했는데, 살펴보면 발효·곰삭음, 정, 자연스러움, 공동체, 어울림, 해학, 흥, 예의, 역동성, 끈기였다. 한길리서치에서 조사한 「2013년 한국문화유전자 세대별·시대별 설문조사 보고서」를 보면, 그 열 가지가 세대별로 다 똑같지 않다. 세대별 순위는 달라도 조화·어울림, 신명·흥이 상위에 들고, 정·사랑, 열정·도전이 중간, 공동체 문화와 풍류·낭만이 하위, 기타로 빠름·즉흥성, 소통·열림, 끈기·한, 자연스러움과 여유, 관조·평정심 등이었다. 이는 조사 대상자들의 20대 시절의 일상 정서를 물은 결과로 그 순위에 따른 비율의 차는 그리 크지 않아서, 한두 가지 정서만 두드러진다고 해석할 수 없다. 다만 최상위와 최하위의 비율 차이는 약간 유의미하게 보인다. 거기서 각각의 정서에 따른 일상 문화를 조사하고 있다.

이 조사는 설문에 응한 사람의 주관적 응답이어서 이것이 우리 민족의 고유한 민족성이라 단정하기에는 이르다. 다만 현시대, 그러니까 조사한 시점을 중심으로 당시 사람이 생각하는 응답이라는 점에서, 그것이 응답자의 주관적 생각이라고는 해도 역사적인 맥락이나 경험적인 사례에서 한국인이 갖는 정서의 공통점을 찾아낼 수 있다.

필자가 여기서 한류라는 문화현상과 관련하여 주목하고 싶은 정서는 모두 다 해당하지만, 특히 조화·어울림, 신명·흥, 정·사랑에 주목하고 싶다. 신명과 흥은 모든 활동에 적용되지만, 특히 한류와 관련해서는 빼놓을 수 없는 정서로 음악이나 춤에서는 그것이 생명이다. 이는 고대의 제천의식 뒤에 음주 가무를 통해 고양한 정서이기도 하지만, 앞서 소개한 설문조사에서 신명·흥에 음주 가무가 독보적 문화임을 보고한 점에서도 확인할 수 있다.

여기서 음주는 일종의 약물로서 강제로 흥과 신명을 돋우는 일이지만, 신명과 흥이 나게 기를 북돋우는 일은 국가의 문화 정책에 달려 있다. 그 정신 가운데 하나가 "지원하되 간섭하지 않는다"라는 점이다. 이는 외부적으로 예술인의 기를 살리는 방식이다. 하지만 예술인이 자기 내면에서 기 살리는 방법도 있다. 사실 이것이 더 중요하다. 곧 예술 활동에 즐거움과 환희를 느끼게 해야 하는데, 지원과 타인의 인기를 끄는 일에도 한계가 있기 때문이다.

이는 예술 교육의 문제이기도 하다. 학생이 즐거워서 예술을 배우고 그 활동에 참여하도록 해야 하는데, 그 동기가 자신의 기, 곧 속칭 '끼'라 불리는 소질과 취향에 달려 있다. 강제성은 그것을 이끌기 어렵고, 어떤 인기나 돈을 위해 예술을 배우는 동기도 한계가 있다는 뜻이다. 여기서 내면의 즐거움을 이끄는 요인 가운데 하나는 성취감과 함께 철학적 의미 부여다. 예술가가 자기의 예술에 철학적 깊이나 의미를 발견하지 못하면 남의 존중을 받기는 고사하고 그저 돈이나 인기를 끌기 위해 남을 즐겁게 해 주는 '억지 춘향이' 광대 노릇밖에 되지 않는다. 그래서 예술을 배우는 학생은 성취감도 맛보고 예술철학도 배워야 한다. 그로 말미암아 자기 작품이나 예술을 사랑하는 태도를 길러야 한다.

그러니까 신명과 흥은 외부적 요인과 함께 자발적 요인도 크게 작용한다는 뜻이다. 그런데 이 설명에서 신명(神明)을 가볍게 여길 수 없다. 거기에는 깊은 문화적 배경이 있다. 신명을 국어사전에서 보면 여러 뜻이 있는데, 크게 두 가지 설명과 관련된다. 하나는 '신명나다'의 어근으로서 쉽게 말해 '신나다' 또는 '신이 나다'라는 말, 곧 흥과 관련 있다. 또 하나는 '천지의 신령'이 그것인데, 철학적으로는 음양의 헤아릴 수 없는 오묘한 작용이고, 도교와 무속 같은 민속 신앙이나 종교에서는 몸 안팎을 넘나드는 신령이다. 앞의 기와 종교를 다룰 때 어느 정도 설명했지만 무속 행사나 종교적 무아지경에 빠져들면 신령과 일체가 되는데, 그것이 바로 '신이 나는' 일이다.

여기서 예술 행위자는 물론이고 관람하거나 참여하는 사람도 신이 나고 흥이 난다. 쉽게 말해 굿판에서 굿을 주관하는 사람만이 아니라 모두가 흥이 난다. 인기 가수의 콘서트장은 그 현대적 굿판인 셈이다. 이 무속을 일반화하면, 인간에게 신성(神性)이 잠재하고 있는데 그것을 끌어내려면 흥을 돋우고 신바람 나게 해야 함을 뜻한다.

또 여기서 조화·어울림과 정·사랑의 정서도 음악만이 아니라 영화나 드라마나 한국 음식이 외국에서 인기를 끄는 요인이다. 이것은 남을 배척하는 정서가 아니라 보편적으로 모든 인류가 공감하는 정서이기도 하다. 그러니까 예술이 보편성을 띠어 다른 문화권에서도 인기를 끌려면 인류의 보편적 정서에 기반해야 한다는 뜻이다.

그런데 이런 정서가 기와 무슨 상관이 있을까? 그것은 다름이 아닌 앞의 기철학자 최한기의 철학에서 말했던 신기통(神氣通)의 철학, 곧 신기인 마음의 소통이다. 인간사의 모든 일은 상대와 마음이 소통되어야 일이 성사된다. 하물며 예술임에야. 그래서 조화·어울림과 정·사랑이 소통의 훌륭한 방법이자 도구가 되는 것이다. 특히 정(情)은 외국어로 번역하기 어려운 말이다. 단순히 정서나 감정 따위로만 설명할 수 없는 외연을 갖고 있기 때문이다. 그 정에는 상대의 실수나 미움이나 잘못마저도 포용하는 특징이 있다. 아무리 옳고 사리가 분명한 사람이라도 되레 그 냉철함 한 가지만으로도 정나미가 떨어질 수도 있다. 자기 배우자나 가족 또는 상대를 설득할 때 설득하는 사람의 태도가 아무리 이성적으로 옳고 합리적이라도 정이 없는 사람이라면 절대로 설득당하지 않는다. 정이 사람과 사람 사이를 잇는 끈끈한 끈이다. 영화나 드라마 등의 예술 작품을 통해 주인공이 그런 정으로서 사람들과 어울리고 조화를 이룰 때 사람들은 감동한다. 물론 그 인정이 지나쳐 공공성을 해치는 경우도 예전에는 흔했다.

그러니 매사는 다 좋을 수만은 없다. 조화·어울림과 정·사랑에 바탕을 둔 한류가 일시적인 공감을 얻을 수는 있겠지만, 그 지속성을 유지하려면 표현되는 예술의 겉모습과 달리 그 이면에는 냉철한 이성적 태도가 뒷받침되어야 한다. 사람들은 아무리 좋은 예술이라 하더라도 어느 정도 시간이 지나면 싫증을 내기 때문이다. 그것을 방지하는 일이 예술의 이면에서 기획하는 냉철한 지성이다.

그런데 이 냉철한 지성은 앞의 현대 '한국인의 문화유전자' 조사의 설문조사에 보이지 않는다. 현대 한국인 자신들도 그것이 문화 유전자에 끼지 못하고 있음을 자인하고 있는 셈이다. 이런 각도에서 보면 한국인은 정이 넘치고 감성적인 태도 이면에는 냉철한 이성적인 그것이 상대적으로 부족하다고 말할 수 있다. 이는 앞에서도 지적했듯이 한국인의 정서는 계산적이며 차가운 이성을 가진 사람을 별로 좋아하지 않는다는 특징과 연결된다.

여기서 한류든 예술이든 문화가 지속해서 발전하려면 그 문화의 정체성이 불분명한 사회를 각성시키고 게으름을 질타하며 꾸짖는, 마치 소크라테스가 아테네에서 사람들을 귀찮게 했던 등에(horsefly)의 역할처럼, 철학자의 그것이 꼭 필요하다. 더구나 그 정체성을 이루는 특징과 내용이 무엇인지 밝혀내는 일, 그것을 예술에 접합시키거나 응용할 수 있도록 해석하는 일 또 그것을 통해 전통의 요소가 마르지 않는 샘이 되게 하는 일, 무엇보다 예술의 질을 비판하는 일도 철학의 몫이다. 아무리 대중 예술이 비판과 무관하게 대중의 인기에 따라 흥행한다고 해도 그 비판을 수용하지 않으면 지금 유행하는 한류도 과거 유행했던 다른 나라의 대중문화처럼 한순간 반짝하고 끝날 것이다. 변덕스러운 대중의 관심은 인내심이 부족하기 때문이다.

여기서 우리는 또 그 연장선에서 욕망과 자본의 대결장이 된 21세기 상황에서 전통문화의 탈영토화(deterritorialization)도 고민하지 않을 수 없다. 한류를 예찬만 해서는 안 되고, 우리 문화의 영토를 재정립하여 확보하는 일이 중요하다. 재정립하는 일도 바로 철학의 몫이다.

참 고 문 헌

원전

『論語』.『老子』.『孟子』.『莊子』.『荀子』.『禮記』.『周易』.『管子』.

董仲舒.『春秋繁露』.

王充.『論衡』.

張載.『正蒙』.

張載.『西銘』.

張載.『張子語錄』.

朱熹.『四書集註』.

朱熹.『朱子語類』.

朱熹.『朱子文集』.

金時習.『梅月堂集』.

徐敬德.『花潭集』.

王守仁.『傳習綠』.

呂坤.『呻吟語』.

宋應星.『天工開物』.

宋應星.『論氣』.

方以智.『物理小識』.

王夫之.『張子正蒙注』.

王夫之.『讀四書大全說』.

黃宗羲.『明儒學案』.

戴震.『孟子字義疏證』.

任聖周.『鹿門先生文集』.

洪大容.『醫山問答』.

洪大容.『湛軒書』.

崔漢綺.『氣測體義』.

崔漢綺.『氣學』.

崔漢綺.『人政』.

崔漢綺.『運化測驗』.

崔漢綺.『地球典要』.

朴殷植.『朴殷植全書』.

劉熙載.『藝槪』.

Matteo Ricci.『乾坤體義』.

Sabbathino de Ursis.『泰西水法』.

단행본

김교빈 외.『기학의 모험』1. 들녘, 2004.

김길락.『상산학과 양명학』. 예문서원, 1995.

김선희.『마테오 리치와 주회 그리고 정약용』. 심산, 2012.

김성근.『서양 과학사』. 안티쿠스, 2009.

김용휘.『우리 학문으로서의 동학』. 책세상, 2007.

김인규.『홍대용』. 성균관대학교출판부, 1912.

김재경.『주자의 예술철학』. 도서출판문사철, 2013.

렴정권 번역.『악학궤범』. 여강출판사, 1991.

문석윤·박희병·김문용·송지원·이경구.『담헌홍대용연구』. 사람의무늬, 2012.

박성래.『과학사 서설』. 한국외국어대학교 출판부, 2000.

박은식 저/이종란 역.『왕양명실기』. 한길사, 2010.

손자 지음/김원중 옮김.『손자병법』. 글항아리, 2012.

송방송.『동양음악개론』. 세광음악출판사, 1989.

신용하.『박은식의 사회사상연구』. 서울대학교출판부, 1986.

안동림 역주.『장자』. 1992.

안병무.『민중신학이야기』. 한국신학연구소, 2005.

오문한 편저.『수운 최제우』. 예문서원, 2005.

유명종.『한국의 양명학』. 동화출판공사, 1983.

윤석산.『동학교조 수운 최제우』. 도서출판모시는사람들, 2006.

이봉호 외 옮김.『도교사전』. 파라아카데미, 2018.

_____.『도교백과』. 파라아카데미, 2018.

이상곤.『낮은 한의학』. (주)사이언스북스, 2011.

이종란.『최한기의 운화와 윤리』. 도서출판문사철, 2008.

이종란.『서양 문명의 도전과 기의 철학』. 학고방, 2020.

이종란·김현우·이철승.『민족종교와 기의 철학』. 학고방, 2020.

이철승.『유가사상과 중국식 사회주의 철학』. 심산, 2002.

임옥균.『대진(戴震)』. 성균관대학교 출판부, 2000.

장사훈·한만영 공저.『국악개론』. 한국국악학회, 1975.

장영란.『아리스토텔레스의 인식론』. 서광사, 2000.

조동일 외.『기학의 모험』2. 들녘, 2004.

최무영.『최무영 교수의 물리학 강의』. 책갈피, 2009.

최영진.『조선조 유학사상사의 양상』. 성균관대학교출판부, 2005.

최준식.『한국문화는 중국문화의 아류인가?』. 소나무, 2010.

최한기 저/이종란 옮김.『운화측험』. 한길사, 2014.

한국국학진흥원 엮음.『한국인의 일상과 문화유전자』. 스토리하우스, 2014.

마루야마 도시야끼 저/박희준 옮김.『기란 무엇인가』. 정신세계사, 1989.

마테오 리치 지음/송영배 외 역.『천주실의』. 서울대학교출판부, 1999.

무라야마 지쥰 지음/김희경 옮김.『조선의 귀신』. 동문선, 2008.

시마다 겐지/김석근·이근우 옮김.『주자학과 양명학』. 까치, 1991.

안토니오 다마지오/고현석 옮김.『느끼고 아는 존재』. 흐름출판, 2021.

알폰소 바뇨니 저/이종란 옮김.『공제격치』. 한길사, 2012.

엘리자베스 클레망 외 지음/이정우 옮김.『철학사전』. 동녘, 1996.

조셉니담 저/이석호·이재주·임정대 역.『중국의 과학과 문명 II』. 을유문화사, 1988.

프란체스코 삼비아시 지음/김철범·신창석 옮김.『영언여작』. 일조각, 2008.

카나야 오사무 지음/김상래 옮김.『주역의 세계』. 한울, 2010.

히하라 도시쿠니 지음/김동민 옮김.『한 제국, 덕치와 형벌의 이중주』. 글항아리, 2013.

小野澤精一·福永光司·山井湧 編/全敬進 譯.『氣의 思想』. 1987.

楊國榮 著/宋河璟 譯.『陽明學通論』. 博英社, 1994.

牟鐘鑒 지음/이봉호 옮김.『중국도교사』. 예문서원, 2015.

赤塚 忠·金谷 治 외 지음/조성을 옮김.『중국사상개론』. 이론과실천, 1987.

張立文 주편/김교빈 외 옮김. 『기의 철학』. 예문지, 1992.

陳來 지음/이종란 외 옮김. 『주희의 철학』. 예문서원, 2002.

蔡仁厚 지음/황갑연 옮김. 『왕양명 철학』. 서광사, 1996.

侯外廬 엮음, 양재혁 옮김. 『중국철학사』. 일월서각, 1989.

黑田源次. 『氣의 硏究』. 원광대학교출판부, 1987.

孫尙揚. 『明末天主敎與儒學的交流和衝突』. 文津出版社, 1991.

논문

강순수. "한의학에서의 기의 개념." 「東西醫學」, Vol. 5, No. 1, 1980.

금장태. "기철학이 전통과 최한기의 철학적 특성." 예문사상연구원·김용헌 편저. 『혜강 최한기』. 예문서원, 2005.

김영식. "朱熹의 "氣" 槪念에 관한 몇 가지 考察." 「民族文化硏究」, Vol. 19, 1986.

김영환. "기철학은 아직도 가능한가? ─ 조동일 님의 "우리 학문의 길"을 읽고." 「철학과 현실」 21, 1994.

김용헌. "최한기 서양우주설 수용과 기학적 변용." 예문사상연구원·김용헌 편저. 『혜강 최한기』. 예문서원, 2005.

김인환. "동양예술론에서의 기." 「동아시아 문화와 사상」, Vol. 7, 2001.

_____. "예술성의 기(氣)에 있어 기의 매체작용." 「미학·예술학연구」, Vol. 6, 1996.

박경환. "송대 기(氣) 범주의 윤리학과 자연과학적 전개에 관한 연구." 「中國哲學」, Vol. 10, 2002.

박일남. "氣란 무엇인가?." 「인문과학연구」, Vol. 5, 1997.

방건웅. "기, 과학적 탐구가 가능한가?." 「열처리공학회지」, Vol. 15, No. 3, 2002.

신순식·강희정·정용석·송광빈·엄현섭. "한·중·일 동양삼국의 氣 학술 연구동향 분석 및 데이터베이스 구축." 「韓國精神科學學會誌」, Vol. 5, No. 1, 2001.

안병무. "생명운동의 길." 「살림」, 제21호, 1990.

우혜란. "심리치료와 종교의 경계는?." 한국종교문제연구소, 「종교문화 다시 읽기」, 364호, 2015.04.28.

유명종. "氣에 대한 문헌학적 고찰." 「과학사상」 20, 1997.

윤세중. "기의 본질에 관한 과학적 접근." 한국정신과학회 학술대회 논문집, Vol. 1, 1994.

윤현자. "4원소의 현대적 수용." 「카프카 연구」 vol. 17, No. 1, 2007.

이창일. "기의 불멸과 귀신: 화담 서경덕의 귀신 해석." 「정신문화연구」, Vol. 31, No. 1, 2008.

이현구. "氣에 대한 철학적 고찰." 「과학사상」 20, 1997.

이화형. "문학적 기의 개념과 성격에 대한 제고 — 고려 時話를 중심으로." 「동아시아고대학」 Vol. 11, 2005.

장은석. "기 사상에 의한 상징 분석에 관한 연구 — 음양오행의 형태를 중심으로." 「조형미디어학」 Vol. 16, No. 4, 2013.

정우진. "풍수의 지리와 한의학의 몸, 왜 동일시되는가? — 기론(氣論)의 탐색." 「人文學研究」 Vol. 19, 2011.

정우열. "한의학과 기." 「韓國精神科學學會誌」 Vol. 1, No. 1, 1997.

_____. "氣란 무엇인가?." 「원광인체과학회지」 Vol. 5, No. 1, 2002.

조주환. "기철학에 대한 비판." 고신대학교 기독교사상연구소. 「기독교 사상연구」 No. 2, 1995.

최삼섭. "氣에 對한 小考:《內經》을 중심으로." 「대한한의학원전학회지」 Vol. 7, 1993.

최상균. "화이트헤드의 유기체 철학과 현대 생명과학." 「화이트헤드 연구」 vol. 5, 2002.

최원석. "기의 이해에 어떻게 접근할 것인가?: 풍토적 氣論 小考." 「민족음악의 이해」 No. 3, 민족문화연구회, 1994.

허남진. "혜강 과학사상의 철학적 기초." 예문사상연구원·김용헌 편저. 『혜강최한기』. 예문서원, 2005.

山井湧·安炳周. "명청시대에 있어서의 기의 철학." 「儒學大學報」 Vol. 6, 1976.

종교 사이트

기독교 성경 검색(https://www.bskorea.or.kr/bible/korbibReadpage.php)

대순진리회 전경 검색(http://www.daesun.or.kr/kyoungjun/search.php)

원불교경전법문집 검색(http://won.or.kr/bupmun)

증산도 도전 검색(http://www.dojeon.org/dojeon/readkr.php?c=dojeon)

천도교 경전(http://www.chondogyo.or.kr/niabbs4/bbs.php?bbstable=dongkyung)